Karl Christ

SULLA

Karl Christ

SULLA

Eine römische Karriere

Verlag C. H. Beck

Mit 12 Abbildungen und 4 Karten

Die 1. Auflage erschien 2002, die zweite Auflage 2003 und die dritte Auflage 2005, jeweils in gebundener Form bei C.H.Beck.

4. Auflage. 2011
Unveränderter Nachdruck

www.chbeck.de
Umschlagentwurf: Fritz Lüdtke, Atelier 59, München
Umschlagabbildung: Lucius Cornelius Sulla,
antike Portraitbüste, undatiert, Rom, Vatikanische Museen
© akg-images
Satz: ottomedien, Darmstadt
Druck und Bindung: Druckerei C.H.Beck, Nördlingen
Gedruckt auf säurefreiem und alterungsbeständigem Papier
Printed in Germany
ISBN 978 3 406 61724 9

myclimate shape our future
MIX Papier | Fördert gute Waldnutzung FSC® C019821

verantwortungsbewusst produziert
www.chbeck.de/nachhaltig
produktsicherheit.beck.de

Für
Manfred Clauss

INHALT

Vorwort 9

I. Der historische Rahmen – Die Krise der Römischen Republik 11

Vorbemerkungen 11 · 1. Äußere Politik 14 · 2. Wirtschaft und Gesellschaft 21 · 3. Religions- und Geistesgeschichte 29 · 4. Innenpolitik 38 · 5. Die Gracchen 43

II. Sullas Jugend und Aufstieg 54

1. Der arme Aristokrat 54 · 2. Der Jugurthinische Krieg – Metellus, Marius und Sulla 56 · 3. Germanenkrieg, die Krise des Jahres 100 v. Chr., Kilikien, Bundesgenossenkrieg 65

III. Konsulat und Prokonsulat 78

1. Der erste Marsch auf Rom 78 · 2. Der erste Mithridatische Krieg 83 · 3. Die Neuordnung Kleinasiens und Griechenlands 93

IV. Bürgerkrieg 99

1. Rom und Italien 87–84 v. Chr 99 · 2. Sullas zweiter Marsch auf Rom 103 · 3. Rache, Terror und Ehrungen 113

V. Diktatur 122

1. Ziele und Systematik 122 · 2. Eingriffe in Sozialstruktur und Institutionen 124 · 3. Gesetzgebung und Gerichte 129 · 4. Verwaltung und militärisches Kommando 131 · 5. Abdankung, Rückzug, Staatsbegräbnis 133

VI. Wirkung 140

1. Die Destruktion der sullanischen Ordnung 140 · 2. Antike und moderne Sulla-Bilder 155

VII. Sullas Persönlichkeit 195

VIII. Anhang 213

Zeittafel 215 · Bibliographie 218 · Abbildungsnachweis 225 · Stammtafeln 226 · Register 228

VORWORT

Lucius Cornelius Sulla Felix (138–78 v. Chr.) zählt zu den meistgehaßten Persönlichkeiten der späten Römischen Republik: Er war der Konsul, der im Jahre 88 v. Chr. den ersten Marsch auf Rom wagte und damit, gestützt auf militärische Gewalt, den Bürgerkrieg über die geheiligte Stadtgrenze nach Rom selbst hineintrug. Er war der Prokonsul, der im Krieg gegen den König Mithridates VI. von Pontos Athen stürmen und plündern ließ und der dann nach seiner Rückkehr nach Italien seine politischen Gegner gnadenlos verfolgte und sie noch über den Tod hinaus haßte. Er war der Politiker, der weithin Terror und Chaos verbreitete, der den ersten «Proskriptionen» der römischen Geschichte – der Ausschreibung von nahezu fünftausend für vogelfrei erklärter, zum Tod und zum Vermögensverlust verurteilter Männer – und damit einer bürokratisch fixierten Rache ihren Lauf ließ. Er war der Befehlshaber, der zwar seinen stets großzügigst belohnten Legionären durch weiträumige Enteignungen zu neuen Existenzen verhalf, damit aber Zehntausende von italischen Bauern ins Elend trieb, und schließlich war er der Diktator, der noch einmal eine systematische Restauration der Senatsherrschaft durchsetzte, dann aber praktisch das politische Kräftespiel sich selbst überließ. Eine solche Persönlichkeit konnte weder in der Antike noch in der Neuzeit Sympathien erwecken. Sullas Name wurde vielmehr zum Inbegriff von Grausamkeit und Inhumanität. Mit Schaudern wandten sich seine Zeitgenossen wie die Menschen der Gegenwart von ihm ab. Sulla wurde zu einem römischen Monster, das Terror als politische Waffe eingesetzt hatte.

Es ist deshalb auch verständlich, daß sich die Althistoriker nur selten ausführlicher mit Sulla befaßten; im deutschsprachigen Raum wurden erst neuerdings wieder größere Untersuchungen und Biographien veröffentlicht. Auch im internationalen Rahmen dominieren überwiegend Spezialstudien. Wenn hier eine neue kleine Monographie für einen breiteren Leserkreis vorgelegt wird, so verfolgt diese vor allem drei Ziele: Sie sucht erstens Sullas Persönlichkeit aus isolierender, lediglich biographischer Betrachtung zu lösen und sie konsequent in das politische Kräftefeld ihrer Zeit einzuordnen. Sie möchte zweitens durch einen allgemeinen Rückblick auf die Entwicklungen des 2. Jahrhunderts v. Chr. die Voraussetzungen und Bedingungen von Sullas Wirken verständlich machen. Schließlich will sie drittens in einer knappen Übersicht die Vielfalt des Sulla-Bildes in Antike und Neuzeit skizzieren. Dabei wurden in die Darstellung bewußt Übersetzungen grundlegender Quellen sowie charakteristische moderne Wertungen integriert.

Das kleine Buch konnte nur verwirklicht werden, weil der Verfasser vielfältige Hilfe erhielt: Volker Losemann hat die Arbeit kontinuierlich und stets zuverlässig unterstützt, Stefan von der Lahr ihr eine intensive Lektoratsbetreuung gewährt, Florian Krüpe EDV-Recherchen beigesteuert und Johanna Wich die Fahnen korrigiert sowie das Register angelegt; Barbara Scardigli und Matthias Willing gaben wichtige Literaturhinweise. Der Vorschlag für den Untertitel stammt aus dem Verlag C.H. Beck. Ihnen allen sei herzlich gedankt.

Marburg *Karl Christ*

I. DER HISTORISCHE RAHMEN – DIE KRISE DER RÖMISCHEN REPUBLIK

Vorbemerkungen

Das *Ende des 2. Punischen Krieges* im Jahre 201 v. Chr. mit dem Triumph Scipios über das militärische Genie Hannibals markiert zugleich den Beginn tiefgreifender Veränderungen in Politik, Gesellschaft und Wirtschaft der Römischen Republik. Für den nun eingeleiteten Prozeß gibt es keine monokausale Erklärung. Charakteristisch ist vielmehr ein Geflecht von Wechselwirkungen, zu dem neue stadtrömische Initiativen und Aktivitäten ebenso beitrugen wie solche aus Italien und dem gesamten Mittelmeerraum.

Obwohl die Basis der römischen Macht in den nahezu zwei Jahrzehnten jenes Krieges durch schwere Verluste und Zerstörungen erschüttert war, konnten die Republik und ihre Bundesgenossen nicht die so lange ersehnte Friedenszeit genießen. Sie blieben vielmehr in die unmittelbaren politischen und militärischen Kriegsfolgen verstrickt, verstrickt auch in die machtpolitischen Auseinandersetzungen und Probleme des hellenistischen Ostens wie der westlichen Länder und Stämme.

Stand zunächst lediglich der Westen der mediterranen Welt im Zentrum der römischen Interessen, so wurde die neue Großmacht nach der Ausschaltung Karthagos bald immer tiefer auch in den hellenistischen Osten hineingezogen. Um ihre neue, überragende Stellung und ihr Prestige zu wahren, um sich gegen tatsächliche oder nur unterstellte Gefährdungen zu verteidigen, intervenierte die Republik in Griechenland wie in Makedonien, in Kleinasien wie in Syrien, in Ägypten wie in Nordafrika. Dazu kam das fortwährende Engagement in Spanien, Südgallien und in Norditalien. Die Bürden der imperialen Macht Roms wurden so immer schwerer; Rückschläge, Niederlagen und neue, erhebliche Verluste blieben nicht aus.

Der am Ende dennoch offensichtliche Erfolg zeitigte indessen die schwerwiegendsten innenpolitischen Folgen: Die Strukturen der klassischen Republik mit ihrem ausgewogenen Verhältnis zwischen freien Bürgern und aristokratischer Führungsschicht waren nicht mehr aufrechtzuerhalten. Aus den Zehntausenden von Kriegsgefangenen formierte sich ein massenhaftes Sklavenpotential, das vor allem zur Veränderung der Betriebsformen in der Landwirtschaft führte. An die Stelle der kleinen und mittleren Wirtschaftseinheiten freier Bauern trat nun die neu organisierte Villenwirtschaft von Grundbesitzern, die den Einsatz von Sklaven bevorzugten.

Verschuldete Bauern zogen dagegen in immer größerem Ausmaß nach Rom, um sich dort im Handwerk oder durch Dienstleistungen aller Art, aber auch als Klienten der Aristokratie eine bescheidene Existenz zu sichern. Gleichzeitig wurden die verschiedensten Sektoren der Geldwirtschaft intensiviert, die Gesellschaft selbst immer stärker differenziert, wie sich vor allem an der Ausbildung des Ritterstandes erkennen läßt. Dieser umfaßte nicht nur die erfolgreichen Angehörigen der agrarisch fundierten municipalen Führungsschichten Italiens, sondern auch reiche Unternehmer und Geschäftsleute aller Art.

Zu all dem schlugen sich die Rückwirkungen der Begegnung mit der griechischen Kultur und den Phänomenen der hellenistischen Welt in einer Veränderung der Mentalität und des Lebensstils der Oberschichten nieder. Die luxuriöse Lebensweise der Aristokratie, provozierende Repräsentation mit Bauten und Kunstwerken, die Abkehr von traditionellen Normen und Werten wurden zwar als «Sittenverfall» diskreditiert, ließen sich indessen auch durch noch so rigide censorische Maßnahmen und «Luxusgesetze» nicht mehr rückgängig machen. Die Welt des Cato Censorius galt als obsolet.

Inmitten dieser so vielfältigen Veränderungen suchte die Senatsaristokratie ihre Macht und ihre Stellung zäh und verbissen zu behaupten. Doch die wiederholte Insuffizienz ihrer Kriegführung und ihrer Verwaltung, ihre Verweigerung der erforderlichen Sozialmaßnahmen, ihr auf die Macht der Tradition gegründeter Starrsinn ließen die aus inneren Gegensätzen entstandenen Konflikte eskalieren. Im Kampf gegen die Reformansätze der Gracchen – seit dem Jahr 133 v. Chr. – kam es zu einer Radikalisierung der Politik, die nicht mehr rückgängig zu machen war.

Über diesen Spannungen ging schließlich auch die innere Geschlossenheit der Führungsschicht verloren. Die alten Prinzipien der Annuität und der Kollegialität für die Bekleidung der Magistraturen mit ihren Leitungsfunktionen, das heißt die Begrenzung von Oberbefehl und Administration auf die Dauer eines Jahres und die Ausübung der Ämter durch mindestens zwei gleichberechtigte Inhaber, die jede Form von Alleinherrschaft verhindern sollte, ließen sich im Rahmen der langfristigen imperialen Aufgaben nicht mehr aufrechterhalten. Das Ideal einer kollektiven Staatsleitung mit eng und kurzfristig begrenzter Ämterübertragung mußte sich auf die Dauer für die mediterrane Weltmacht Rom als unzulänglich erweisen.

Parallel dazu profilierten sich während des 2. Jahrhunderts v. Chr. eine ganze Reihe hervorragender Aristokraten und Feldherrn, so zum Beispiel Publius Cornelius Scipio Africanus der Ältere, der Karthago niedergeworfen, Titus Quinctius Flamininus, der Philipp V. von Makedonien besiegt, Lucius Aemilius Paullus, der Perseus geschlagen, Publius Cornelius Scipio Aemilianus, der den 3. Punischen Krieg beendet und Numantia eingenommen hatte – um nur einige Namen zu nennen –, Persönlichkeiten, die sich nur schwer wieder in ihre soziale Schicht integrieren ließen. Diese wichtigsten Grundlinien der Veränderungen des 2. Jahrhunderts v. Chr. sollen im Folgenden näher ausgeführt werden.

1. Äußere Politik

Die römische Herrschaft auf der Pyrenäenhalbinsel schien gefestigt, als dort im Jahre 197 v. Chr. zwei neue Provinzen eingerichtet wurden: Die Hispania citerior umfaßte im Gebiet des heutigen Katalonien mit Tarraco als Zentrum den Nordosten des Landes, erstreckte sich jedoch im Küstenstreifen über Cartagena hinaus bis weit in den Süden. Dort, in Andalusien, im Raum des Baetis, schloß sich die Hispania ulterior an. Der Großteil der Halbinsel war dagegen nicht besetzt; zu einem weiteren Vordringen reichten die römischen Kräfte nicht aus. Die Interessen der Administration lagen zunächst überwiegend in der systematischen Ausbeutung der Bodenschätze und in der Besteuerung des Provinziallandes.

Allein in den Gruben von Cartagena wurden an die 40 000 Sklaven geschunden; der tägliche Gewinn soll dort 25 000 Denare betragen haben. Weniger spektakulär, aber immer noch beträchtlich erwies sich der Profit aus dem agrarischen Sektor, der freilich erst später zu voller Höhe anwachsen sollte. Beträchtlich blieben daneben die Einkünfte aus dem *tributum*, den Abgaben, welche die einzelnen Siedlungen zu erbringen hatten.

Die Ansätze zu weiterer Urbanisierung und Romanisierung erscheinen dagegen sehr bescheiden: Italica bei Sevilla war bereits 205 v. Chr. von Scipio gegründet worden; erst 178 v. Chr. folgte Gracchuris am Ebro, eine zu Ehren des Tiberius Sempronius Gracchus nach diesem benannte Siedlung. (Jener, der Vater der Gracchen, hatte sich durch ein Vertragswerk große Verdienste um die Konsolidierung der Lage in Spanien erworben.) 171 v. Chr. erhielt dann Carteia städtischen Status, 152 v. Chr. auch Corduba am Baetis.

Ungestört verlief dieser Prozeß freilich nicht. Gerade die Intensität der wirtschaftlichen Nutzung und die kontinuierlichen Belastungen der Provinzbevölkerung provozierten den Widerstand der keltiberischen Stämme im Landesinneren sowie jenen der Lusitaner im Westen der Halbinsel, die nun die Realität römischer Herrschaft vor Augen hatten und um Freiheit und Besitz fürchteten.

Die Jahrzehnte hindurch mit nur kurzen Unterbrechungen andauernden Kämpfe wurden durch den erbitterten Widerstand der zahlreichen kleinen Gebirgssiedlungen gegen die Römer ebenso bestimmt wie durch die Praxis eines Guerillakrieges sowie durch immer neue, überraschende Vorstöße einzelner Stämme in römisches Gebiet und gegen einzelne Heeresabteilungen. Es war dabei ein Glück für Rom, daß es nur selten zu größeren Koalitionen keltiberischer oder lusitanischer Gruppen kam, so zwischen 147 und 139 v. Chr. unter Viriatus, dem späteren Nationalhelden Portugals.

Zu einem Brennpunkt der keltiberischen Verteidigung sollte die kleine Stadt Numantia am Oberlauf des Duero werden. Nach mehreren Rückschlägen und langer Belagerung konnte sie erst im Jahre 133 v. Chr. durch Scipio Aemilianus eingenommen werden und dies auch erst dann, nachdem dieser die völlig verrotteten römischen Verbände von Grund auf reorganisiert hatte.

Insgesamt gesehen, brachte der spanische Kriegsschauplatz vor allem lange Zeit erfolglose Kämpfe und einen schmutzigen Krieg, in dem es zur Kapitulation eingeschlossener römischer Truppen, zum Vertragsbruch ihrer Feldherrn und zu Gemetzeln an Gefangenen kam – Verzweiflungstaten, welche die Härte der Gefechte belegen. Durch die nicht abreißende Auseinandersetzung und die extremen Witterungsbedingungen hatten die römischen Formationen einen hohen Blutzoll zu entrichten. Viele italische Bauern fanden dort als Legionäre den Tod oder wurden gesundheitlich ruiniert. Dienst auf dem spanischen Kriegsschauplatz war so gefürchtet, daß es im Jahre 151 v. Chr. zu einer Meuterei unter römischen Bürgern kam, die dort als Soldaten eingesetzt werden sollten.

Wie wenig geschlossen der Raum römischer Macht im

Westen des Mittelmeeres war, beweist am besten die Tatsache, daß Rom bis gegen Ende des 2. Jahrhunderts v. Chr. über keine Landverbindung zwischen den spanischen Provinzen und Norditalien verfügte. Es mußte sich darauf verlassen, daß das mit ihm verbündete Massilia den logistischen Kontakt ermöglichte.

Allein die Störungen rissen nicht ab: Seit 125 v. Chr. sah sich die Republik zur permanenten Sicherung gezwungen. Die Anlage von Aquae Sextiae (122 v. Chr.) und der Kolonie Narbo (118 v. Chr.) markieren den Beginn römischer Präsenz in jenem Gebiet. Die Einrichtung einer neuen Provinz Gallia transalpina wird daher auch meist auf das Jahr 121 v. Chr. angesetzt – sie sollte schon bald gegen die Züge der Kimbern und Teutonen zu verteidigen sein.

In Spanien war selbst durch Scipios Erfolge kein Ende der Kämpfe erreicht worden. Ausgerechnet ein Gegner Sullas, der fähige und tapfere Offizier Sertorius, entfachte zu Beginn der siebziger Jahre neue Erhebungen, die erst nach wechselvollen Gefechten von Metellus Pius und Pompeius unterdrückt werden konnten. Caesar, Agrippa und Augustus führten dann den römischen Okkupationsprozeß zum Abschluß und forcierten die Romanisierung der Pyrenäenhalbinsel, die Rom einen so hohen Preis gekostet hatte.

Ganz anders entwickelten sich die Dinge in Griechenland und im hellenistischen Osten. Nachdem Rom erstmals in den Illyrischen Kriegen (229, 219 v. Chr.) östlich der Adria aktiv geworden war, wurde es durch das Bündnis Hannibals mit König Philipp V. von Makedonien (215 v. Chr.) zum Eingreifen in Hellas gezwungen. In weiterem Rahmen ist die Entwicklung der folgenden Jahre dann einerseits durch die Schwäche des Ptolemäerreiches in Ägypten, andererseits durch die Expansionsbestrebungen von Philipp V. und des seleukidischen Herrschers Antiochos III. bestimmt worden. Angesichts deren Annexionen im östlichen Mittelmeerraum riefen Rhodos und Pergamon 201 v. Chr. Rom um Hilfe an.

Doch unmittelbar nach dem Ende des 2. Punischen Krieges ließ sich die römische Volksversammlung nur nach längerem Widerstreben für diesen neuen militärischen Einsatz gewinnen. Im Herbst des Jahres 200 v. Chr. wurde der 2. Makedonische Krieg durch die Landung römischer Truppen bei Apollonia eröffnet, im Juni 197 v. Chr. durch den Sieg des Titus Quinctius Flamininus bei Kynoskephalai in Thessalien beendet, durch einen Erfolg, der Makedonien die schwersten Belastungen brachte.

Dennoch blieb das makedonische Königreich auch in den folgenden Jahrzehnten der wichtigste Faktor in den Beziehungen Roms zur griechischen Welt. Die Republik schützte vor, für die «Freiheit» Griechenlands zu kämpfen. Ihr Prestige erreichte den Höhepunkt, als Flamininus bei den Isthmischen Spielen des Jahres 196 v. Chr. eine «Freiheitserklärung» für die Griechen verkünden ließ und als zwei Jahre später tatsächlich die letzten römischen Verbände Griechenland wieder verlassen hatten.

Allein schon 192 v. Chr. wurde Rom erneut zur Hilfe gerufen, diesmal gegen Antiochos III., der die mit ihm verbündeten Ätoler in den innergriechischen Auseinandersetzungen unterstützte. Der seleukidische Herrscher war indessen bald nach Kleinasien zurückgeworfen, 190 v. Chr. bei Magnesia in Lydien vernichtend geschlagen. Im Frieden von Apamea (188 v. Chr.) ist seine Macht entscheidend geschwächt, aus der Ägäis und Kleinasien verdrängt sowie durch eine immense Kriegsentschädigung für viele Jahre belastet worden. Die einstige syrische Großmacht hat sich von dieser Katastrophe nie mehr erholt; die römischen Truppen kehrten auch diesmal wieder in den Westen zurück.

Die ersten römischen Interventionen in Griechenland und im hellenistischen Osten hatten somit nur begrenzte Ziele verfolgt, jedoch die stärksten hellenistischen Monarchien entscheidend geschwächt. Im Gegensatz zur Lage in Spanien war dort weder die Annexion beherrschter Gebiete noch die Einrichtung von Provinzen beabsichtigt. Doch aus seinem Engagement auf der Balkanhalbinsel und in Kleinasien sollte sich Rom nie mehr lösen können, die Kette von Hilfsersuchen griechischer und hellenistischer Mächte riß nun nicht mehr ab. Der römische Senat gefiel sich darin, fortan auch Konflikte im östlichen Mittelmeerraum zu entscheiden sowie die Anerkennung der römischen Interessen durchzusetzen.

Rom konnte sich zuerst als Verteidiger und Beschützer der Freiheit griechischer Städte, dann auch des ptolemäischen Ägyptens profilieren. Daß es sich dabei lediglich um eine relative Freiheit handelte, die stets im Rahmen römischer Vorstellungen bleiben mußte, sollten die nominell freien Städte bald erkennen. Denn Rom behielt sich bei jeder Veränderung der politischen Konstellationen stets weitere Interventionen vor. Die nicht abreißenden innergriechischen Wirren und die Auseinandersetzungen zwischen den hellenistischen Mächten sollten ihm dazu oft genug die im Grunde erwünschte Gelegenheit bieten. Die Römische Republik erstrebte somit zunächst ein Höchstmaß an Einfluß bei möglichst geringer eigener militärischer Präsenz und administrativer Belastung. Daß dabei arrogante römische Gesandte nicht selten in brutalster Form den Willen der imperialen Vormacht durchsetzten, entsprach deren gesteigertem Selbstbewußtsein.

Das weitere Geschehen in Griechenland ist dann erneut zu einem beträchtlichen Teil durch Vorgänge in Makedonien stimuliert worden. Während Philipp V. in seinem Reich zuletzt mit einer umfassenden Restauration begann, dabei jedoch die römischen Interessen stets korrekt berücksichtigte, änderte sich die makedonische Politik nach dessen Tod (179 v. Chr.) vollständig. Sein Nachfolger Perseus sicherte sich durch einen neuen diplomatischen Stil rasch die Sympathien weiter Kreise der hellenistischen Welt. Bald wurde er zum Mittelpunkt und Hoffnungsträger der wachsenden antirömischen Kräfte. Es ist bezeichnend, daß diesmal Roms Verbündeter, König Eumenes II. von Pergamon, die Römer persönlich zum Kampf gegen die inzwischen erneut konsolidierte makedonische Macht aufrüttelte.

Der 3. Makedonische Krieg (171–168 v. Chr.) wurde durch den Sieg des Lucius Aemilius Paullus bei Pydna beendet, die makedonische Monarchie danach in vier Zonenstaaten zerschlagen, die römische Politik der Dekomposition bis in alle Einzelheiten fixiert. Mit ähnlicher Konsequenz ging Rom auch gegen die übrigen Gegner vor: In Epirus sollen 150 000 Menschen versklavt worden sein; aus dem Achäischen Bund wurden 1000 führende Persönlichkeiten, darunter der Historiker Polybios, nach Italien verbannt.

Doch auch Roms neue Lösung bewährte sich nicht. Als im Jahre 151 v. Chr. Andriskos, ein angeblicher Sohn des Perseus, einen Putsch auslöste, dauerte es geraume Zeit, bis dieser niedergeschlagen war. Erst danach zog Rom die letzten Konsequenzen; 148 v. Chr. wurde Makedonien römische Provinz und dem dortigen Statthalter auch Illyricum und Epirus unterstellt. Nach einem neuerlichen Konflikt ist zwei Jahre später Korinth zerstört, der Achäische Bund aufgelöst worden. Ganz Griechenland lag fortan im Schatten der römischen Basis in Makedonien.

Die Zukunftsperspektiven der hellenistischen Staaten zeigt exemplarisch der Fall des Königreiches Pergamon: Attalos III. vererbte sein Reich kurzerhand an Rom, das diese Erbschaft 133 v. Chr. indessen nicht sogleich antreten konnte. Denn der Aufstand des Aristonikos, eines nicht erbberechtigten Bruders des Attalos, in dem auch große Mengen von Sklaven zur Freiheit und zum Kampf gegen die neuen Herren aufgerufen worden waren, konnte erst 129 v. Chr. völlig unterdrückt werden. Erst danach ist die römische Provinz Asia endgültig formiert worden.

Das Reich der Seleukiden wurde durch die Auswirkungen des Friedens von Apamea (188 v. Chr.) entscheidend gelähmt. Dazu kamen wiederholt innere Wirren, Usurpationen, die Verselbständigung der östlichen Reichsgebiete. Antiochos IV. (175–164 v. Chr.) verstärkte erneut die Hellenisierung des

Kernbereichs, behauptete sich im 6. Syrischen Krieg (170–168 v. Chr.) gegen die Ptolemäer, löste jedoch durch sein rigoroses Vorgehen in Jerusalem den Makkabäeraufstand aus (um 167 v. Chr.). Durch das Vordringen der Parther und als Folge von Thronkämpfen weiter geschwächt, umschloß das Reich zuletzt nur noch Syrien und Kilikien. Dort faßte Rom dann im Kampf gegen die Seeräuber 102 v. Chr. Fuß.

Inmitten der religiösen und politischen Auseinandersetzungen in Palästina hatte sich 142 v. Chr. mit seleukidischer Unterstützung der selbständige jüdische Staat der Hasmonäer gebildet, der unter Hyrkanos I. (134–104 v. Chr.) und Alexander Jannaeus (102–76 v. Chr.) mehrere Küstenstädte, Galilaea sowie Teile des Ostjordanlandes annektieren konnte.

Auch das Reich der Ptolemäer konnte im 2. Jahrhundert v. Chr. die alte Machtstellung nicht mehr zurückgewinnen und sich nur durch eine enge Anlehnung an Rom behaupten. Auch dort verhinderten innere Wirren, dynastische Streitigkeiten und Aufstände in Oberägypten eine stärkere machtpolitische Konsolidierung.

In Nordafrika schließlich herrschte nach dem Ende des 2. Punischen Krieges keine Ruhe. Obwohl sich Karthago bemühte, alle römischen Forderungen zu erfüllen, löste der von Rom gestützte numidische Herrscher Massinissa wiederholt neue Konflikte aus, die am Ende zum 3. Punischen Krieg (149–146 v. Chr.) und zur Zerstörung der Stadt führten. Aus dem karthagischen Staatsgebiet wurde 146 v. Chr. die römische Provinz Africa gebildet.

Der Rückblick auf die römische Außenpolitik gegenüber der hellenistischen Welt zeigt seit dem Beginn des 2. Makedonischen Krieges einen erstaunlichen Wandel der Ziele und Methoden. Wie schon Theodor Mommsen konstatierte, verfolgte der römische Senat keineswegs einen umfassenden Annexionsplan, er handelte vielmehr von Fall zu Fall. Aus dem relativ raschen Wechsel der römischen Befehlshaber und deren oft konträren Beurteilungen der Situationen resultierte die mangelnde Geschlossenheit dieser Politik ebenso wie aus der Tatsache, daß militärische Präsenz nur im Bedarfsfalle gezeigt wurde. Die Republik war im östlichen Mittelmeerraum weder in Gestalt einer starken Kriegsflotte noch durch große Garnisonen und Festungen gegenwärtig, wie dies einst zum Beispiel seleukidischer Strategie entsprochen hatte.

Rom zögerte zunächst durchaus, sich in Griechenland wie in den Reichen des Ostens permanent festzusetzen und damit auf Dauer die Last der Administration und die Verantwortung für die allgemeine Sicherheit zu übernehmen. Das Verhalten nach den Siegen über Philipp V. und Antiochos III. spricht für sich selbst. Doch die Hoffnung, daß sich die Verhältnisse im hellenistischen Osten mit dem traditionellen diplomatischen und politischen Instrumentarium der römischen Aristokratie, mit den Mitteln der Klientel und der *amicitia* (Freundschaft), mit Gesandtschaften und Vertragswesen, auf die Dauer beherrschen ließen, erwies sich als Illusion. Die Erbitterung über das Scheitern einer solchen, eher indirekten Herrschaft führte zum anderen Extrem politischer Methodik, zur Brutalität in der Zerschlagung feindlicher Machtkerne und am Ende dann doch zum Zwang der Einrichtung von Provinzen – eine Entwicklung, die sich fortsetzen sollte.

2. *Wirtschaft und Gesellschaft*

Die skizzierten außenpolitischen Entwicklungen des 2. Jahrhunderts v. Chr. wirkten in weit höherem Maße, als dies früher der Fall war, auf die wirtschaftlichen und bevölkerungspolitischen Strukturen des römischen Imperiums, vor allem Italiens selbst, zurück. Noch immer kam dabei der Agrarwirtschaft die entscheidende Rolle zu. Dabei ist davon auszugehen, daß sich die Verluste römischer Bürger im

2. Punischen Krieg (218–201 v. Chr.) nach modernen Schätzungen auf insgesamt etwa 50 000 Mann beliefen und daß ganze Landstriche Süditaliens breite Zerstörungshorizonte aufwiesen und verwüstet waren.

Der Geschichtsphilosoph und Universalhistoriker A. J. Toynbee hat einst in seinem zweibändigen Werk «Hannibal's Legacy. The Hannibalic War's Effects on Roman Life» (Oxford 1965) ein eindrucksvolles, differenziertes Gesamtbild jener katastrophalen Auswirkungen entworfen, nach denen eine systematische Rekonstruktion der früheren Strukturen nicht mehr möglich war.

Die typische ältere Kleinbauernwirtschaft fußte zunächst auf einem Grundbesitz von nur wenigen *iugera* (1 iugerum/ 1 Joch entspricht 1/4 ha). Sie war, überwiegend durch Getreideproduktion, auf Selbstversorgung ausgerichtet und stellte damit das klassische Beispiel einer reinen Subsistenzwirtschaft dar. Der minimale eigene Landbesitz konnte dabei durch die Nutzung des in Gemeinbesitz befindlichen *ager publicus* – das im Eigenbesitz des römischen Staates stehende Ackerland – vor allem für zusätzliche Weidewirtschaft ergänzt werden. Bescheidene Erwerbsmöglichkeiten boten daneben Tagelöhnerdienste auf den größeren benachbarten Gütern der Aristokratie; gegenüber den Mitgliedern dieser Schicht standen die freien Kleinbauern zumeist in einem für beide Seiten verbindlichen Klientelverhältnis.

Als Folge des Krieges konnten sich jedoch sehr viele Kleinbetriebe nicht mehr halten. Ob verursacht durch Tod oder körperliche Schädigung der Besitzer, Landflucht, Verschuldung oder Vertreibung, vor allem für weite Gebiete in Mittel- und Süditalien ist die Aufgabe dieser Betriebsform bezeugt. Den Gefahren, die sich hier auftaten, suchte der Senat zunächst, etwa bis zum Jahre 170 v. Chr., durch eine neue Forcierung des römischen Kolonisationsprozesses, vor allem zu Gunsten der Veteranen, zu steuern.

Der führende moderne Spezialist der römischen Bevölkerungsgeschichte P. Brunt (Italian Manpower 225 B. C.–

A. D. 14. Oxford 1987[2]), wies darauf hin, daß zu diesem Zweck damals in Norditalien wie in Samnium und Apulien insgesamt etwa an die 50 000 neue Kleinbauernstellen geschaffen wurden, von denen die meisten freilich nur 5 bis 8 *iugera* umfaßten, obwohl damals weitaus größere Landflächen zur Verfügung standen. Die Folge war, daß nicht wenige dieser Kleingüter wieder aufgegeben wurden.

Wie in anderen Wirtschaftszweigen, so dominierten auch in der römischen Landwirtschaft, in der wohl noch immer rund neun Zehntel der Bevölkerung tätig waren, während des 2. Jahrhunderts v. Chr. die Prinzipien der Rationalisierung und Spezialisierung. Sie schlugen sich insbesondere in den sich immer stärker ausweitenden Phänomenen der Villen- und der Weidewirtschaft nieder.

Die Realität der Villenwirtschaft ist dabei insbesondere aus Catos, um die Mitte des 2. Jahrhunderts v. Chr. entstandenem Lehrbuch «De Agricultura» (über die Landwirtschaft) bekannt. Er beschrieb darin einen Weingarten im Umfang von etwa 100 *iugera* sowie ein Gut zur Ölproduktion von ungefähr 240 *iugera*. Beide Einheiten mittlerer Größe bildeten indessen keine Monokulturen; jeweils etwa ein Drittel ihrer Fläche waren der Selbstversorgung und der Viehzucht gewidmet.

Der nüchterne Cato wirtschaftete bewußt nach dem Rentabilitätsprinzip. Am einträglichsten erschienen ihm deshalb Weinbau und Gartenprodukte. Danach folgten Weidenpflanzungen und Olivenanbau, schließlich Weidewirtschaft und Viehzucht. Wenn der Getreideanbau am Ende dieser Reihe stand, so ist dies darauf zurückzuführen, daß inzwischen der italische Bedarf an Getreide in zunehmendem Maße durch Tribute und Importe aus den römischen Provinzen gedeckt werden konnte.

Diese intensive agrarwirtschaftliche Nutzung der Flächen der einzelnen Villen war freilich nur deswegen möglich, weil genügend Sklaven als vom *vilicus* (Aufseher) streng überwachte Arbeitskräfte zur Verfügung standen. Der äußerst knauserige Cato benötigte jeweils nur rund ein Dutzend Sklaven. Die Vorstellung von großen Sklavenmassen auf den römischen Villen ist ebenso irrig wie die Annahme immenser Latifundien in jener Epoche. Sie sind vielmehr erst für die Zeit Ciceros, also das 1. Jahrhundert v. Chr., bezeugt.

Parallel hierzu breitete sich die ebenfalls systematisch betriebene Weidewirtschaft aus, die nach dem Ausscheiden so vieler Kleinbauern auf einer weitflächigen Nutzung des *ager publicus* durch die Besitzer großer Herden beruhte. Bei dieser halbnomadischen Transhumanz wurde die Sommerweide im Gebirge mit der Winterweide in den Tälern und Ebenen koordiniert und somit eine permanente Viehhaltung großen Stils ermöglicht.

Für deren Realisierung bildete freilich wie für die Villenwirtschaft ein beträchtliches Kapital des Besitzers die unverzichtbare Voraussetzung. Daß mit all dem der Kontrast zwischen den reichen Villen- und Herdenbesitzern einerseits und den armen Kleinbauern andererseits immer größer wurde, ist evident. Vor allem in der Frage der Nutzung des *ager publicus* sollte sich während dieses Jahrhunderts eine immer stärkere Unzufriedenheit ergeben.

Es ist überraschend, daß der extrem hohe Rüstungs- und Versorgungsbedarf zur Zeit des 2. Punischen Krieges wie der folgenden militärischen Auseinandersetzungen, der an sich eine kontinuierliche Massenproduktion zumindest im Schiffsbau, bei der Heeresausrüstung und dem entsprechenden Nachschub nahegelegt hätte, an der traditionellen Produktionsweise in Handwerk und Gewerbe nichts änderte. Nach wie vor blieb hier der Kleinbetrieb vorherrschend; Freie arbeiteten dabei Seite an Seite mit Sklaven. Im Sektor der Keramikproduktion, aber auch in anderen Sparten war Frauenarbeit nicht ungewöhnlich. Großwerkstätten und Großbetriebe mit koordinierter Arbeitsteilung gab es nicht einmal in Rom. Typisch war vielmehr selbst dort die Agglomeration zahlreicher kleinerer Produktionsstätten.

Das Handelsvolumen stieg dagegen rasch an. Vor allem

Italiker und süditalische Griechen waren neben Römern die Nutznießer des großen, von Rom beherrschten Wirtschaftsraumes, dessen Handelsnetz immer weitergespannt und immer dichter wurde. Dies galt insbesondere für Griechenland und seine Inseln, wie den Freihafen von Delos, aber auch für das Gebiet der Provinz Asia und deren Nachbarräume. Das wichtigste ökonomische und Handelsengagement erfolgte dabei freilich durch die kleinen kapitalistischen Gesellschaften der Staatspächter, die *societates publicanorum*.

Deren außerordentliche wirtschaftliche Bedeutung ist nur dann zu verstehen, wenn berücksichtigt wird, daß die Römische Republik für die Bereiche der Finanzverwaltung und der wirtschaftlichen Aufgaben des Staates nicht einmal über die Rudimente eines kontinuierlichen Apparates verfügte. Die jährlich wechselnden Magistrate mit ihrem persönlichen Mitarbeiterkreis waren denkbar ungeeignet, die hier anstehenden und sich immer stärker erweiternden Aufgaben zu bewältigen. So blieb nur ein System indirekter Finanzverwaltung, das System der Staats- oder Steuerpächter, deren Exzesse schon früh gebrandmarkt wurden. Schon Livius hatte für die erste Hälfte des 2. Jahrhunderts v. Chr. konstatiert, daß dort, «wo ein publicanus war, es kein wirksames öffentliches Recht und keine Freiheit für die Untertanen gab» (45,18,4).

Als *publicani* wurden alle diejenigen Unternehmer bezeichnet, die mit dem römischen Staat, vor allem mit den Censoren, vertraglich geregelte Geschäfte abschlossen. Zu ihrem denkbar weiten Geschäftsbereich gehörten die Übernahme öffentlicher Lieferungen, in Kriegszeiten größten Ausmaßes, ebenso wie die Errichtung und Pflege öffentlicher Bauten, die Pachtverwaltung von Staatsbesitz (Bodenschätze, Fischerei, *ager publicus*) wie von Gebühren verschiedenster Art, von Steuern und Zöllen.

Vermutlich erfolgte die Vergabe großer öffentlicher Aufträge schon seit dem 4. Jahrhundert v. Chr.; größere Lieferungsgeschäfte für die römische Armee sind dagegen erst seit

215 v. Chr. bezeugt. Damals wurden drei Gesellschaften mit insgesamt 19 Mitgliedern tätig; wie üblich ermöglichten die *societates* die Teilung von Risiken und Profit. Parallel zur Expansion des römischen Machtbereichs wuchsen dann Volumen und Vielfalt der Aktivitäten. Mit der Übernahme der Steuererhebung in der reichen Provinz Asia erreichte der Einfluß der *publicani* einen ersten Höhepunkt.

Spannungen und Konflikte mit den senatorischen Magistraten, in erster Linie den Censoren und Statthaltern, waren dabei wohl ebenso unvermeidlich wie die Tatsache, daß die Steuerpächter in den Provinzen besonders verhaßt gewesen sind. Denn selbstverständlich trieben diese die von ihnen vorgeschossenen Summen mit Zins und Zinseszins und allen nur denkbaren zusätzlichen Gebühren unter dem Schutz der römischen Macht ein.

Es ist für Tradition und Selbstverständnis des römischen Senates charakteristisch, daß sich seine Mitglieder als typische Großgrundbesitzer an Geschäften solchen Stils zunächst nicht beteiligten. Dies erst recht nicht, als ein Gesetz, und zwar die *lex Claudia de nave senatorum* von 218 v. Chr., Senatoren den Besitz von Schiffen untersagte, die mehr als 300 Amphoren befördern konnten. Von den großen Transport- und Fernhandelsunternehmungen der folgenden Jahrzehnte blieben sie somit ausgeschlossen. Statt ihrer nahmen künftig reiche römische Ritter diese Chancen wahr, Persönlichkeiten, welche damals im politischen Sektor nicht mit den Senatoren rivalisierten.

Die entscheidende Voraussetzung für die skizzierten wirtschaftlichen Entwicklungen des 2. Jahrhunderts v. Chr. lag im sprunghaften Anstieg der Sklaverei in Italien, die schließlich ein unverzichtbares Potential von Arbeitskräften für die verschiedensten Bereiche zur Verfügung stellte. Der bereits kurz erwähnte Einsatz von Sklaven im agrarischen Sektor ist deshalb durch einen kurzen generellen Überblick zu ergänzen. Obwohl keine genauen Zahlenangaben vorliegen, dürften jene modernen Schätzungen zutreffen, die für die erste

Hälfte des 2. Jahrhunderts v. Chr. von einer Zufuhr von insgesamt rund 250 000 versklavten Kriegsgefangenen ausgehen.

Dazu trat die Ausbildung eines systematischen Sklavenhandels mit Zentren in Puteoli, Aquileia, Rhodos, Delos und Tanais, in dem vor allem die Beute der Seeräuber umgeschlagen wurde. Doch auch ausgesetzte Kinder und nicht zuletzt die *vernae*, die von Sklavinnen geborenen und im Sklavenhaushalt aufgezogenen Kinder, sorgten für eine permanente Befriedigung des Bedarfs. Am Ende soll damals die Anzahl der Sklaven in Italien nahezu ein Viertel der Gesamtbevölkerung erreicht haben.

Entsprechend ihrer Qualifikation und Funktion war das Los dieser Sklavinnen und Sklaven denkbar verschieden. Am schlechtesten gestaltete es sich zweifellos in sämtlichen Bereichen des Bergbaus sowie überall dort, wo es zu keiner persönlichen Beziehung zwischen Herren und Sklaven kommen konnte. Dies gilt teilweise auch für den Sektor der Landwirtschaft, wo der Aufseher zur wichtigsten Bezugsperson wurde und die Chancen für eine Freilassung gering blieben. Da die Verantwortung der Hirtensklaven wesentlich größer war, mußte ihnen auch eine größere Freizügigkeit eingeräumt werden.

Wesentlich günstiger stellte sich die Lage im Handwerk dar. Hier spielte die Rechtsstellung im Arbeitsprozeß nur eine untergeordnete Rolle, hier kam alles auf Geschicklichkeit, Zuverlässigkeit und auf die Qualität der Leistung an. Die persönlichen Beziehungen, die sich hier entwickelten, verhinderten eine schrankenlose Ausbeutung. Bei entsprechendem Einsatz konnte eine spätere Freilassung erhofft werden, danach in vielen Fällen eine zumindest befriedigende Existenz. Auch für dieses Berufsfeld fehlen statistische Werte. Unübersehbar ist jedoch die wesentliche Verbesserung der Qualität im Handwerk, besonders bei der Herstellung von Textilien und Keramik, aber auch die mit durch Sklavenarbeit ermöglichte Ausweitung des Bauvolumens.

Am günstigsten und vielfältigsten war die Situation der sogenannten Haussklavinnen und -sklaven, dies schon allein deswegen, weil Herrin und Herr in einem besonderen Nahverhältnis zu ihrem Sklavenpersonal standen, von dessen Treue und Verschwiegenheit sie oft genug abhängig waren und von dessen Leistungen sie auf mancherlei Weise profitierten. Je größer die Sklavenzahl eines Haushaltes war, desto stärker wurden deren Differenzierung und Hierarchie.

Selbstverständlich gab es auch hier einen Grundstock oft nur wenig angesehener Hilfskräfte, von Mägden und Dienern, subalternem Küchen- und Hauspersonal. Doch bereits Ammen und Hauslehrer standen über ihm, in großen Häusern dann die Künstler, Schauspieler und Musiker, erst recht die Sekretäre, Geschäftsführer, Ärzte und andere Spezialisten. Die Gesamtzahl dieser Haussklaven unterschiedlichster Provenienz und Funktion schwankte naturgemäß je nach Reichtum, Stellung und Repräsentationsbedürfnis, auch nach der Mentalität der betreffenden Familien, zwischen einem und mehreren Dutzend Personen. Der später vereinzelt faßbare Umfang eines Haushalts mit einigen Hundert Sklaven war zunächst atypisch.

Die Preise der Sklaven sind ein wichtiges Indiz für deren Position in Wirtschaft und Gesellschaft. Sie richteten sich jeweils nach dem Alter, der Kondition und den Qualifikationen. Als Durchschnittspreis für einen leistungsfähigen Landwirtschaftssklaven wird eine Summe von rund 500 Denaren angenommen, das heißt eine Summe, die über dem Jahressold eines Legionärs lag.

Die Preise für gute Handwerker und besonders qualifizierte Haussklaven konnten sich bis zu 1500 Denaren belaufen, ein Preis, den Cato grundsätzlich nicht überschritt. «Liebhaberpreise» für außergewöhnliche Spezialisten lagen indessen noch weit höher. Insgesamt gesehen, war das Preisniveau jedenfalls sehr hoch. Es erklärt, warum sich Bürgerfamilien in der Stadt Rom nur selten mehr als einen oder zwei Sklaven halten konnten.

Waren die Sklaven in kleinen Gruppen zusammengefaßt, streng überwacht und wurden sie vor allem korrekt behandelt, so konnten sie als in das römische Gesellschafts- und Wirtschaftssystem integriert gelten. Es ist bezeichnend, daß dies bei den großen Sklavenaufständen in Sizilien nicht der Fall gewesen ist. Dort waren schon unter karthagischer Herrschaft landwirtschaftliche Großbetriebe mit entsprechenden Sklavenkonzentrationen verbreitet. Im Laufe des 2. Jahrhunderts v. Chr. nahm dann die brutale Behandlung der großenteils aus Syrien stammenden Sklaven zu. So kam es zu den weiträumigen Aufständen der Jahre 136 bis 132 und 104 bis 100 v. Chr., an denen sich über 60 000 beziehungsweise etwa 40 000 Sklaven beteiligt haben sollen – Aufstände, die nur mit großen Schwierigkeiten unterdrückt werden konnten.

Von diesen Aufständen fand der erste nicht nur auf Sizilien die stärkste Resonanz. In Italien brachen damals auch in Sinuessa und Minturnae Unruhen aus, in Griechenland bei den Bergwerkssklaven von Laurion sowie bei den Sklaven auf Delos. Da gleichzeitig auch Aristonikos nach dem Tode Attalos III. von Pergamon die Sklaven für seine Sache mobilisiert hatte, wurde dem römischen Senat auf drastische Weise vor Augen geführt, welches Gewaltpotential sich hier entwickelt hatte, wenn man es in einem Konflikt mobilisieren konnte, und mit welch erbitterten Gegnern dabei zu rechnen war, Gegnern, die nichts mehr zu verlieren hatten, aber gerade deswegen auch ihrem Haß freien Lauf ließen. Daß am Ende selbst römische Politiker Sklaven mit Freiheitsversprechungen für ihre persönlichen Interessen aufwiegeln würden, erschien zunächst undenkbar.

3. Religions- und Geistesgeschichte

Als ähnlich tiefgreifend wie die wirtschaftlichen und gesellschaftlichen Entwicklungen sollten sich während des 2. Jahrhunderts v. Chr. auch jene in den Feldern von Religion und Kultur erweisen. Die römische Religion war von Anfang an durch eine Dialektik statischer und dynamischer Elemente gekennzeichnet. Zwar blieb stets ein Kernbestand der frühen, in sich geschlossenen Bauernreligion lebendig, doch schon früh wurden daneben latinische, etruskische und griechische Vorstellungen aufgenommen. Die Auffassung war weit verbreitet, daß es darauf ankomme, die Gottheiten unterworfener Städte, wie zum Beispiel Vejis (396 v. Chr.), zufriedenzustellen und sie deshalb auch in Rom selbst zu verehren.

Zu den besonderen Merkmalen der römischen Religion zählte schon immer die Tatsache, daß sie in denkbar enger Verbindung zum römischen Staat stand. Der Senat und die Magistrate der Republik wachten über ihrer Ausübung, den Opfern, Festen, Riten und Ritualen. Sie wachten auch darüber, daß der Wille der Götter erkundet und befolgt wurde. Vogelschau und Vorzeichen aller Art mußten berücksichtigt werden; Priesterkollegien, die nur aus Angehörigen der Führungsschicht formiert waren, bildeten die Vermittler der Gemeinde mit den Gottheiten. Selbst in der Familie galt die vermittelte Form religiöser Praxis, die allein dem *pater familias* – dem Familienoberhaupt – oblag.

Über den Folgen der Punischen Kriege, die die Existenz so vieler Menschen in Frage gestellt hatten, wuchs das Bedürfnis nach direkten Kontakten mit den Göttern und nach neuen Formen religiöser Artikulation. Vitale Vorstellungen aus dem griechischen und kleinasiatischen Bereich traten jetzt neben jene des alten römischen Pantheons und dessen traditioneller Bezüge.

Charakteristisch für diese Entwicklungen waren einmal die Einholung des Kultsymbols der Magna Mater (die große Mutter) im Jahre 205/204 v. Chr. sowie die sogenannten Bacchanalienprozesse des Jahres 186 v. Chr. Auf Grund eines Senatsbeschlusses, der einer Anweisung der Sibyllinischen Bücher – jener legendenumwobenen, angeblich aus der Königszeit stammenden Orakelsammlungen – folgte, wurde der Meteorstein jener Gottheit aus Pergamon nach Rom überführt, die Göttin durch einen eigenen Tempel auf dem Palatin geehrt.

Doch gemäß der Formenwelt ihrer kleinasiatisch-phrygischen Provenienz ist die Magna Mater auch in ekstatischen, durch Musik aufgepeitschten Umzügen und Tänzen gefeiert worden. Dabei geißelten sich ihre Verehrer, einzelne entmannten sich. Offensichtlich hatte der römische Senat keine zutreffende Vorstellung von den Phänomenen, in denen sich dieser Kult entfaltete. Er griff deshalb schon bald ein, um die Rom völlig fremden Exzesse abzustellen.

Prinzipiell ähnliche Eingriffe galten zwei Jahrzehnte später den Bacchanalien. Dabei handelte es sich um eine Reaktion auf die Vermutung krimineller Exzesse während der nächtlichen, wiederum durch Musik und Tanz beflügelten Orgien des von Frauen und Männern gemeinsam gefeierten Dionysos-Kultes. Wie ernst die römische Führungsschicht diese Veranstaltungen nahm, geht vor allem daraus hervor, daß sie auch von den italischen Verbündeten zu Roms Vorgehen analoge, einschränkende Maßnahmen forderte.

Restriktive Eingriffe galten indessen auch anderen Gruppen. Als die «Chaldäer», vagabundierende Astrologen, die vorgaben, im Besitz babylonischer Weisheit zu sein, in der Stadt immer größeres Aufsehen erregten und immer stärkeren Zulauf fanden, wurden sie im Jahr 139 v. Chr. vertrieben; ein ähnliches Schicksal erfuhren damals wahrscheinlich auch die Juden.

Die erwähnten Vorgänge zeigen exemplarisch die religiösen Auswirkungen der großen Bevölkerungsbewegungen des 2. Jahrhunderts v. Chr. Fremde verschiedenster Herkunft, Kaufleute, Priester ferner Gottheiten und Sklaven trugen zur Erweiterung der Götterwelt und der religiösen Formen in Rom nicht weniger bei als jene Römer und Italiker, die nach ihren vielfältigen Kontakten mit den Phänomenen Griechenlands und der hellenistischen Staaten wieder nach Rom zurückkehrten. Umgekehrt hatten viele dieser Menschen, nicht zuletzt römische Feldherrn und Magistrate, in jenen Ländern unbekümmert den einheimischen Gottheiten geopfert und Orakel befragt.

Das 2. Jahrhundert v. Chr. brachte einerseits die Hellenisierung und damit die Vermenschlichung der römischen Götterwelt, andererseits einen wachsenden Einfluß rationalistischer Kritik. Es ist bezeichnend, daß deshalb auch die Folgen griechischer «Aufklärung» bekämpft wurden. So sind 161 v. Chr. Philosophen und Rhetoren der Stadt verwiesen worden. Als sechs Jahre später eine attische Philosophengesandtschaft in Rom weilte, irritierte sie durch ihre öffentlichen Vorträge die römische Jugend. Vor allem Karneades, ein Mitglied der Akademie, der an zwei aufeinanderfolgenden Tagen für und wider die Gerechtigkeit sprach, erregte großes Aufsehen. Cato wollte deshalb die Sache der Gesandtschaft möglichst rasch entschieden und die Gesandten aus Rom entfernt sehen.

Mochten alte Rituale noch lange Zeit vollzogen werden, die rationalistische Kritik relativierte zumindest den Glauben an die Vorzeichen aller Art. Die traditionelle archaische Glaubenseinheit zerbrach. Zwischen den religiösen Vorstellungen der Gebildeten und jenen der breiten Volksschichten tat sich eine tiefe Kluft auf, dies vor allem in dem Augenblick, als die Vorzeichen auch noch politisiert wurden, um zum Beispiel unerwünschte Entscheidungen einer Volksversammlung zu verhindern – wie dies Sulla noch im Jahre 88 v. Chr. versuchen sollte.

Neben der Hellenisierung wurde auch die Individualisierung der religiösen Aktivitäten dominant. Der Einzelne suchte nun seine direkte, persönliche Begegnung mit den Göttern, wobei ihn die zahlreichen Priester fremder Kulte in der Stadt häufig ansprachen. Damit konnte es freilich auch zur Instrumentalisierung der Religion kommen. Wenn Scipio Africanus maior, der ältere Scipio, täglich längere Zeit allein Zwiesprache mit den Göttern hielt, so mag dies ebenso ein Mittel zur Beeinflussung der Öffentlichkeit gewesen sein wie später Sullas Konstrukt, als «Felix» (der Glückliche) durch besondere göttliche Gunst ausgezeichnet zu werden. Die Grenze zwischen innerer Überzeugung, Aberglauben und Berechnung wurde fließend.

Auch die Ausbildung der nach dem Ende des ersten Punischen Krieges (264–241 v. Chr.) einsetzenden lateinischen Literatur erfolgte weithin in der Auseinandersetzung mit griechischen Vorlagen. Die ältesten Autoren, die vor allem durch ihre Komödien und Tragödien eine breite öffentliche Resonanz fanden, stammen denn auch bezeichnenderweise nicht aus Rom selbst, sondern aus Tarent, Kampanien und Kalabrien. Doch indem sie griechische Elemente adaptierten, trugen sie entscheidend zur Differenzierung einer lateinischen Literatursprache bei.

Aber die Werke dieser Pioniere sind nicht nur Teil der Hellenisierung der römischen Welt, sie dokumentieren in gleicher Weise auch die zunehmende Individualisierung im geistigen Bereich und dies trotz aller Gemeinsamkeiten, die durch Aufgaben und literarisches Genos vorgegeben waren. Sie und ihre Nachfolger seien deshalb hier wenigstens knapp skizziert.

Livius Andronicus, der als Kriegsgefangener nach Rom kam und dort im Haus der Livii freigelassen wurde, trat erstmals im Jahre 240 v. Chr., dem Epochenjahr der römischen Literatur, mit lateinischen Bearbeitungen einer griechischen Tragödie und einer griechischen Komödie hervor und blieb auch weiterhin solchen Produktionen treu, wobei er für die Tragödien vor allem Werke des Euripides auswählte. Doch nicht weniger wichtig sollte seine Übertragung von Homers Odyssee in das archaische Versmaß des Saturniers werden, seine «Odusia», die wesentlich zur frühen Verbindung Roms mit Troja beitrug.

Auch Gnaeus Naevius hatte am ersten Punischen Krieg teilgenommen, den er in seinem Epos «Bellum Punicum» beschrieb. Neben einigen Tragödien stand die Komödie im Mittelpunkt seines Schaffens. Für sie griff er auf die Vorbilder der *néa*, der neuen griechisch-hellenistischen Komödie, zurück. Dabei wagte er es wiederholt, auch Exponenten der römischen Aristokratie anzugreifen, wie Scipio Africanus maior oder das einflußreiche Geschlecht der Metelli. Seine Kühnheit blieb indessen nicht ohne Folgen – er wurde angeblich eingekerkert und verbannt – und fand deshalb auch keine Fortsetzer.

Vielfältiger war das Werk des Quintus Ennius, der in seinem hohen Selbstbewußtsein von sich behauptete, drei Herzen zu besitzen, ein griechisches, ein oskisches und ein lateinisches. Der Teilnehmer des 2. Punischen Krieges, der seit 204 v. Chr. in Rom lebte, ist insbesondere von Marcus Fulvius Nobilior gefördert worden, wofür er sich mit dem historischen Drama «Ambracia» bedankte, das die Einnahme dieser Stadt durch seinen Gönner feierte.

Ennius' Epos «Annales» schilderte die römische Geschichte von der Frühzeit bis in seine Gegenwart. Die inzwischen noch stärkere Anpassung an die griechischen Normen zeigt sich hier nicht zuletzt darin, daß es bereits in Hexametern abgefaßt war. Neben rund zwei Dutzend Tragödien und zwei Komödien, die wie auch die übrigen erwähnten Stücke nur durch Fragmente bezeugt sind, veröffentlichte Ennius in seiner «Satura» auch noch eine Sammlung verschiedenartiger Gedichte, einen Panegyricus «Scipio» sowie die Prosaschrift «Euhemerus», Werke, welche das frühe Formenspektrum wesentlich erweiterten.

In den 20 Komödien des Titus Plautus und den sechs Stücken des Publius Terentius Afer, den einzigen, vollständig erhaltenen antiken Komödien in lateinischer Sprache, erreichte diese Gattung bereits ihren Höhepunkt. Der aus Sarsina in Umbrien (bei Rimini) kommende Plautus soll einst als vitaler Massenproduzent über hundert Werke verfaßt haben. Sie folgten zwar wiederum griechischen Mustern, doch gelegentlich begegnen in ihnen auch die gröberen Elemente der frühen italischen Lustspiele, der Feszenninen und Atellanen. Plautus' Domäne waren eindrucksvolle Charakter-

und Milieuschilderungen, die Verwicklungen, Intrigen und Liebesaffären in einer bürgerlichen Gesellschaft, wie sie seine Zuschauer kannten.

Eine ganz andere Tonart wählte der ehemalige Sklave Terenz, der im aristokratischen Ambiente um den jüngeren Scipio lebte und dort eine römische Erziehung erhalten hatte. Als Strukturelement wählte er bewußt die Kontamination, die Zusammenfügung verschiedener literarischer Bausteine; in seiner Wortwahl wie in seinem Stil zeigte er sich weitaus verhaltener und urbaner als Plautus. Spezifisch sind daneben auch die wiederholten persönlichen Äußerungen, welche die Eigenart von Autor und Werk zu rechtfertigen suchten. Diese Individualisierung entsprach durchaus jener der römischen Aristokratie seiner Zeit.

Neben einigen weiteren, lediglich fragmentarisch überlieferten Zeugnissen römischer Literatur des 2. Jahrhunderts v. Chr. nehmen die Satiren des Gaius Lucilius eine Sonderstellung ein. Im Gegensatz zu den bisher erwähnten Autoren stammte er aus einer ritterlichen Familie der Kolonie Suessa Aurunca und war zudem mit dem jüngeren Scipio eng befreundet. Seine einst umfangreiche und vielfältige Satirendichtung konnte es daher auch wagen, die ganze Breite des gesellschaftlichen und politischen Lebens einer sehr persönlichen Kritik zu unterwerfen.

In den Anfängen römischer Historiographie stellen die Werke des Quintus Fabius Pictor und des Marcus Porcius Cato geradezu Antipoden dar. Fabius Pictor, gebildeter Senator aus altem aristokratischem Geschlecht, hatte sich im hannibalischen Kriege die Aufgabe gestellt, in griechischer Sprache den Verlauf der römischen Geschichte zu vermitteln. Adressaten waren sowohl Interessenten der griechisch-hellenistischen Welt als auch die griechisch-sprechende römische Oberschicht. Obwohl die apologetische Tendenz des Werkes unverkennbar gewesen ist, hat es offensichtlich eine nachhaltige Wirkung erzielt, der Autor die Kette der «Senatoren als Historiker» eröffnet.

Der 184 v. Chr. zur Censur gelangte soziale Aufsteiger Cato, der erste lateinische Prosaschriftsteller Roms, kehrte seine antigriechischen Affekte dagegen demonstrativ heraus, obwohl seine Beziehung zum Griechentum wohl eher zwiespältig gewesen ist. Für das Geschichtsbild seiner «Origines» (Ursprünge), die von der Königszeit bis zum Jahr 149 v. Chr. führten, ist die gesamtitalische Perspektive ebenso charakteristisch wie die Tatsache, daß er die Namen der handelnden Magistrate Roms unterdrückte und sich so dem aristokratischen Persönlichkeitskult widersetzte.

Als Sachbuch ist sein Werk «De Agricultura» gleich realitätsnah wie seine «Libri ad Filium» (Bücher für den Sohn). Ein «Carmen de Moribus» (Gedicht über die Sitten), die «Dicta Catonis» (Spruchsammlung Catos) und nicht zuletzt die Publikation seiner zahlreichen Reden hielten einst die starke Persönlichkeit dieses trotzigen Mannes lebendig.

Von den griechischen Autoren, welche damals in Rom wirkten, sind insbesondere der Universalhistoriker Polybios und der Stoiker Panaitios hervorzuheben, die beide mit dem jüngeren Scipio und dessen Kreis befreundet waren. Diesem kam damit eine Schlüsselstellung in der Belebung griechisch-römischer Kultur zu.

Eine eigenständige künstlerische Produktion, die sich wiederum an griechischen und hellenistischen Vorbildern orientierte, setzte in Rom erst relativ spät ein. Seit der Einnahme von Syrakus während des 2. Punischen Krieges bis über die Mitte des 2. Jahrhunderts v. Chr. hinaus lebten Rom, aber auch manche italische Städte von einem Kunstraub größten Stils. Denn vor allem nach den Siegen des Fulvius Nobilior, Aemilius Paullus und Lucius Mummius wurden skrupellos Hunderte von griechischen Kunstwerken jeden Formats, insbesondere aber Statuen und Gemälde, nach Italien verschleppt. Beschädigungen und Transportverluste kümmerten die Plünderer dabei nicht; ihr Vandalismus wurde hingenommen.

Für die sprichwörtliche römische Nüchternheit ist der

Vorrang von Nutzbauten bezeichnend. Kanalisation, Fernstraßen, Brücken, Aquaedukte und Basiliken wurde früher Aufmerksamkeit geschenkt als den Werken der schönen Künste. Erst nach der Jahrhundertmitte entstand in Rom der älteste Marmortempel, noch 154 v. Chr. ist von Scipio Nasica ein bereits in Angriff genommenes steinernes Theater wieder abgerissen worden. Die üblichen Vorwürfe von «Luxus» und «Sittenverfall» wirkten weithin lähmend auf den Mut zu Innovationen.

Immerhin entstanden schon damals erste, künstlerisch oder historisch bedeutsame Werke, wie zum Beispiel der Relieffries, mit dem Aemilius Paullus in Delphi seine Reiterstatue schmücken ließ. In der Architektur aber sind mit Gußmauerwerk, Mörtelbau und Bogengewölben die technischen Voraussetzungen für die imperialen Dimensionen und Formen des 1. Jahrhunderts v. Chr. geschaffen worden.

Es hat sich gezeigt, daß Staat und Gesellschaft in der Epoche nach dem 1. und 2. Punischen Krieg in Religion und Kultur stärkste Veränderungen erlebten. In der Auseinandersetzung mit der griechisch-hellenistischen Welt wurden nun geistige Kräfte entbunden, die auf vielen Gebieten die Einheit des archaischen Lebens sprengen sollten und sich in neuen Formen ausprägten. Dabei wurde entscheidend, daß sich Rom im gesamten Bereich den griechischen Vorbildern nicht einfach unterwarf und sie kopierte, sondern daß die umfassende Adaption zu eigenen Ausdrucksformen führte. Im Zuge dieser Begegnungen erreichte die martialische Tiberrepublik ein neues geistiges Niveau, dem freilich manche traditionellen Orientierungen zum Opfer fielen.

Wie groß auch immer die Beharrungskraft der früheren politischen und gesellschaftlichen Normen blieb, sie wurden nicht selten kritisch in Frage gestellt. Die Individualisierung, die alle Lebensbereiche erfaßt hatte, ist durch neue religiöse Bindungen ebenso vertieft worden wie durch die Erweiterung der Bildung oder durch die rationalisierenden Impulse griechischer Philosophie. Vom Streben nach einer neuen Lebensqualität sollte schließlich auch die Aufnahme griechischer Kunst profitieren, die ihrerseits zu genuin römischen Gestaltungen stimulierte. Sullas Entwicklung ist nicht zu verstehen, wenn sein Hineinwachsen in diese erregende Welt des religiösen und kulturellen Umbruchs nicht berücksichtigt wird.

4. *Innenpolitik*

Sosehr die skizzierten vielfältigen Ansätze und Entwicklungen später für Sullas Leben und Handeln mitbestimmend wurden und die Voraussetzungen für die Entfaltung seiner Persönlichkeit bildeten, so sollten dafür doch die Vorgänge im Bereich der römischen Innenpolitik entscheidend werden. Zwei sehr gegensätzliche Faktoren bestimmten im 2. Jahrhundert v. Chr. deren Probleme: Auf Veränderungen drängten dabei die ungewöhnlich großen Bevölkerungsbewegungen, auf Kontinuität die Beharrungskraft der römischen Führungsschicht.

Bei den Bevölkerungsbewegungen ist einmal der massenhafte Zustrom von Bauern und Bundesgenossen nach Rom zu berücksichtigen, der seinerseits eine Folge der beschriebenen tiefgreifenden Veränderungen auf dem Agrarsektor gewesen ist. Andererseits waren diese von Anfang an eng mit den Ansprüchen der Bundesgenossen verbunden. Denn Italiker latinischen Rechts, die auf ihr bisheriges Bürgerrecht verzichteten, gewannen bei Übersiedlung nach Rom das privilegierte römische Bürgerrecht.

Die davon betroffenen und geschädigten Heimatstädte erreichten angesichts des Ausmaßes jener Abwanderung, daß in den Jahren 187 und 177 v. Chr. Latiner, welche die nötigen Voraussetzungen für eine Anerkennung als römische Bürger nicht erfüllten, wieder zur Rückkehr gezwungen wurden. Daß darüber insgesamt die Unzufriedenheit der Bundesgenossen anwuchs, ist verständlich.

Einen Bevölkerungswandel anderer Art, und dies in gegenläufiger Richtung, brachte die Niederlassung von insgesamt Zehntausenden von Römern und Italikern in den küstennahen Städten Griechenlands und des hellenistischen Ostens. Genaue statistische Angaben über diesen Prozeß fehlen; dessen Folgen waren jedoch später zweifelsfrei festzustellen. In zentripetaler Hinsicht wirkte sich schließlich auch die Verwendung von Sklaven und die Niederlassung von Freigelassenen in Rom wie in Italien aus.

Inmitten dieser weitflächigen Bevölkerungsveränderungen nach dem Ende des 2. Punischen Krieges und während der anschließenden außenpolitischen Aktivitäten erreichten Einfluß und Ansehen des römischen Senates einen neuen Höhepunkt. Die Nobilität, die Gruppe jener patrizischen und plebeiischen Adelsgeschlechter, deren Vorfahren das Konsulat bekleidet hatten, blieb so geschlossen wie selten zuvor. Während des 2. Jahrhunderts v. Chr. stiegen lediglich Angehörige von zwei Dutzend solcher Geschlechter zum höchsten Staatsamt auf; im gesamten Zeitraum zwischen 191 und 107 v. Chr. konnten nur zwei *homines novi* (Emporkömmlinge) das Konsulat erreichen.

Wenn es trotz dieser imponierenden Solidarität der römischen Führungsschicht in jener Epoche immer wieder Spannungen gab, so waren diese zunächst lediglich auf die unvermeidbaren Rivalitäten, Freundschaften und Gegensätze der Adelsfactionen zurückzuführen; die Identität des Gruppeninteresses mit dem Staatsinteresse war die Regel. Besonders allergisch reagierte diese Senatsaristokratie stets auf die längerfristige Machtausübung einzelner Persönlichkeiten, mochten diese auch noch so große Verdienste auf einzelnen Kriegsschauplätzen aufzuweisen haben wie zum Beispiel die Scipionen.

Für diese Tendenzen kommt der *lex Villia annalis* des Jahres 180 v. Chr. eine Schlüsselstellung zu. Denn dieses Gesetz regelte für die Zukunft nicht nur die Einzelheiten der senatorischen Ämterlaufbahn, des *cursus honorum*, die Reihenfolge der zu bekleidenden Magistraturen wie das Mindestalter der Bewerber, sondern es schärfte auch zugleich das Prinzip der Annuität, der auf ein Jahr begrenzten Amtsdauer, und die Einhaltung einer Zehnjahresfrist vor einer zweiten Bekleidung des Konsulates ein. Gerade auf dieses Gesetz konnte sich Sulla später bei seinen Maßnahmen berufen.

Die Geschlossenheit der Senatsaristokratie sollte jedoch in der zweiten Hälfte des 2. Jahrhunderts v. Chr. durch die Agrarprobleme aufgesprengt werden, und zwar durch Probleme, die deshalb so gravierend wurden, weil sie denkbar eng mit den Fragen der Heeresrekrutierung und Veteranenversorgung, der Kolonisation wie der Bundesgenossenfrage, der gesamtwirtschaftlichen Struktur wie den Phänomenen der Sklaverei im Zusammenhang standen, aber auch gerade die Partialinteressen der Großgrundbesitzeraristokratie unmittelbar berührten.

Über diesem Problembündel kam es zu dem sich rasch verschärfenden Gegensatz zwischen Optimaten und Popularen, wie die entscheidenden politischen Begriffe der Zeit lauten. Nach einem oft zitierten Wort Theodor Mommsens wollten dabei die Optimaten den Willen der «Besten», die Popularen den der Gemeinde durchsetzen. Der Schlüsselbegriff *optimates* sollte offenkundig die eigenen Interessen und Ansprüche der Gruppe, speziell der Senatsaristokratie, rechtfertigen. In der Praxis kämpfte sie für die traditionelle Staatsform und deren Werte.

Der Popularenbegriff wurde dagegen auf diejenigen angewandt, die nicht nur beim Volk beliebt waren, gelegentlich auch demagogisch agierten, sondern die sich politisch für die Sache und das Wohl des *populus* einsetzten, dies, wenn nötig, auch gegen den Willen der Senatsmehrheit. In der späten Republik wurden vor allem die Gracchen, Appuleius Saturninus, Marius und Caesar in diesem Zusammenhang zu einer Linie popularer Tradition verbunden.

Bei all dem wäre nichts irriger als von der Dichotomie zementierter Blöcke auszugehen, sei es der Polarisierung zwischen Aristokraten und Bürgern, Optimaten und Popularen, Sklavenhaltern und Sklaven, sei es zwischen «Parteien». Vor allem stellte zuletzt auch der römische Senat keine in sich geschlossene Klasseninstitution mehr dar, wie sich vor, unter und nach Sulla erweisen sollte. Er umfaßte starre Reaktionäre wie idealistische Reformer, pflichtbewußte Persönlichkeiten wie korrupte Individuen, bornierte Traditionalisten wie einsichtige Realisten. Er war alles andere als homogen.

Den Ausgangspunkt der sich nun entfaltenden erbitterten innenpolitischen Kämpfe bildete der Mißbrauch auf dem schon erwähnten *ager publicus* (Staatsland), auf den deshalb noch einmal zurückzukommen ist. Ursprünglich war jeder römische Bürger befugt, Staatsland dann in Besitz zu nehmen, wenn er es wirtschaftlich nutzte und dafür eine bescheidene Nutzungsgebühr entrichtete. Allein diese Regelung führte bald zu einer Vertiefung der wirtschaftlichen Gegensätze. Großgrundbesitzern boten sich hier naturgemäß weitaus größere Gewinnchancen als den mittleren und kleinen Bauern. Ein Gesetz, das meist den *leges Liciniae Sextiae* von 367 v. Chr. zugeordnet wird, wahrscheinlicher jedoch aus der Zeit nach dem 2. Punischen Kriege stammen dürfte, sollte dem exzessiven Mißbrauch entgegensteuern.

Es legte für diese Besitzergreifungen, die sogenannten Okkupationen, eine Höchstgrenze von 500 *iugera* (= 125 ha) fest, für Viehhaltung bei Nutzung als Weideland Höchstzahlen von 100 Stück Groß- und 500 Stück Kleinvieh. Ferner wurde verfügt, daß in jedem Falle neben Sklaven auch freie Arbeiter zu beschäftigen waren. Doch so begründet diese Bestimmungen gewesen sind, sie wurden nicht durchgesetzt, die Abgaben nicht entrichtet. Da die römische Binnenkolonisation 177 v. Chr. eingestellt worden war, ließen die Folgen nicht auf sich warten. 159 v. Chr. war in den Censuslisten erstmals ein Rückgang der Bevölkerungszahlen zu verzeichnen.

In den vierziger Jahren griff zuerst Gaius Laelius, ein en-

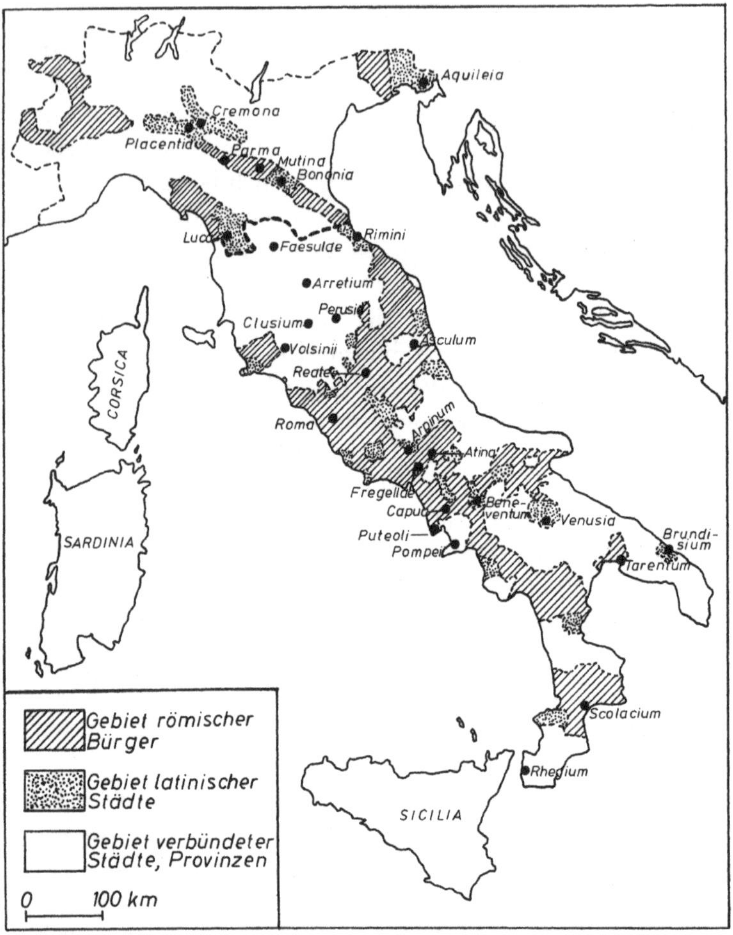

Italien im Jahr 133 v. Chr.

ger Freund des jüngeren Scipio, entweder während seiner Prätur – jenem hohen Amt des Justizwesens – (145 v. Chr.) oder während seines Konsulats (140 v. Chr.) die in Zusammenhang mit dem *ager publicus* stehenden Probleme auf. Doch der Widerstand gegen seine Initiative war so stark, daß er sein Projekt fallenließ und sich damit den Beinamen des Weisen («Sapiens») verdiente. Scipio selbst hielt sich auf diesem Felde auch in Zukunft zurück.

Ganz anders reagierte eine kleine aristokratische Reformergruppe. Zu ihr zählten Appius Claudius Pulcher, seit 136 v. Chr. Princeps senatus – der Senator, dessen Name zuoberst in der Senatorenliste stand –, P. Licinius Crassus Mucianus, der später zum Pontifex maximus (Oberpriester) gewählt werden sollte, P. Mucius Scaevola, einer der führenden Juristen seiner Zeit, und endlich der junge Tiberius Sempronius Gracchus.

5. Die Gracchen

Tiberius' gleichnamiger Vater war ein angesehener und bewährter Angehöriger der Senatsaristokratie. Er hatte sich 179/178 v. Chr. durch einen Friedensschluß mit den Keltiberern, 177 v. Chr. als Konsul in Kämpfen auf Sardinien, 169 v. Chr. durch eine streng wahrgenommene Censur profiliert. Verheiratet war er mit Cornelia, der Tochter des Scipio Africanus maior, einer der angesehensten Frauen der Römischen Republik. Sein 162 v. Chr. geborener Sohn hatte bereits am «Schlußakt» des 3. Punischen Krieges (149–146 v. Chr.) teilgenommen und war dann in die Kapitulation eines römischen Heeres unter Hostilius Mancinus vor Numantia verstrickt worden.

Als er im Jahre 137 v. Chr. als Quaestor – also auf der ersten Stufe der senatorischen Laufbahn – nach Spanien reiste, soll er nach der antiken Überlieferung die alarmierende Lage der italischen Landwirtschaft wahrgenommen und dadurch auch den Anstoß zu seinen reformerischen Aktivitäten erhalten haben. Nach seiner Rückkehr ließ er sich, noch nicht dreißig Jahre alt, für das Jahr 133 v. Chr. zum Volkstribun wählen, weil er in diesem Amt die Möglichkeit erhielt, Gesetzesvorlagen einzubringen und von der Volksversammlung verabschieden zu lassen.

Für Tiberius' Initiative war das Jahr 133 v. Chr. denkbar günstig: Mucius Scaevola bekleidete das Konsulat, sein Amtskollege Calpurnius Piso war mit der Niederwerfung des Sklavenaufstandes in Sizilien befaßt, der jüngere Scipio stand noch immer vor Numantia. Das erste Ackergesetz, das Tiberius einbrachte, war zudem alles andere als revolutionär. Es suchte lediglich die alte Begrenzung der Okkupation von Teilen des *ager publicus* wieder durchzusetzen, dies sogar mit der Vergünstigung, daß für erwachsene Söhne zusätzlich zweimal weitere 250 *iugera* in Nutzung genommen werden konnten, so daß die Höchstgrenze für okkupiertes Land nunmehr 1000 *iugera* (250 ha) betrug. Alle weiteren okkupierten Flächen waren dagegen zurückzugeben. Auf ihnen sollten unveräußerliche neue Bauernstellen im bescheidenen Umfang von 30 *iugera* (7 ha), gleichsam in Erbpacht gebildet werden, wobei alle Anerkennungsabgaben in Zukunft wieder zu entrichten waren.

So lebhaft die allgemeine Zustimmung in der Volksversammlung war, die Initiative drohte zu scheitern, als Tiberius' Amtsgenosse Marcus Octavius sein Veto einlegte. Der in sein Projekt verbissene Tiberius suchte seinen Kollegen zunächst auf verschiedenste Weise umzustimmen. Doch als dies nicht gelang, schuf er als erstes die juristische Grundlage dafür, daß ein Volkstribun, der entgegen den Interessen des römischen Volkes handelte, von diesem abgesetzt werden konnte. Das neue Gesetz wurde sogleich auf Octavius angewandt; erst danach konnte auch das «Ackergesetz» verabschiedet werden.

Die Realisierung des Gesetzes wurde einer Dreierkommission übertragen, den *triumviri agris dandis assignandis* (Dreimännerkollegium für die Ackerzuteilung). Sie bestand aus dem Kern der Reformer, Tiberius, seinem neun Jahre jüngeren Bruder Gaius Gracchus sowie seinem Schwiegervater Appius Claudius. Die Zugehörigkeit zur Kommission war nicht befristet, ihr Vorsitz sollte jedoch jährlich wechseln. Da ihre Tätigkeit sogleich auf große Schwierigkeiten stieß – die Besitz- und Rechtsverhältnisse waren häufig strittig oder unklar –, wurde ihr in einem ergänzenden Gesetz auch die Gerichtsbarkeit in diesem Bereich zugewiesen.

Die Durchführung des Ackergesetzes erwies sich in der Praxis dennoch als so langwierig, daß Tiberius den traditionswidrigen Entschluß faßte, sich für ein zweites, sogleich anschließendes Jahr zum Volkstribun wählen zu lassen. Er war auf sein Vorhaben so fixiert, daß er gleichzeitig, über die Köpfe des dafür zuständigen Senats hinweg, das damals verfügbare Erbe Attalos III. von Pergamon zur Finanzierung und Ausstattung der Neusiedlerstellen heranziehen wollte. Damit eskalierte der innere Konflikt noch weiter. Tiberius wurde ein Streben nach Alleinherrschaft, nach dem Königstitel oder einer Tyrannis, unterstellt und die Atmosphäre so vergiftet, daß beide Seiten vor Gewaltanwendung nicht mehr zurückschreckten.

Den entscheidenden Anstoß gab ausgerechnet der Pontifex maximus Scipio Nasica Serapio, der an der Spitze der reaktionären Kräfte die einberufene Wahlversammlung gewaltsam auflöste. Tiberius Gracchus wurde als einer der Ersten erschlagen, seine Leiche in den Tiber geworfen, daneben auch viele seiner Anhänger getötet, andere durch Sondergerichte zum Tode verurteilt. Damit war zugleich das ganze Vorhaben der Reformer kriminalisiert; «‹Ackergesetze› und Revolution waren identisch geworden.» (E. Meyer, Römischer Staat und Staatsgedanke. Zürich 1975[4], 296)

Es ist seit Mommsen üblich geworden, den Prozeß, der damals einen ersten Höhepunkt erreichte und sich in einer ersten fatalen Katastrophe entlud, als «Römische Revolution» zu bezeichnen, wie immer dabei auch im einzelnen die Akzente gesetzt wurden. Dieser Prozeß gleicht einem Syndrom voller Paradoxien. Auf einen knappen Nenner gebracht, waren die agrarpolitischen Ziele des Tiberius Gracchus nur allzu berechtigt, der Weg dagegen, auf dem er sie nach grundsätzlichem, aber zunächst verfassungsgemäßem Widerstand erreichen wollte, tatsächlich revolutionär. Man mag die Absetzung des Octavius mit griechischem Verfassungsdenken zu rechtfertigen suchen – nach römischer Tradition und römischem Verständnis war sie ebenso illegal wie die Bewerbung um ein zweites Amtsjahr als Volkstribun.

Bei der Einschätzung der skizzierten Entwicklung sollte man von persönlichen Schuldzuweisungen absehen. Durch die in der Sache nicht überzeugenden Widerstände der Reaktionäre wurde der Konflikt ebenso radikalisiert wie durch das kompromißlose Vorgehen des Tiberius und seiner Anhänger. Daß ausgerechnet ein Pontifex maximus, Roms höchste religiöse Autorität, den primären Gewaltakt auslöste, ist ebenso paradox wie die Tatsache, daß Tiberius Gracchus das stadtrömische Proletariat aufputschte, um die Interessen römischer Vollbürger, speziell eines freien Bauerntums, durchzusetzen.

Die Folgen der Vorgänge des Jahres 133 v. Chr. sind kaum zu überschätzen. Die innere Einheit von Gesellschaft und Staat war zerstört. Auf beiden Seiten blieben Haß und Mißtrauen, das vergossene Blut war nicht zu tilgen; der Einsatz brutalster Gewalt in den innenpolitischen Auseinandersetzungen konnte danach nicht mehr eingedämmt werden.

Die politischen Erschütterungen nach dem Blutbad reichten so tief, daß die Sieger zunächst nicht daran denken konnten, an die Agrarreform zu rühren. Der weithin verhaßte Scipio Nasica mußte mit einem vom Senat veranlaßten staatlichen Auftrag die Stadt verlassen. An Tiberius' Stelle wurde jetzt der Reformer P. Licinius Crassus Mucianus in das Dreimännerkollegium berufen; die Kommission setzte ihre Tätigkeit fort.

Dabei ergaben sich bald beträchtliche Konflikte mit den

ohnehin schon provozierten römischen Bundesgenossen. Diese sahen ihre außerordentlichen Leistungen während der großen Bewährungsprobe des 2. Punischen Krieges nicht hinreichend anerkannt. Als die disziplinarische Bestrafung römischer Bürger im Kriegsdienst seither entscheidend eingegrenzt worden war, blieben die Bundesgenossen von den neuen Regelungen ausgenommen. Eine Gleichstellung der Soldaten war damit nicht mehr gegeben. Gleichzeitig mehrten sich die Eingriffe Roms in die Selbstverwaltung seiner Verbündeten; die Arroganz römischer Magistrate und Aristokraten nahm zu.

Jetzt hatten römische Bundesgenossen, die früher ebenfalls zur Okkupation von *ager publicus* zugelassen waren, rechtmäßig bearbeitetes Land wieder herauszugeben – die neuen Kleingüter standen indessen nur römischen Vollbürgern zur Verfügung. Als die Bundesgenossen daraufhin unter anderen auch den jüngeren Scipio für ihre Sache gewinnen konnten, wurde der Ackerkommission im Jahre 129 v. Chr. ihre bisherige Gerichtskompetenz genommen, ihre Tätigkeit damit entscheidend reduziert.

Doch auch die Reformer zögerten nicht, den evidenten Zusammenhang zwischen Ackergesetzen und Bundesgenossenfrage aufzugreifen: Der Konsul des Jahres 125 v. Chr., Fulvius Flaccus, der gleichzeitig auch der Ackerkommission angehörte, legte einen Gesetzesantrag vor, wonach die Bundesgenossen bei Verzicht auf ihr bisheriges Bürgerrecht das römische erhalten konnten oder, falls sie an ihrem originären Bürgerrecht festhielten, wenigstens das römische Provokationsrecht erhalten sollten, mit dessen Hilfe man gegen die Entscheidung eines römischen Beamten an das Volk appellieren, also Rechtsschutz erlangen konnte. Doch der Antrag fand keine Mehrheit; die Bundesgenossenprobleme blieben auch weiterhin offen.

Als im Jahre 123 v. Chr. der jüngere Bruder des Tiberius, Gaius Gracchus, das Volkstribunat erlangte und es, gemäß einer inzwischen getroffenen Regelung, auch noch im folgenden Jahre bekleiden konnte, brach eine neue Phase reformerischer Initiativen und innenpolitischer Unruhen an. Im Unterschied zu seinem Bruder konzentrierten sich Gaius' Vorstöße nicht allein auf den Agrarbereich; sie waren sehr viel komplexer und systematischer angelegt. Ihre antisenatorische Tendenz ist offenkundig; vor allem jedoch sind die neuen Impulse von einem tiefen Haß gegen die Mörder des Bruders und dessen Anhänger erfüllt, von einem fanatischen Widerwillen gegen die optimatischen, reaktionären Kreise der römischen Aristokratie.

Die sehr umfangreiche Gesetzgebung des Gaius Gracchus ist in mancher Hinsicht nicht eindeutig überliefert, dies vor allem nicht in chronologischer Beziehung. Es war für Gaius Gracchus jedoch selbstverständlich, daß das Ackergesetz seines Bruders wieder aufgenommen und ergänzt wurde. So erhielt die Ackerkommission ihre juristischen Kompetenzen zurück. Daneben wurde zur Verbesserung der Logistik der Bau von Staatsstraßen beschlossen, auch die Anlage neuer Kolonien. Neben Scolacium und Tarent sollte dies vor allem in Karthago erfolgen, in einer Colonia Iunonia mit 6000 Kolonisten, welche jeweils 200 *iugera* zu vollem Eigentum erhielten.

Mit dieser ersten außeritalischen Kolonie war ein Prozeß eingeleitet, der seinen Höhepunkt erst unter Caesar und Augustus erreichen und die Basis für die Romanisierung des Imperiums bilden sollte. Ein neuer Versuch zur Lösung der Bundesgenossenfrage fand indessen keine Mehrheit. In Tendenz und Folgen umstritten ist Gaius' Getreidegesetz (*lex frumentaria*). Es verpflichtete den Staat, so große Getreidevorräte zu beschaffen und ständig bereitzuhalten, die benötigten Speicher und andere erforderliche Anlagen zu errichten, wodurch zu garantieren war, daß die römischen Bürger jederzeit mit preisgünstigem Getreide versorgt werden konnten. Auch dies bezweckte eine in den griechischen Stadtstaaten selbstverständliche Regelung, die später freilich zu demagogischen Zielen mißbraucht worden ist.

Zu den antisenatorischen «Kampfgesetzen» (Ernst Meyer) zählt einmal jenes Gesetz, das untersagte, an römischen Bürgern die Todesstrafe ohne vorherigen Volksbeschluß zu vollstrecken. Die vom Senat 133 v. Chr. eingesetzten außerordentlichen Gerichtshöfe, die so viele Todesurteile gefällt hatten und die als rein politische Gerichte diskreditiert waren, konnten somit in Zukunft nicht mehr gebildet werden.

Noch größere politische Bedeutung kam dem Richtergesetz (*lex iudiciaria*) zu. Die ständigen römischen Gerichtshöfe, vor allem der seit 149 v. Chr. für Repetundenprozesse (Erpressung durch Statthalter) zuständige Gerichtshof (*quaestio perpetua*), hatten sich nicht bewährt, weil sie ausschließlich mit Senatoren besetzt waren. Besonders deutlich wurde dies bei eklatanten Fehlurteilen gegenüber den angeklagten Statthaltern. So fand Gaius Gracchus eine gute Gelegenheit, seine antisenatorische Politik auf die Spitze zu treiben: Er brachte sein Richtergesetz ein, das bestimmte, daß diese Gerichtshöfe in Zukunft generell nur noch mit Rittern besetzt werden durften.

Damit war einerseits die prinzipielle Politisierung der Angehörigen des Ritterstandes erreicht, die sich bisher nur wenig um Politik gekümmert und ihre ganze Energie auf ihre vielfältigen und ausgedehnten Geschäfte verwandt hatten. Andererseits war es mit der weitgehenden und straflosen Willkür von Statthaltern zu Ende. Kam es in Zukunft in den Provinzen zu Konflikten mit den Rittern, so hatten sie nun deren juristische Konsequenzen zu befürchten.

Auf jeden Fall war damit die Interessenidentität der römischen Oberschicht beseitigt, eine Identität, welche den politischen Prioritäten der Senatoren ebenso entsprach wie den ökonomischen der Ritter. Die beiden Stände waren nun in eine prinzipielle Konfrontation getrieben – und gerade dies war Gaius Gracchus' Absicht gewesen. Denn Cicero überliefert dessen Äußerung, «daß er mit dem Richtergesetz die Dolche auf den Markt geworfen habe, mit denen sich Senatoren und Ritter gegenseitig zerfleischen sollten» (De legibus

III,20). In eine ähnliche Richtung zielte auch jenes Gesetz, welches dekretierte, daß die Verpachtung der Einziehung von Steuern und Abgaben der neuen Provinz Asia in Rom durch die Censoren erfolgen mußte, so daß den *publicani* ein neues, gewinnträchtiges Betätigungsfeld zuerkannt wurde.

All dies ging den senatorischen Reaktionären zu weit. Es war ein kluger Schachzug von ihnen, daß sie Gaius Gracchus, der etwa 70 Tage von Rom abwesend war, um die Anlage der Kolonie in Karthago zu überwachen, in dieser Zeit durch eine «Konkurrenzdemagogie» des M. Livius Drusus auszustechen versuchten. Livius Drusus beantragte, angeblich in vollem Einvernehmen mit dem Senat, geradezu utopische Projekte, wie etwa die Anlage von 12 neuen Kolonien in Italien – sie wurden nie verwirklicht. Der junge Kollege des Gaius Gracchus im Volkstribunat, der dem Scipionenkreis nahestand, konnte so 122 v. Chr. die Position des Rivalen immerhin entscheidend schwächen.

Doch dies genügte den Reformgegnern nicht. Nach der Rückkehr des Gaius aus Nordafrika spitzte sich die Lage rasch weiter zu. Durch das sogenannte *senatus consultum ultimum*, faktisch die Ausrufung eines Staatsnotstands, erhielt der Konsul L. Opimius, ein bedenkenloser Scharfmacher, vom Senat die Legitimation zur Niederschlagung der Reformer samt ihrer Anhänger; in Strömen von Blut endete deren Verteidigung, als der Konsul kretische Bogenschützen gegen sie vorgehen ließ. Ein Sklave erwies Gaius Gracchus den letzten Dienst; sein abgehauener Kopf wurde mit Gold aufgewogen, der Leichnam wie einst der seines Bruders in den Tiber geworfen.

Ein ganzes Bündel von Gesetzen liquidierte anschließend zentrale Elemente der gracchischen Agrarpolitik: Die Unverkäuflichkeit der neuen Bauernstellen wurde aufgehoben, 118 v. Chr. die weitere Verteilung von Staatsland untersagt, die Ackerkommission beseitigt, 111 v. Chr. die Verpflichtung zu Abgaben für okkupiertes Land abgeschafft. Das ehemalige Staatsland war damit zum vollen Privatbesitz geworden.

Doch mochten die römischen Optimaten auch noch so vieles liquidieren, die Erinnerung an die Gracchen ließ sich nicht beseitigen. Freilich war sie zum Teil zwiespältig so wie Theodor Mommsens Urteil über den jüngeren der Brüder: «Er war ein politischer Brandstifter; nicht bloß die hundertjährige Revolution, die von ihm datiert, ist, soweit sie eines Menschen Werk ist, das Werk des Gaius Gracchus, sondern vor allem ist er der wahre Stifter jenes entsetzlichen von oben herab beschmeichelten und besoldeten hauptstädtischen Proletariats, ... Und doch – dieser größte der politischen Verbrecher ist auch wieder der Regenerator seines Landes. Es ist kaum ein konstruktiver Gedanke in der römischen Monarchie, der nicht zurückreichte bis auf Gaius Gracchus.» (Römische Geschichte. II. Berlin 1903⁹, 117)

Die Gesamtlage der späten Römischen Republik wurde gegen Ende des 2. Jahrhunderts v. Chr. durch eine Vielzahl zunächst nicht bewältigter und offener, außen- und innenpolitischer Probleme bestimmt. Dabei erfolgten die entscheidenden Impulse auf außenpolitischem Gebiet nicht von römischer Seite. Die Republik hatte im Gegenteil äußerst bedenkliche Entwicklungen im Vorfeld ihrer neuen Provinzen, zunächst auch schwere Rückschläge und Verluste hinzunehmen, wobei gegen Ende des Jahrhunderts sich noch weitere Krisenherde abzeichneten.

Anders als das Imperium des Augustus (27 v.–14 n. Chr.) war jenes der späten Römischen Republik noch nicht durch eine territoriale Kohärenz der Einzelglieder römischer Macht zusammengeschlossen. Die peripher ausstrahlenden Basen der im 2. Jahrhundert v. Chr. neu geschaffenen Provinzen sollten vielmehr, der Bedeutung des Begriffes *provincia* gemäß, römischen Einfluß jeweils auch in ihrem Umfeld gewährleisten. Sie wurden damit jedoch zugleich in die dichten Problemlagen der Nachbarräume verstrickt.

So zwang die Übernahme des Pergamenischen Reiches als Provinz Asia Rom zu immer neuen Interventionen in die Auseinandersetzungen der kleinasiatischen Königreiche. Besonders galt dies für Bithynien und Pontos. In Bithynien trat einst Nikomedes II. Epiphanes (149–128 v. Chr.) entschieden auf die römische Seite, erhielt das von ihm beanspruchte Phrygien jedoch nicht zurück.

Unter dessen Nachfolger, Nikomedes III. Euergetes (128–94 v. Chr.) kühlten dann die Beziehungen zu Rom merklich ab. Da das Land unter der Ausbeutung durch die *publicani* und die Versklavung vieler Einwohner besonders litt, schloß sich der Herrscher mit Mithridates VI. Eupator Dionysos von Pontos (120–63 v. Chr.) zusammen. Seit 106 v. Chr. suchten die beiden Könige gemeinsam Paphlagonien und Kappadokien zu unterwerfen. Doch auf Grund der unvereinbaren Partialinteressen zerbrach diese Allianz, erst recht nach dem Einspruch Roms im Jahre 95 v. Chr. Nikomedes IV. Philopator (94–74 v. Chr.) wurde schließlich völlig von Rom abhängig.

Zum aggressivsten und expansivsten Faktor im kleinasiatischen, Schwarzmeer- und südrussischen Raum sollte seit der zweiten Hälfte des 2. Jahrhunderts v. Chr. das Königreich Pontos unter großen und vitalen Herrscherpersönlichkeiten werden. Deren Offensiven begannen schon unter Mithridates V. Eupator (ca. 150–120 v. Chr.) und erreichten dann unter seinem schon erwähnten Nachfolger ihren Höhepunkt.

In Nordafrika bewährte sich der numidische König Micipsa, wie zuvor Massinissa, als treuer Verbündeter Roms. Doch nach dessen Tod (118 v. Chr.) brachen dort, geschürt von Iugurtha, langwierige Kämpfe aus, die rasch zur Konfrontation mit Rom und damit dem Jugurthinischen Krieg (111–105 v. Chr.) führten, jenem Krieg, in dem sich Sulla seine militärischen und diplomatischen Sporen verdienen sollte.

Ungefähr gleichzeitig hatte sich die Lage vor dem Nordwesten Italiens zugespitzt. Mit der Niederlage des Cn. Papirius Carbo bei Noreia in den Ostalpen setzte 113 v. Chr. jene Kette von militärischen Katastrophen ein, welche die Heere der Römischen Republik in den Schlachten gegen Kimbern, Teutonen, Tiguriner und andere Stämme erlitten: 109 v. Chr. wurde M. Iunius Silanus im Rhônetal geschlagen, 107 v. Chr. L. Cassius Longinus bei Agen, 105 v. Chr. Q. Servilius Caepio und Cn. Mallius bei Orange. Wie in Nordafrika, so sollte auch hier die militärische Wende mit den Namen von Marius und Sulla verbunden sein.

Im religiösen und geistigen Bereich dominierten weiterhin die Aufnahme und Adaption griechischer Impulse sowie der generelle Zug zu unbekümmerter Individualisierung. Im sozio-ökonomischen Sektor waren zentrale Aufgaben (Umwandlung der Agrarstrukturen, Entwicklung des Wirtschaftsraums, Integration von Sklaven und Bundesgenossen) ebensowenig gelöst wie die Versorgungsprobleme der Veteranen und die materielle Befriedigung der kämpfenden Truppen. Dies alles wurde zudem innenpolitisch noch überschattet von den tiefen Konflikten zwischen Optimaten und Popularen, Senatoren und Rittern, Nobilität und *homines novi*. In dieses Gesamtgeflecht vielfältiger Probleme und Aufgaben sind Sullas Anfänge einzuordnen.

II. SULLAS JUGEND UND AUFSTIEG

1. *Der arme Aristokrat*

Ü*ber die Anfänge* des Lucius Cornelius Sulla liegen nur wenige, widerspruchsvolle Informationen vor. Es steht lediglich fest, daß er einem völlig verarmten Zweig des einst sehr angesehenen römischen Patriziergeschlechts der Cornelier angehörte. Von seinen Vorfahren war vor allem noch P. Cornelius Rufinus bekannt, der in seinem ersten Konsulat 290 v. Chr. zusammen mit Manlius Curius Dentatus die Samniten schlug und während seines zweiten (277 v. Chr.) im Krieg gegen Pyrrhus Kroton einnahm. Vor 285 v. Chr. hatte er auch kurze Zeit die Diktatur bekleidet. Doch all dies wurde von der Tatsache überschattet, daß ihn der Censor Fabricius im Jahre 275 v. Chr. aus dem Senat stieß, weil der offensichtlich als besonders habgierig diffamierte Rufinus gebotswidrig mehr als zehn Pfund schweres silbernes Tafelgeschirr benutzt hatte.

Die folgenden Familienhäupter stiegen dagegen lediglich noch bis zur Prätur auf. Von Sullas Vater ist so gut wie nichts bekannt. Er hat seinem 138 v. Chr. geborenen Sohn offensichtlich nur wenig hinterlassen, obwohl er in zweiter Ehe eine reiche Frau geheiratet hatte, Sullas Stiefmutter, die den Jungen aufrichtig liebte.

In der Überlieferung wird einerseits die Armut des jüngeren Aristokraten betont, der sich nur eine Mietwohnung leisten konnte und darin Nachbar eines Freigelassenen war. Andererseits wird hervorgehoben, daß er über eine bemerkenswert gute Bildung verfügte, mit griechischer und lateinischer Literatur ebenso vertraut war wie mit Geschichte. Sullas geistige Fähigkeiten, insbesondere seine Schlagfertigkeit und Redekunst, zeigten sich jedenfalls früh.

Der Hauptvorbehalt gegen den jungen Mann galt indessen nicht seiner Armut, sondern der Gesellschaft, in der er sich bewegte. Denn Sullas Lebens- und Freundeskreis bestand nicht aus Angehörigen der aristokratischen jeunesse dorée Roms, sondern aus jungen Künstlern, Schauspielern, Sängern, Tänzern beiderlei Geschlechts. In dieser lebensfrohen, trinkfesten, aber doch auch geistreichen und frivolen Gruppe fühlte er sich wohl und wurde er gewiß auch respektiert, einer Gruppe, der er noch in seinem letzten Lebensjahr die Treue hielt.

Sullas starke Wirkung in diesem Kreis – besonders auch auf Frauen, wie auf viele Menschen jeden Standes und jeden Berufs – beruhte auf seiner ungewöhnlich eindrucksvollen Erscheinung, dem bleichen Gesicht mit dem rotblonden Haar und den lebhaften, durchdringenden blauen Augen. Sie beruhte aber auch auf seinem gewinnenden Wesen, auf seiner Gabe, Sympathie zu erwecken und andere für sich einzunehmen. Dabei war er ein Mann extremer Gefühle, die er freilich nicht selten zu verbergen wußte, ein Mann der Liebe wie des Hasses, ein Mann, der nie vergaß und seine einstigen Gegner noch nach vielen Jahren hinrichten ließ.

Sullas existentielle Situation verbesserte sich entscheidend, als ihn sowohl seine Stiefmutter als auch die Hetäre Nikopolis zum Erben einsetzten. Danach konnte er die senatorische Ämterlaufbahn einschlagen, obwohl er den davor sonst üblichen Militärdienst nicht geleistet hatte. In das Licht einer breiteren Öffentlichkeit trat er erst im Jugurthinischen Krieg.

Sallust hat in seiner Monographie über diese Auseinandersetzung eine knappe Charakteristik des jungen Sulla entworfen:

«Sulla stammte aus altem adligen Geschlecht, doch seiner Familie Glanz war durch der Väter Tatenlosigkeit schon fast erloschen. In griechischer und lateinischer Literatur war er gleich gut und gründlich ausgebildet; auch war er hochbegabt, begierig nach Genuß, begieriger nach Ruhm. In seiner Muße liebte er die Üppigkeit, doch von Ge-

schäften hielt ihn kein Vergnügen je zurück; nur hätte er in seinem Eheleben mehr auf Anstand sehen können. Er war beredt und schlau, dabei mit aller Welt gut Freund; um Absichten zu heucheln, besaß er eine unergründliche Verschlossenheit; er lebte höchst verschwenderisch, zumal mit Geld. Und mochte er auch als der glücklichste von allen gelten, so hat vor seinem Sieg im Bürgerkrieg das Glück doch niemals seine Leistung überstiegen, und viele waren ungewiß, ob seine Tapferkeit oder sein Glück wohl größer war. Was er dann freilich später tat – ich weiß nicht, ob mir Scham oder Unwille mehr verbietet, hier davon zu sprechen.» (Sallust, bellum Iugurthinum XCV, 3 f. – Übersetzung von W. Schöne)

2. Der Jugurthinische Krieg – Metellus, Marius und Sulla

Iugurtha, damals Roms großer Gegner in Nordafrika, war ein Verwandter des numidischen Königs Micipsa. Der vitale, scharfsinnige und verschlagene, doch zugleich auch tapfere und unermüdliche junge Mann hatte sich in dessen Auftrag um 134 v. Chr. als Anführer numidischer Hilfstruppen bei der Belagerung von Numantia bewährt. In Scipios Umgebung sammelte er dort nicht nur wertvolle Erfahrungen in römischer Kriegführung, sondern gewann zugleich auch desillusionierende Einblicke in die Mentalität einzelner römischer Aristokraten. Wohl schon damals bildete sich bei ihm die Überzeugung aus, daß in jener korrupten und zersplitterten Führungsschicht durch Bestechung vieles zu erreichen war.

Von Micipsa adoptiert – obwohl dieser zwei Söhne besaß – versuchte Iugurtha nach dessen Tod zielstrebig die Macht in ganz Numidien an sich zu reißen. Seit 118 v. Chr. begannen jene Auseinandersetzungen, die schließlich auch Rom involvierten, als bei Iugurthas Einnahme von Cirta (Constantine) im Jahre 112 v. Chr. eine größere Zahl von Römern und Italikern den Tod gefunden hatte. Roms Reaktionen wurden zunächst durch Iugurthas massive Bestechungen

*1 Bocchus übergibt Sulla den knienden Iugurtha
Denar des Faustus Cornelius Sulla, ca. 58 v. Chr.
Vs.: Diana mit Diadem, reichem Schmuck, oben Mondsichel,
links lituus (Symbol für das Priesteramt der Augurn). FAUSTUS
Rs.: Mitte. Sulla auf hohem Thron, links knieend Bocchus
mit Zweig, rechts knieend der gefesselte Iugurtha. FELIX
(aus: J. P. C. Kent, Die Römische Münze,
München 1973, Taf. 17, Nr. 68)*

gelähmt, dann kam es zu wechselvollen, verlustreichen und die römischen Truppen deklassierenden Kämpfen.

Erst als im Jahre 109 v. Chr. Quintus Caecilius Metellus, der später durch den Siegerbeinamen Numidicus geehrt wurde, als Konsul den Oberbefehl auf jenem Kriegsschauplatz übernommen hatte, begann sich das Blatt zu wenden. Nach einer systematischen Neuordnung der römischen Verbände und einer Verbesserung ihrer Schlagkraft, bei der Metellus von seinem Legaten Gaius Marius in hohem Maße profitieren konnte, erzielte er in diesem Wüstenkrieg eindeutige Erfolge: Er besetzte Vaga, siegte am Uthul, kämpfte bei Zama, besiegte Iugurtha und eroberte Thala.

Doch eine endgültige Entscheidung konnten die strapaziösen Kämpfe, die sich bis in das Jahr 108 v. Chr. hinzogen, nicht herbeiführen. Schon Metellus mußte erkennen, daß alles darauf ankam, Iugurtha selbst zu ergreifen oder zu töten. Indessen scheiterten alle Anschläge auf diesen. Ein erfolgreicher Abschluß jener Operationen aber glückte Metellus deswegen nicht, weil er seinen Legaten, den erfahrenen Troupier Gaius Marius, der sich damals um das Konsulat bewerben wollte, in herabsetzender und zynischer Weise provozierte.

Denn Q. Caecilius Metellus Numidicus, den Cicero auch als Redner feierte, war gewiß eine imponierende Persönlichkeit, ein ungewöhnlich charaktervoller, unbestechlicher, aber auch starrer und arroganter Aristokrat, der seinen wichtigsten Befehlshaber, den *homo novus* Marius, nicht nur nicht förderte, sondern ihn geradezu behinderte und verletzte.

Der willensstarke und kompromißlose Marius war dadurch freilich nicht aufzuhalten. Nach einer ertrotzten Rückkehr nach Rom entfesselte er dort einen hemmungslosen Wahlkampf, in dem er das Versagen der bisherigen Befehlshaber auf dem numidischen Kriegsschauplatz ebenso brandmarkte wie Metellus persönlich angriff. Seine Animosität gegen den Vorgesetzten kannte dabei keine Grenzen.

Die Bewerbung des Marius um das Konsulat zeigt, daß er durchaus auch als Agitator wirken und das römische Volk aufhetzen konnte, auch, daß er es von Anfang an verstand, Volkstribunen für sich zu gewinnen und einzusetzen. Die leidenschaftlichen Angriffe wirkten. Marius wurde mit eindrucksvoller Mehrheit gewählt. Entgegen den Wünschen des Senates wurde ihm zudem durch Plebiszit auch der Oberbefehl in Numidien übertragen.

Angesichts der überragenden Bedeutung, die Marius in den folgenden Jahren für die Römische Republik und speziell für Sulla selbst erlangen sollte, soll er an dieser Stelle näher beschrieben werden. Marius wurde um 157 v. Chr. in Cereatae im Raume von Arpinum geboren; er war somit rund zwanzig Jahre älter als Sulla. Seine Familie soll dem Ritterstand angehört haben; jedenfalls stammte er aus einfachen, ländlichen Verhältnissen. In jüngeren Jahren durchaus gewandt und kraftvoll, zeigte er gegen sich selbst eine unerbittliche Härte, war im Dienst in jeder Hinsicht Vorbild und Idol seiner Soldaten. Er konnte ebenso deren gleichgesinnter und beliebter Kamerad wie ihr rücksichtslos strenger Befehlshaber sein. Vor allem aber war er ungewöhnlich ehrgeizig, als Aufsteiger empfindlich und leicht verletzlich, nach Naturell wie Geisteshaltung entsprach er wohl dem Bild, das man sich in der Antike von dem geborenen Berufssoldaten machte.

Ressentiments gegen die Aristokratie und gegen deren griechische Bildung erfüllten den reinen Praktiker von Beginn an. Politisch blieb er meist ein Einzelgänger, der innerlich auf der Seite der einfachen Soldaten und Landleute stand. Aristokratischen Factionen, wie den Metelli, die ihn zunächst unterstützt hatten, unterwarf er sich ebensowenig wie den Ansprüchen der stadtrömischen Proletarier, obwohl er zeitweilig von Popularen abhängig wurde.

Schon 134/133 v. Chr. diente er unter Scipio Aemilianus vor Numantia, zeichnete sich dort aus, stieg zum Kriegstribun und Quaestor (123/122 v. Chr.) auf. Als Volkstribun des Jahres 119 v. Chr. gewann er dann erstmals stärkeres politisches Profil. Kompromißlos setzte er damals gegen den erbitterten Widerstand der Senatoren eine *lex Maria de suffragiis* durch, ein Gesetz, das durch technische Veränderung der Abstimmungsmodalität die Kontrolle und Beeinflussung der Bürger verhinderte.

Doch mit derselben Hartnäckigkeit trat er auch dem Versuch entgegen, die Getreideversorgung der stadtrömischen Bürger noch weiter zu verbessern. Für diese Unabhängigkeit hatte er freilich zu büßen: Bei den Wahlen zum Ädil – dem zweiten Amt auf der senatorischen Karrierelaufbahn – scheiterte er, die Prätur erreichte er im Jahre 115 v. Chr. nur mit knapper Not. Erst während seiner anschließenden proprätorischen Statthalterschaft in der Provinz Hispania ulterior und schließlich während des Jugurthinischen Krieges konnte er sich erneut auszeichnen.

Da Marius nach seinen leidenschaftlichen Attacken gegen

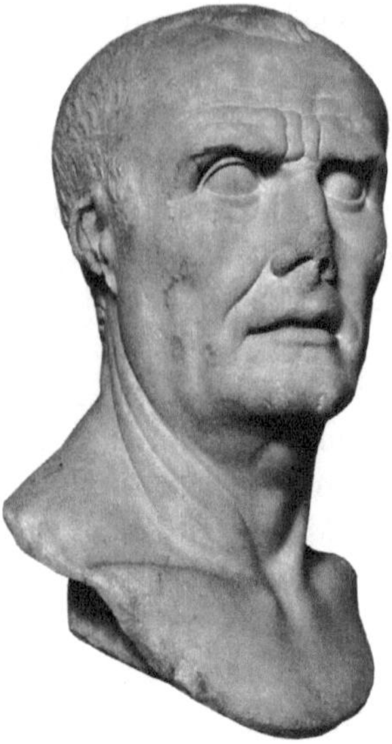

2 *«Marius», München, Glyptothek, ca. 10/20 n. Chr. (Aufnahme St. von der Lahr. Siehe auch D. Ohly, Glyptothek München. München 2001⁹, Taf. 35)*

die aristokratische Kriegführung in Nordafrika nicht nur zum Konsul für das Jahr 107 v. Chr., sondern auch zum Oberbefehlshaber auf jenem Kriegsschauplatz gewählt worden war, sah er sich gezwungen, zusätzliche Truppen zu mobilisieren. Darüber sollte jenes Jahr zu einer Zäsur der römischen Militärgeschichte werden: Das Heer der frühen und klassischen Republik bestand einst aus einer jeweils nur kurzfristig, in Sommerfeldzügen, dienenden Bürgermiliz, deren Angehörige sich selbst zu bewaffnen hatten. Die wachsenden Dimensionen der Kriegführung und die langfristigen Kämpfe erzwangen schließlich eine Erweiterung der Rekrutierungsbasis. Doch auch die Senkung des einstigen Mindestvermögens der fünften, untersten Bürgerklasse – zuletzt, zwischen 133 und 123 v. Chr., auf jeweils nur 1500 Asse – reichte nicht aus, um die erforderliche Heeresstärke zu sichern; selbst bei dieser geringfügigen Veranlagung der wirtschaftlichen Mindestvoraussetzung für den Dienst in der Legion ließ sich keine ausreichende Zahl von Dienstpflichtigen ausheben.

In Krisenfällen waren deshalb schon seit dem 3. Jahrhundert v. Chr., vor allem seit dem 2. Punischen Krieg, in immer größerer Zahl Angehörige der ärmsten Bevölkerungskategorie, der sogenannten *capite censi*, herangezogen worden. Dabei handelte es sich um Männer, die in den Census keiner der fünf verschiedenen Vermögensklassen zugeordnet, sondern lediglich «nach Köpfen» erfaßt wurden.

In besonderen Notfällen ist sogar auf Sklaven zurückgegriffen worden; gleichzeitig hatte der römische Staat die Ausrüstung der ärmeren Bevölkerungskreise zu übernehmen. Parallel hierzu wurde es üblich, daß die römischen Befehlshaber «Freiwillige» aus dem Kreis ihrer Klienten rekrutierten, um ihre militärischen Aufgaben lösen zu können. So soll Scipio Aemilianus vor Numantia immerhin über rund 4000 Mann dieser Kategorie verfügt haben.

Wie der italienische Altertumswissenschaftler Emilio Gabba nachgewiesen hat (Esercito e Società nella Tarda Repubblica Romana. Firenze 1973), ist die prinzipielle Umwandlung der Rekrutierungsstruktur des römischen Heeres nicht, wie früher häufig angenommen wurde, durch einen revolutionären Akt des Konsuls Marius im Jahre 107 v. Chr. erfolgt. Marius zog vielmehr lediglich die Konsequenzen aus jenem längeren, soeben skizzierten Prozeß. Dies führte schließlich zur «Proletarisierung» der römischen Armee, zu Berufsheer und Heeresklientel, zu einer Entwicklung, welche nicht nur rein militärische, sondern zugleich auch tiefgreifende soziale und politische Folgen nach sich ziehen sollte.

Das neue Berufsheer verlor somit die timokratischen – auf Vermögensklassen beruhenden – Grundlagen der alten republikanischen Armeen. Es ging von der Freiwilligkeit des Dienstes, insbesondere von der Anwerbung der ärmeren Landbevölkerung aus, weniger von jener des hauptstädtischen Proletariats, das für den harten, disziplinierten militärischen Dienst weithin ungeeignet war.

Aber dieses langfristig dienende Heer, in dem sich not-

3 Sullas Reiterstatue
Aureus des Quaestors Aulus Manlius, Auli filius,
ca. 82 v. Chr. im Auftrage Sullas geprägt
Vs.: Drapierte Büste der Roma mit Helm
A(ulus) MAN-LI(us) A(uli) F(ilius) Q(uaestor)
Rs.: Reiterstatue Sullas nach links; der Kopf des Diktators weist porträthafte Züge auf. Sulla im Gestus der Adlocutio
L(ucius) SULL(a) FE-LI(x) DIC(tator)
(aus: Kent, a.O., Taf. 14, Nr. 51)

wendig eine Söldnermentalität entwickelte, war zugleich in einer früher kaum denkbaren Weise mit dem jeweiligen Befehlshaber eng verbunden. Von diesem wurde eine umfangreiche materielle Versorgung und schließlich später die Sicherung einer hinreichenden Existenz erwartet. Es ist dafür bezeichnend, daß der Volkstribun Saturninus im Jahre 103 v. Chr. für jeden der Veteranen des Marius, der im Jugurthinischen Krieg gedient hatte, ein Grundstück von 100 *iugera* forderte. Die Heeresklientel wurde somit gleichzeitig zu einem Interessenverband. Es kam schließlich zu der Paradoxie, daß Marius diese Klientel neuer Art für den Staat aufgestellt hatte, Sulla sie dann aus politischen Gründen wie aus persönlichen gegen Rom selbst einsetzen sollte.

Sullas Aufstieg fällt mit den großen Erfolgen des Marius zusammen. Ihm wurde der Quaestor Sulla durch das Los zugeteilt, wie immer es um die Einzelheiten dieser Zuordnung bestellt war. Während Marius sogleich sein Kommando in Nordafrika antrat, erhielt Sulla den Auftrag, in Latium und bei den Bundesgenossen Kavalleristen zu mobilisieren und diese dann Marius zur Verstärkung der offensichtlich sehr schwachen und unterlegenen römischen Reiterei zuzuführen.

Dank seiner Menschenkenntnis in militärischen Zusammenhängen hatte Marius in Sulla den richtigen Mann für die schwierige Aufgabe eines führenden Gehilfen in Numidien gewählt. Denn Sulla bewährte sich nicht nur bei der Aufstellung der Kavallerieverstärkung, sondern in gleicher Weise auch als Kavalleriekommandeur während der folgenden Gefechte, so zum Beispiel im Reitergefecht vor Cirta.

Der unerfahrene Offizier, der auf Grund seines schlechten Rufes weithin unterschätzt und mit Skepsis betrachtet worden war, muß wohl selbst ein passionierter Reiter gewesen sein. In den meisten Kämpfen und entscheidenden Schlachten leitete er seine Verbände auch später vom Sattel aus. Entsprechend der Entwicklung der militärischen Lage konnte er deshalb auch rasch seinen Standort wechseln. Oft genug hat er sich dabei zu Pferde in provozierender Weise exponiert, so noch in dem letzten großen Ringen des Bürgerkrieges im Jahre 82 v. Chr. an der Porta Collina Roms, als er seine Rettung nur dem kaltblütigen Handeln seines Reitknechtes verdankte. Es war daher durchaus angemessen, daß er nach seinen Siegen auch durch eine goldene Reiterstatue geehrt wurde.

Während der militärischen Operationen in Nordafrika zeichnete sich Sulla insbesondere durch seinen sehr persönlichen Führungsstil aus, der nicht wenige Forderungen auch moderner psychologischer Truppenführung erfüllte. Wie Sallust in seiner Darstellung des Jugurthinischen Krieges (c. 96) berichtet, suchte Sulla stets den direkten persönlichen Kontakt zu seinen Soldaten. Er verstand es, sich auf deren Mentalität einzustellen, immer das rechte Wort zu finden, ihnen Gefälligkeiten zu erweisen, Geld zu leihen und sie auf vielfache Weise mit seiner Person zu verbinden, ohne gegenüber Vorgesetzten und Befehlshaber illoyal zu werden.

Es versteht sich, daß er dabei von seinem Naturell ebenso profitieren konnte wie von dem freien und lockeren Stil des römischen Komödianten- und Künstlerkreises, der ihn geprägt hatte. Durch diese Verhaltensweise wurde er bei Marius wie bei Offizieren und Truppen rasch beliebt und erwarb allseitiges Vertrauen. Speziell seinem persönlichen Verhalten verdankte er es auch, daß es nie zu einer Meuterei gegen ihn kam, obwohl seine Verbände mit seinen Entscheidungen wiederholt unzufrieden gewesen sind.

Der bewährte Befehlshaber Marius und der dynamische Reiterführer Sulla entfalteten auf dem numidischen Kriegsschauplatz bald neue Energien. In verlustreichen Kämpfen mußte Iugurtha schwere Rückschläge hinnehmen; sein mit ihm verbündeter Schwiegervater, der mauretanische König Bocchus, schätzte die Kriegslage realistisch ein und fürchtete um den Bestand seiner Herrschaft. Um in der Frage eines Friedensvertrages zu sondieren, erbat er von Marius die Entsendung von zwei Vertrauensmännern; dieser wählte dazu seinen Legaten A. Manlius und den Quaestor Sulla aus. Faktisch vertrat jedoch der rhetorisch gewandtere Sulla die römische Sache: In den schwierigen Verhandlungen bewies er ein Höchstmaß von diplomatischem Geschick.

Sulla gelang es, bei Bocchus Vertrauen und Sympathie zu gewinnen, insbesondere wenig später, als er eine mauretanische Gesandtschaft, die nach Rom reiste, beriet und großzügig unterstützte. Während einer zweiten, delikaten und nicht ungefährlichen Mission zu Bocchus mußte er dann in einem dramatischen Wüstenritt mitten durch Iugurthas Lager reiten, doch das riskante Hasardspiel glückte. Dank seines Verhandlungsgeschicks, seiner List und seiner Unergründlichkeit erzielte er schließlich einen spektakulären Erfolg.

Es gelang ihm, den bis zuletzt schwankenden Bocchus insgeheim auf seine Seite zu ziehen. Der ahnungs- und waffenlose Iugurtha wurde in einem Hinterhalt gefangengenommen, seine Begleitung erschlagen. Der tapfere und große

Gegner Roms, der so viele Jahre hindurch erbittert gekämpft hatte, ist von Bocchus an Sulla und von diesem an Marius überstellt worden. Als Opfer von Marius' Triumph fand er wenig später den Tod.

Nicht zuletzt durch seinen Umgang mit Schauspielern und Gauklern in jungen Jahren hatte Sulla schon früh gelernt, sich zu stilisieren und in Szene zu setzen. Die Szene, da Bocchus ihm den gefangenen Iugurtha übergab, ließ er in einer Marius gewiß brüskierenden Weise in einen neuen Siegelring schneiden. Sie fand noch stärkere Beachtung, als Bocchus im Jahre 91 v. Chr. die gleiche Personengruppe mit Billigung des Senats in vergoldeten Statuen auf dem Kapitol aufstellen ließ. Und nicht genug damit: Um 58 v. Chr. ließ Faustus Cornelius Sulla dasselbe Bild auf die Rückseite eines römischen Denars prägen (Abb. 1). Eben diese Szene hat damit am nachhaltigsten die römische Vorstellung vom Ende des Jugurthinischen Krieges geformt.

3. Germanenkrieg, die Krise des Jahres 100 v. Chr., Kilikien, Bundesgenossenkrieg

Mochte sich Marius über die Provokation seines Quaestors noch so sehr ärgern, er konnte nicht auf ihn verzichten, als er für das Jahr 104 v. Chr. wiederum zum Konsul und nun zum Oberbefehlshaber im Kampf gegen die Germanen gewählt wurde. Er hatte damit eine noch schwierigere Aufgabe als in Nordafrika zu lösen, die den Einsatz aller fähigen Offiziere erforderte. Denn in den Kämpfen gegen die machtvollen germanischen Wanderstämme, die inzwischen ganz Gallien und selbst Teile Spaniens und Belgiens durchzogen, versagte die römische Kriegführung geradezu erbärmlich. Sie mußte Niederlage auf Niederlage hinnehmen, wobei diejenige von Arausio im Jahre 105 v. Chr. «materiell und moralisch den Tag von Cannae weit überbot» (Theodor Mommsen, 177).

Angesichts dieser Katastrophen und der folgenden Bewegungen der germanischen Stämme, die zunächst nicht gegen Italien vorrückten, hatte Marius die Möglichkeit zu weiteren Schritten einer durchgreifenden Heeresreform. Standen 107 v. Chr. die Probleme der Rekrutierung im Vordergrund, so seit 104 v. Chr. jene der Bewaffnung, Ausbildung und inneren Struktur der Streitkräfte. Da die Kimbern und ihre Verbündeten zuerst im Nordwesten Italiens plünderten, blieb Marius zu den neuen, wiederum tiefgreifenden Einschnitten genügend Zeit. Und er vermochte seine Neuerungen auch durchzusetzen, da er auf Grund seiner langen militärischen Erfahrung die neuralgischen Stellen des römischen Heerwesens aus der Praxis kannte.

Marius kümmerte sich gleichermaßen um die Konstruktion der Wurflanze wie um eine intensive Gefechtsausbildung, die sich an den bewährten Vorbildern der Gladiatorenschule orientierte. Er reduzierte den Gefechtstroß, soweit dies irgend möglich war, und ließ statt dessen die Infanteristen Waffen, Schanzzeug, Verpflegung und Gepäck bis an die Grenzen der Leistungsfähigkeit selbst schleppen, so daß sich die Soldaten als *muli Mariani*, als marianische Maultiere, verstanden. Der taktische Einsatz der Truppe baute künftig auf der Einheit der Kohorte auf, einer Formation von rund 600 Mann, die somit einem modernen Infanteriebataillon entsprach und die weitaus flexibler agieren und reagieren konnte als die zehnmal so starke Legion.

Hans Delbrück, der deutsche Klassiker der Geschichte der Kriegskunst, hat einst die Bildung dieses neuen taktischen Körpers des römischen Heeres mit besonderer Emphase gewürdigt:

«Wie einfach erscheint eine solche Anordnung, aber dieses Einfache möglich zu machen, die Bildung kleiner Haufen, die so fest zusammenhalten, daß sie taktische Körper bilden, war unendlich schwer. Eine Jahrhunderte lange Entwicklung und die römische Disziplin gehörte dazu; nur dieser eine Staat des Altertums hat sie wirklich durchgeführt und hat dadurch die Herrschaft über alle anderen ge-

wonnen. ... Die Kohortentaktik bedeutet den Höhepunkt der Entwicklung, den die Gefechtskunst der antiken Infanterie zu erreichen vermochte. ... Die Voraussetzung für die Kohortentaktik ist das Berufsheer, das an die Stelle des Bürgerheeres getreten ist.» (Geschichte der Kriegskunst im Rahmen der politischen Geschichte. 1. Das Altertum. Berlin 1920[3]. NDr. Berlin 2000, 499 f.)

Da sich Marius um jede Einzelheit selbst kümmerte und sich in den Einheiten vor allem auf die erfahrenen Centurionen (Kompaniechefs) stützte, auch äußerlich sichtbare Truppensymbole einführte und die silbernen Legionsadler als höchstes Ehrenzeichen des Großverbandes, verbesserten sich Disziplin und Kampfbereitschaft der Truppe entscheidend.

Ruhe gab es unter ihm freilich nicht. Als sich der Einfall der Teutonen weiter verzögerte, ließ er durch sein Heer zwischen Arles und Fos einen Kanal, die Fossa Mariana, erbauen. Damit war die reibungslose Versorgung der an der unteren Rhône stehenden Armee gewährleistet; die Transportschiffe brauchten nicht mehr durch das versandete Rhônedelta zu fahren. Auch damit wurden die Voraussetzungen für Marius' große Erfolge bei Aquae Sextiae (102 v. Chr.) und Vercellae (101 v. Chr.) geschaffen.

Vor allem in den Kämpfen bei Aquae Sextiae, die unter schwierigsten psychologischen Belastungen ausgetragen wurden und die im Grunde alles Weitere entschieden, zeigte Marius ein Höchstmaß von Besonnenheit und Übersicht. In der Gewöhnung seiner Truppen an die fremdartigen und auf den ersten Blick erschreckenden Gegner erwies er sich ebenso souverän wie in der schnellen Reaktion auf den Ausbruch der von ihm zunächst noch gar nicht geplanten Kämpfe.

Als Marius' Legat und Kriegstribun erfüllte Sulla zunächst durchaus die in ihn gesetzten Erwartungen. Im Jahre 104 v. Chr. konnte er Copillus, den Anführer der Tectosagen, die im Norden der Pyrenäen angesiedelt waren und sich zuletzt dem römischen Einfluß entzogen hatten, gefangennehmen und damit die römische Vormacht wieder absichern. Als Kriegstribun gelang es ihm ein Jahr später dank seines bewährten Verhandlungsgeschicks, den Stamm der Marser auf Roms Seite zu ziehen.

Weniger befriedigend scheint Sullas Leistung in den beiden folgenden Jahren gewesen zu sein, als er unter Q. Lutatius Catulus diente, dem Befehlshaber der norditalischen Armee, der seiner Aufgabe wohl kaum völlig gewachsen war. Die Nachrichten über jene Vorgänge sind freilich alles andere als eindeutig, die Spekulationen und Hypothesen um so größer. Allem Anschein nach versuchte Sulla in seinen Memoiren den Ablauf der Ereignisse zu seinen Gunsten zu stilisieren, von den Kernpunkten der Entwicklung abzulenken, seine Mitverantwortung am Scheitern der Abwehr der Kimbern im Raum von Trient zu verharmlosen und schließlich Marius in seinem Verhalten bei der Entscheidungsschlacht bei Vercellae (101 v. Chr.) zu kompromittieren.

Daß Sulla inmitten jenes turbulenten Geschehens auch durchaus positive Leistungen, wie die Sicherung der Verpflegung der großen Heeresverbände, aufzuweisen hatte, sei nicht bestritten. Daß sich Catulus' Armee, in der Sulla an herausgehobener Stelle Verantwortung trug, jedoch in wilder Flucht bis hinter den Po zurückzog, sollte darüber nicht vergessen werden. Glänzend war Sullas Anteil am entscheidenden Erfolg wohl kaum, sein Versuch, sich erneut auf Kosten von Marius zu profilieren, degoutant.

Durch Herkunft, Naturell, Werdegang, Erfahrungen, militärisches wie politisches Engagement wurde Marius so der Antipode Sullas. Trotz Sullas rücksichtsloser Selbstdarstellung auf Kosten seines Oberbefehlshabers kam es zunächst zum Zusammenwirken der beiden Männer im Kriege. Doch nach dem Kimbernkrieg sollten sich die Gegensätze bis zur Todfeindschaft verschärfen. Die Spaltung der römischen Gesellschaft und der römischen Politik wurde geradezu mit diesen beiden Menschen identifiziert; das Geschehen selbst ging wiederholt von ihren Entscheidungen aus. Ohne Marius wäre Sullas Handeln undenkbar.

Während der letzten Jahre von Marius' Oberbefehl gegen Teutonen und Kimbern und damit seiner Abwesenheit von Rom hatten sich in der Stadt vor allem zwei Politiker zu Vertretern seiner Interessen aufgeworfen und Initiativen ergriffen, um die Erwartungen seiner Soldaten zu befriedigen. Es handelte sich dabei um Lucius Appuleius Saturninus, der in den Jahren 103 und 100 v. Chr. das Volkstribunat bekleidete, und um Gaius Servilius Glaucia, der 100 v. Chr. eine Prätur innehatte. Beide verstanden es, mit allen Mitteln der Demagogie die stadtrömische *plebs* – das einfache Volk – gegen den Senat aufzuhetzen; beide schreckten dabei vor offenem Terror und vor der Ermordung von Gegenkandidaten nicht zurück.

Die Einzelheiten ihrer Versorgungsgesetze und deren Chronologie, eines Ackergesetzes und eines Gesetzes über die Anlage neuer Kolonien in Afrika, Sizilien, Korsika, Achaia und Macedonia, sowie weiterer juristischer Vorstöße sind umstritten, ebenso, wie es um deren Realisierung bestellt war. Immerhin führten eine ganze Reihe von nordafrikanischen Siedlungen das Cognomen – den Beinamen – Mariana; Thuburnica verehrte Marius als Gründer der Kolonie. Doch in der aufgeputschten Atmosphäre jener Jahre war, zum Teil auch aus rein persönlichen Gründen, mit einer entschiedenen Ablehnung des Senats zu rechnen.

Da sich seit den Tagen der Gracchen wiederholt erwiesen hatte, daß isolierte Vorstöße von Volkstribunen, die nicht im Einklang mit dem Willen des Senates standen, nur kurzfristige Erfolge erzielen konnten und alsbald wieder konterkariert wurden, suchte Appuleius eine solche Entwicklung zu verhindern. Er verfiel auf den verzweifelten Ausweg, die Zustimmung des Senates dadurch zu erpressen, daß er die einzelnen Senatoren durch Vereidigung auf seine Gesetze festlegen wollte. Wer diesen Eid innerhalb von fünf Tagen nicht leistete, hatte ins Exil zu gehen.

Inmitten chaotischer Straßenkämpfe, Gewaltakte, des Terrors und Gegenterrors eskalierten die inneren Auseinandersetzungen. Marius, der 100 v. Chr. sein sechstes Konsulat innehatte, wurde dadurch in ein unauflösbares Dilemma geführt. Einerseits mußte er die Forderungen seiner radikalen Anhänger billigen, andererseits konnte er sich, als Verantwortlicher für Recht, Sicherheit und Ordnung wie als Verkörperung römischer Disziplin, mit deren Methoden auf keinen Fall identifizieren.

Sein ungeschickter Versuch, zwischen den Fronten zu lavieren, kostete ihn das Vertrauen beider Seiten. Trotz aller Vorbehalte leistete er an der Spitze der übrigen Senatoren am Ende dann doch den Eid; einzig sein alter Gegner, Metellus Numidicus, bewies eine charaktervolle Geradlinigkeit, verweigerte ihn und ging nach Rhodos ins Exil.

Ihren Höhepunkt erreichten die innenpolitischen Gewaltakte dann am 10. Dezember des Jahres 100 v. Chr., bei den Wahlen für das folgende Jahr. Nach mehreren Mordanschlägen und offenem Straßenterror sah sich der Konsul Marius gezwungen, auf Grund des *senatus consultum ultimum*, des Staatsnotstands, gegen die Anhänger des Appuleius und Glaucia, die inzwischen das Kapitol besetzt hatten, vorzugehen. Als deren Wasserversorgung unterbunden wurde, mußten sie kapitulieren.

Marius versuchte, sie vor dem Fanatismus ihrer Gegner zu retten, und ließ sie in der Kurie einsperren, wohl um zunächst Zeit zu gewinnen und um ein geordnetes Verfahren zu gewährleisten. Doch ihre zu allem entschlossenen Gegner deckten das Dach des Gebäudes ab und töteten die nun Wehrlosen mit ihren Ziegel- und Steinwürfen. Theodor Mommsen schrieb einst in seinem Epilog auf jenes Geschehen:

> *«Selbst einem schlechteren Mann, als Marius war, mußte grauen vor der ehrlosen Rolle, die er an diesem Tage spielte … eine kläglichere Stellung ist kaum zu erdenken, als sie der Held von Aquae und Vercellae nach jener Katastrophe einnahm.»* (207 *f.*)

Es ist üblich geworden, das innenpolitische Drama des Jahres 100 v. Chr. primär auf die persönliche, charakterliche wie politische Insuffizienz, auf das Versagen des Marius zurückzuführen. Dies trifft gewiß weithin zu. Doch sollte darüber nicht vergessen werden, daß man in der römischen Verfassungsentwicklung die Konsequenzen aus den berechtigten Forderungen des neuen, längerfristig dienenden Berufsheeres und aus der Verantwortung seines Oberbefehlshabers, aus dessen Fürsorgepflicht, bisher noch nicht gezogen hatte und auch fernerhin noch lange Zeit nicht zog.

Denn so groß die Kompetenzen solcher Feldherrn während des Krieges waren – nach ihren Triumphen waren sie auf die Zustimmung des Senates und auf die Initiativen von Vokstribunen angewiesen, um die Erwartungen ihrer Veteranen befriedigen zu können. Gerade das Jahr 100 v. Chr. zeigte in krassester Form, daß ein Feldherr nach Abschluß der militärischen Operationen entweder von den Exzessen demagogischer Volkstribunen oder von der Zustimmung des Senates abhängig werden konnte, eines Senates, dem alles daran lag, gerade den erfolgreichen und gefeierten Oberbefehlshaber wieder in das Gleichmaß der Korporation zurückzuzwingen.

Diese Konstellation änderte sich auch nicht: Pompeius sah sich mit ihr, trotz all seiner überwältigenden Erfolge, noch im Jahre 63/62 v. Chr. konfrontiert. Die Kurzsichtigkeit des Senates und dessen Blockade berechtigter Forderungen trieben ihn damals an die Seite von Caesar und Crassus und führten so zur Gründung des ersten Triumvirates (60 v. Chr.), einem weiteren Markstein in der Geschichte der Römischen Revolution.

Sulla mag die Vorgänge des Jahres 100 v. Chr., an denen er nur indirekt beteiligt war, mit einer gewissen Genugtuung verfolgt haben. Er hat sie jedenfalls nie vergessen. Sein Streben nach der Diktatur *legibus scribundis et rei publicae constituendae* – d. h. Gesetze zu erlassen und den Staat zu ordnen – im Jahre 82 v. Chr., das mit einer beständigen Beeinflussung der öffentlichen Meinung sowie einer denkbar engen Koordination von Volkstribunat und Senat verbunden war, zog jedenfalls die Konsequenzen aus den katastrophalen Ereignissen jenes Jahres und aus der für lange Zeit noch immer ungelösten verfassungsrechtlichen Problematik, die erst in Caesars Diktatur sowie in Augustus' Principat endgültig gelöst werden sollte.

Die Chronologie wie die Einzelheiten von Sullas Ämterlaufbahn, Funktionen und Leistungen während der neunziger Jahre des 1. Jahrhunderts v. Chr. sind seit langem umstritten; die Kontroverse ist vor allem durch Thesen des amerikanischen Altertumswissenschaftlers Ernst Badian belebt worden. Ein großer Teil der Spezialisten nimmt heute an, daß sich Sulla bereits um die Prätur des Jahres 98 v. Chr. bewarb, jedoch scheiterte. In seinen Memoiren erklärte er dies damit, daß ihm das römische Volk ein Überspringen der Ädilität deshalb verwehrte, weil seine Freundschaft mit Bocchus allgemein bekannt war und man daher von ihm besonders spektakuläre Spiele, wie er sie als Ädil ausrichten mußte, erwarten konnte.

Doch Sulla gab nicht nach. Auch für das Jahr 97 v. Chr. kandidierte er wiederum nicht für das Amt des Ädils, sondern erneut für jenes des Prätors, diesmal allerdings unter Einsatz intensiver Propaganda, mit Bestechungen und Versprechungen. Die Bevölkerung Roms, die ihm Glauben schenkte, kam denn auch auf ihre Kosten: Großzügig feierte Sulla die *ludi Apollinares*, die Spiele zu Ehren des Gottes Apollo, welche einst einer seiner Vorfahren begründet hatte, und ehrte damit demonstrativ Apollo, seine bevorzugte Gottheit, an der er stets festhielt.

Bocchus hatte ihm tatsächlich auch 100 Löwen gesandt, die erstmals ohne Ketten in den Circus geführt und dort von besonders ausgebildeten Speerwerfern, die man ebenfalls Bocchus verdankte, niedergemacht wurden. Über Sullas Wirken als Praetor urbanus sind sonst keine wesentlichen Einzelheiten bekannt. Zumindest erhielt er damals einen

Einblick in Rechtsprechung und Administration, der ihm später zugute kam.

Wie üblich, wurde Sulla anschließend zum Statthalter einer kleineren Provinz ernannt, wohl 96 v. Chr.; ob als Proprätor oder als Legat mit prokonsularischer Amtsgewalt, bleibt strittig. Jedenfalls ist ihm Kilikien übertragen worden mit dem Auftrag, im benachbarten Kappadokien zu intervenieren. Damit berührte er erstmals das Interessenfeld seines späteren großen Gegners Mithridates VI. von Pontos, der damals dabei war, seinen Einfluß in jenem Raum zu erweitern.

Nach dem Untergang der kappadokischen Königsdynastie hatte Mithridates seinen Vertrauensmann Gordius dort als Machthaber installiert und sich damit die indirekte Beherrschung des Landes gesichert – eine Lösung, die der römische Senat nicht hinzunehmen gedachte. Obwohl Sulla nur schwache Kräfte zur Verfügung standen, konnte er zügig den Taurus durchqueren, Gordius und dessen armenische Hilfstruppen verjagen, Ariobarzanes als neuen König in Kappadokien einsetzen und schließlich bis zum Euphrat vorstoßen.

Dort erreichte ihn ein Gesandter des parthischen Königs Arsaces, der freundschaftliche Beziehungen mit Rom anknüpfen wollte. Es war dies die erste offizielle Kontaktaufnahme zwischen den beiden Großreichen, ein Vorgang, den Sulla mit theatralischen Mitteln in Roms und seinem eigenen Interesse zu inszenieren wußte.

Denn als er bei dem diplomatischen Akt der Zusammenkunft auf dem mittleren von drei Sesseln Platz genommen hatte, blieben für Ariobarzanes und den parthischen Gesandten nur die seitlichen Plätze, so daß Sulla wieder einmal die Szene beherrschte. Der in der Frage des Zeremoniells äußerst empfindliche Partherkönig sah sich dadurch so brüskiert, daß er seinen Gesandten nach dessen Rückkehr töten ließ. Sulla selbst mochte mit den Resultaten seines Wirkens zufrieden sein, indessen erwiesen sie sich als äußerst fragil.

Kaum hatte er die Region verlassen, da holte Mithridates erneut zur Okkupation Kappadokiens aus.

Von bleibender Bedeutung wurden für Sulla zwei Begegnungen, die sich in jener Zeit ereigneten. Nach Plutarch (Sulla, 5) soll in der Begleitung des parthischen Gesandten

> *«auch ein Chaldäer gewesen sein, der Sulla scharf ins Gesicht sah, die Bewegungen der Seele wie des Körpers genau beobachtete, und, nachdem er seinen Charakter nach den Regeln der Kunst untersucht hatte, erklärt haben soll, daß dieser Mann notwendigerweise der größte werden müsse, und er sich nur wundere, wie dieser es ertragen könne, nicht schon jetzt der erste unter allen zu sein.» (Übersetzung von H. Floerke – auch im Folgenden)*

Sulla soll dieses Urteil nie vergessen und sich noch in den letzten Tagen seines Lebens daran erinnert haben.

Daneben gehört gewiß auch Sullas Bekanntschaft mit der kappadokischen Kriegsgöttin Mâh in jene Zusammenhänge, mit jener Göttin, die Sulla dann auf dem ersten Marsch auf Rom im Traum erschienen sein soll und ihm den kommenden Sieg verkündete – eine Szene, welche Sulla gleichfalls in einen Siegelring gravieren ließ und die später auch auf Glaspasten verbreitet wurde. Die orientalische Gottheit wurde in Rom schon seit langem mit Bellona gleichgesetzt.

Nach Sullas Rückkehr nach Rom im Jahre 92 v. Chr. drohte ihm zunächst ein Repetundenprozeß wegen Erpressung, eines wohl durchaus plausiblen Tatbestandes. Doch da der Ankläger, aus welchen Gründen auch immer, nicht zur Verhandlung erschien, wurde das Verfahren nicht durchgeführt. Dann schien sich seine Auseinandersetzung mit Marius weiter zu erhitzen, als die von Bocchus gestiftete Statuengruppe aufgestellt wurde. Doch dieser innerrömische Konflikt trat völlig in den Schatten, als im Jahre 91 v. Chr. M. Livius Drusus, der Anwalt der italischen Bundesgenossen, ermordet wurde, eine Tat, die einen der härtesten Kriege auslöste, die Rom je zu bestehen hatte, die letzte große Erhebung der so vielfach benachteiligten Italiker gegen die führende Stadt der Halbinsel.

Der junge Volkstribun M. Livius Drusus, der von einer ganzen Reihe gleichgesinnter Persönlichkeiten der Führungsschicht unterstützt worden war, ein idealistischer und charaktervoller, dabei weitsichtiger Aristokrat, hatte sich nicht nur der Probleme der Italiker angenommen, deren dringende Lösung er nicht verkannte. Sondern ähnlich wie Gaius Gracchus, mit dem er oft verglichen wurde, wollte er zugleich das ganze Bündel der inzwischen drängenden innenpolitischen Fragen lösen.

Dazu zählten insbesondere eine neue Formierung der inzwischen diskreditierten ständigen Gerichtshöfe. Sie sollten in Zukunft an den Senat zurückgegeben werden, aber an einen um 300 Ritter verstärkten Senat. Drusus glaubte auf diese Weise zugleich die beiden Stände wieder enger zusammenführen zu können und die Politisierung der ausschließlich von den Rittern gebildeten Gerichtshöfe, der *quaestiones perpetuae*, zu verhindern.

Daneben galten weitere Initiativen alten popularen Forderungen, so der Verbilligung der Getreideverteilungen an die römischen Bürger, neuen Ansiedlungen und der Anlage von Kolonien. Auch diese Gesetzesanträge lösten stärksten Widerstand, selbst in den Reihen der Begünstigten, aus; auch um sie kam es zu Tumulten und inneren Wirren. Die Ablehnung der Vorstöße des Drusus versteifte sich, als bekannt wurde, daß er mit führenden Vertretern der Bundesgenossen verhandelt hatte. Schließlich erklärte der Konsul Marcius Philippus die bereits angenommenen Gesetze für rechtswidrig; bald darauf ist Drusus dann von einem Unbekannten in seinem Haus getötet worden. Damit war die letzte Gelegenheit vertan, das Italikerproblem auf friedliche Weise zu lösen.

Angesichts des Ausbruchs der Kämpfe vergaß die römische Führungsschicht alle internen Gegensätze; sie mußte ihr gesamtes militärisches Potential einsetzen, um sich zu behaupten. Wie nahezu alle ehemaligen Befehlshaber, so stellten sich auch Marius und Sulla dem Senat zur Verfügung, obwohl nicht ihnen, sondern den amtierenden Konsuln der Oberbefehl übertragen wurde.

Während des ersten Kriegsjahres, 90 v. Chr., wurde Sulla der römischen Südarmee zugewiesen, die dem Konsul L. Iulius Caesar unterstand. Seine damaligen Aktivitäten sind nicht genau bekannt. Es steht lediglich fest, daß er an den Kämpfen um Aesernia (Isernia) in Samnium beteiligt war; auf Dauer ließ sich die Stadt jedoch nicht halten. Eindeutige und größere Erfolge hatte Sulla jedenfalls nicht aufzuweisen.

Das sollte sich im Jahre 89 v. Chr. ändern, als er unter dem Konsul L. Porcius Cato in Kampanien und Samnium diente. Er warf zuerst die bis nach Kampanien vorgedrungenen Samniten zurück, kämpfte erfolgreich bei Stabiae und Pompeji und nahm schließlich auch das samnitische Lager vor Nola ein, einer seiner größten militärischen Siege überhaupt.

Während jener Kämpfe hatte sich Sulla bei seinen Offizieren freilich auf eine für ihn typische Weise diskreditiert. Denn als damals der Legat Aulus Albinus, der mit ihm kooperierte, von seinen Soldaten erschlagen wurde, nahm Sulla den Vorfall hin und statuierte das erwartete Exempel an den Mördern gerade nicht, sondern ließ den Dingen ihren Lauf. Er erklärte, daß die Legionäre nun mit größerem Mut kämpfen würden, um den Vorfall vergessen zu machen, eine Annahme, in der er sich auch nicht täuschte. Anschließend stieß Sulla nach Samnium vor und eroberte nach harten Kämpfen Compsa, Aeclanum und Bovianum. Mit all dem hatte er sich als einer der erfolgreichsten Befehlshaber des Krieges ausgewiesen, während Marius kaum mehr an seine früheren Siege anknüpfen konnte.

Die Bedeutung der Vorgänge des Jahres 89 v. Chr. liegt nicht allein in Sullas erneuter Bewährung als Kommandeur und nicht nur in der erfolgreichen Lösung seiner operativen Aufgaben. Sie liegt vor allem darin, daß hier auf exemplarische Weise der neue Stil in der Führung einer Heeresklientel vor Augen geführt wurde. Die traditionelle rigide Ahndung disziplinarischer Vergehen nach den brutalen Normen römischer Militärjustiz war hier aufgegeben worden.

Priorität besaß in Zukunft nur noch der rücksichtslose und zuverlässige Einsatz bis zum äußersten während der Operationen. Außerhalb der Kampfhandlungen setzte sich dagegen die Führung der Truppen «am langen Zügel» durch. Die Armee hatte sich aus einem ganz von Disziplin und Gehorsam beherrschten Militärapparat der gesamten Bürgerschaft zu einem Interessenverband neuer Art verwandelt. Aufgrund der wechselseitigen Abhängigkeiten und Bindungen wurden deshalb auch Disziplinlosigkeiten hingenommen.

Zwischen Sullas Verhalten nach der Ermordung des Legaten Aulus Albinus einerseits und dem Verhalten seiner vor Nola stehenden Legionen im Jahre 88 v. Chr. andererseits besteht denn auch ein denkbar enger Zusammenhang. In beiden Fällen wurden die traditionellen römischen Normen dem Eigeninteresse von Heeresklientel und Befehlshaber untergeordnet. Sulla triumphierte am Ende nicht zuletzt deshalb, weil er die neuen Realitäten der Interessenidentität als Erster erkannte und konsequent in seinen Handlungen berücksichtigte.

III. KONSULAT UND PROKONSULAT

1. *Der erste Marsch auf Rom*

Während Sullas Kämpfen im Bundesgenossenkrieg verlieh ihm sein Heer den «Graskranz» als Anerkennung dafür, daß er die Armee aus schweren Gefahren gerettet hatte, zugleich aber auch als Ausdruck der engen Verbundenheit zwischen der Truppe und ihrem Feldherrn. Unter dem Eindruck dieses Geschehens ist Sulla für das Jahr 88 v. Chr. zum Konsul gewählt worden. Durch das Los fiel ihm dann das Kommando im unaufschiebbar gewordenen Krieg gegen die expansionistische Aggression des pontischen Königs Mithridates VI. zu, der bereits Griechenland bedrohte. Sullas Mitkonsul Q. Pompeius Rufus sollte dagegen die letzten Widerstandsherde der aufständischen Bundesgenossen in Italien zerstören.

Doch dazu kam es zunächst nicht, weil in der römischen Innenpolitik geradezu chaotische Zustände herrschten. Ein Prätor, der Prozesse gegen exzessive Zinsforderungen zugelassen hatte, wurde von skrupellosen Geldverleihern ermordet; als noch dramatischer erwiesen sich die Folgen des Bundesgenossenkrieges. Es ging dabei um die scheinbar rein organisatorische Frage, ob diejenigen ehemaligen Bundesgenossen, die inzwischen das volle römische Bürgerrecht erhalten hatten, in sämtliche 35 Tribus der römischen Volksversammlung integriert oder lediglich einer kleineren Zahl dieser Einheiten zugewiesen werden sollten. Doch in Wirklichkeit ging es um sehr viel mehr: Im ersten Fall konnten die stadtrömischen Bürger majorisiert werden, im zweiten behaupteten sie ihre politische Dominanz.

Als sich der demagogisch mitreißende Volkstribun P. Sulpicius Rufus der Interessen der Bundesgenossen annahm und für ihre gleichmäßige Verteilung auf sämtliche Tribus plädierte, zudem seine Anhängerschaft in rund 3000 bewaffneten Kämpfern und einem «Gegensenat» von etwa 600 jungen Rittern und Bürgern zusammenfaßte und damit die Volksversammlung beherrschte, kam es zum offenen Konflikt. Vergeblich versuchten die Konsuln unter religiösen Vorwänden die Abhaltung einer Volksversammlung und deren Beschlüsse zu verhindern; eine gewaltsame Auflösung scheiterte, in Rom brachen wilde Straßenschlachten aus. Beide Konsuln mußten fliehen, Sulla um sein Leben fürchten und ausgerechnet in Marius' Haus Zuflucht suchen. Unter Gewaltandrohung wurde er gezwungen, seine Anordnungen wieder aufzuheben.

Damit war Sulpicius Herr der Situation. Er brachte nicht nur seine Auffassungen über die Behandlung der Neubürger in Gesetzesform durch, sondern ließ Sulla auch den Oberbefehl im Mithridateskrieg aberkennen und statt dessen an Marius, das alte Idol der Popularen, übertragen. Dieser war damals geradezu von dem Wunsch besessen, noch einmal ein großes Heer zu führen, und deshalb auch zur Zusammenarbeit mit Sulpicius bereit.

Der Konflikt eskalierte rasch; Sulla sah sich zu einer kompromißlosen Reaktion gezwungen. Als zwei Militärtribunen Sullas Heer bei Nola gemäß dem Beschluß der Volksversammlung für Marius übernehmen wollten, hatte er seine Armee bereits in einer Heeresversammlung daran erinnert, daß Marius doch wohl mit anderen Truppen gegen Mithridates ziehen werde als mit ihnen, den Legionen Sullas, die damit auch natürlich der Chancen, Beute zu machen, beraubt sein würden. Obwohl diese Unterstellung unbeweisbar war, fand sie Glauben und entfachte die maßlose Wut der Truppen: Die beiden Tribunen wurden gesteinigt, an Sulla erging der Appell, den dieser im Grunde selbst wünschte, die Armee gegen Rom in Marsch zu setzen.

Die dramatischen Vorgänge jener Wochen versetzten Sulla einen tiefen Schock und erteilten ihm eine Lehre über

Macht und Recht, die er nie mehr vergessen sollte. Seine Autorität als legal gewählter Konsul hatte sich als wirkungslos erwiesen, durch die Rücknahme seiner Anordnungen hatte er sein Gesicht verloren, die nackte Gewalt triumphierte, in Rom schien der Pöbel zu herrschen. Schutz bot ihm nur noch sein Heer. Doch indem er an dessen Eigeninteressen appellierte und es für seine persönliche Sache mobilisierte, hatte er sich auch von ihm abhängig gemacht. Es blieb offen, wie weit diese Interessenverbindung tragen würde.

Indem Sulla so zum erstenmal in der römischen Geschichte, wenn man von Coriolans abgebrochenem Versuch absieht, ein Heer gegen Rom führte, zog er die letzte Konsequenz aus Marius' Heeresreform. Zugleich hatte er damit alle Brücken zu den legalen Organen der römischen Verfassung hinter sich abgebrochen. Er mußte darüber hinaus freilich auch erfahren, daß er nicht gleichzeitig seine innenpolitischen Gegner auf Dauer niederwerfen, seine politische Herrschaft sichern und den Prioritäten der Armee, deren ersehntem Beutefeldzug, entsprechen konnte.

Das Unternehmen des ersten Marsches auf Rom gestaltete sich zudem alles andere als reibungslos, dies nicht zuletzt deswegen, weil sich sämtliche Offiziere – mit Ausnahme eines einzigen Quaestors (vermutlich Sullas engem Freund L. Lucullus) – dem Beschluß der Armee versagten. Abgesandte des Senats konnten jedoch den Vormarsch nicht verhindern; Marius' und Sulpicius' wie des Senats Versuche, Kompromisse zu schließen oder wenigstens Zeit zu gewinnen, scheiterten. Sullas Mitkonsul Pompeius war inzwischen zu ihm gestoßen. Als ein etruskischer Opferdeuter und ein erfolgverheißender Traum Sulla in seiner Absicht bestärkten, war dieser nicht mehr aufzuhalten.

Doch so gering die völlig überrumpelten Kräfte der Popularen in der Stadt waren, zusammen mit den Bürgern leisteten sie Sullas Legionen erbitterten Widerstand. Als das Vordringen der Truppen in einem Geschoßhagel aufgehalten wurde, exponierte sich Sulla rücksichtslos. Er stürmte seinen

Soldaten mit einem Feldzeichen und einer Fackel voran und gab zu erkennen, daß er eher die Stadt in Schutt und Asche legen, als nachgeben wollte. Sein Beispiel riß auch seine Verbände mit. Am Esquilin gaben die letzten Verteidiger auf; jetzt flohen die geschlagenen Popularen.

So eindeutig Sullas militärischer Erfolg war, vor ihm türmten sich kaum zu bewältigende Aufgaben. Nur mit Mühe gelang es, die durch den Kampf fanatisierten Soldaten wieder zu disziplinieren und größere Plünderungen zu vermeiden. Daß sämtliche Gesetze und Anordnungen des Sulpicius annulliert wurden, verstand sich von selbst. Die Regelung, daß in Zukunft alle Anträge von Volkstribunen an die Volksversammlung durch den Senat zu genehmigen waren, läßt erkennen, wer die politischen Nutznießer des Sieges werden sollten. Auch weitere Anordnungen gingen in dieselbe Richtung, obwohl nicht immer feststeht, ob sie schon im Jahre 88 v. Chr. dekretiert wurden oder erst in der Zeit von Sullas Diktatur.

Verglichen mit dem Terror der Folgezeit hielt sich Sullas Rache an seinen Gegnern jedoch in relativ engen Grenzen. Immerhin wurden zwölf profilierte Popularen, darunter Sulpicius und Marius, zu Staatsfeinden und damit für vogelfrei erklärt. Sulpicius ist auch rasch ergriffen und getötet, Marius in eine würdelose und abenteuerliche Flucht getrieben worden. Ein einziger Senator, Q. Mucius Scaevola, hatte gegen die Verurteilung des Kimbernsiegers zu protestieren gewagt; Sullas Verhalten gegenüber seinem einstigen Befehlshaber und Retter in der Not richtete sich selbst.

Noch wichtiger als alle diese Einzelheiten war die grundsätzliche Entscheidung, die Sulla damals zu treffen hatte. Er hatte zwischen einer sofortigen Weiterführung des Bürgerkrieges bis zur Vertreibung der letzten Anhänger der innenpolitischen Opposition und der Eröffnung des von seiner Armee geforderten Beutekrieges gegen Mithridates zu wählen. Das erste Ziel zu erreichen, mußte freilich als Illusion erscheinen. In Rom selbst war es nur mit äußerster Gewalt durchzusetzen; daß ihm seine Legionen in einem mehrjährigen Bürgerkrieg treu bleiben würden, war ziemlich unwahrscheinlich. Die Schwierigkeiten, die dabei bestanden, zeigten sich schon darin, daß sein Mitkonsul und Parteigänger Q. Pompeius Rufus erschlagen wurde, als er die in Norditalien stehende Heeresgruppe übernehmen wollte.

Sie zeigten sich sodann besonders in den Konsulwahlen für das Jahr 87 v. Chr., als sich nicht die von Sulla favorisierten Kandidaten durchsetzten, sondern neben dem für Sulla akzeptablen Cn. Octavius der erklärte Sulpicius-Anhänger L. Cornelius Cinna, der zum Entscheidungsträger der folgenden Jahre werden sollte. Es war Selbstbetrug, wenn Sulla glaubte, Cinna durch eine Vereidigung in feierlichster Form auf seine Maßnahmen festlegen zu können. Innenpolitisch blieb seine Basis deshalb unsicher, erst recht, als er seine Legionen nach Capua geführt hatte.

Besonders günstig lagen die Dinge auch bei der Alternative des Beutekrieges nicht. Zwar mußte die «Vesper von Ephesos», jenes Blutbad an rund 80 000 Römern und Italikern, das Mithridates in allen Städten der von ihm besetzten Provinz Asia angeordnet hatte, den Haß und die Erbitterung der Legionäre steigern. Der König hatte die Massaker befohlen, um jede italische Opposition in dem von ihm beherrschten Gebiet auszuschalten. Sein Ziel war jedoch zugleich, die materiellen Erwartungen seiner Parteigänger zu befriedigen und sie zu Komplizen des Verbrechens zu machen, das sie noch enger mit seiner Sache verbinden mußte. Gleichzeitig war es Mithridates gelungen, seinen Einfluß auch in Griechenland weiter auszudehnen.

Es kam hinzu, daß Sulla praktisch die eigene Basis aufgab. Da er mit weiteren Verstärkungen und der materiellen Unterstützung aus Rom und Italien in Zukunft nicht mehr rechnen konnte, ging er die denkbar größten Risiken ein. Als Prokonsul setzte er mit seinem Heer zu Beginn des Jahres 87 v. Chr. von Brundisium aus nach Epirus über. Damit hatte der erste Mithridatische Krieg begonnen.

2. Der erste Mithridatische Krieg

Der etwa im Jahre 112 v. Chr. auf den Thron gelangte junge König Mithridates VI. setzte die Expansionspolitik seines Vaters zielstrebig und in noch weitaus größerem Rahmen fort. Gestützt auf ein Söldnerheer und eine ansehnliche Kriegsflotte sowie auf die bereitwillige Hilfe griechischer Spezialisten konnte er seinen Einfluß über den Norden des Schwarzen Meeres, Krim und Tamanhalbinsel, die benachbarten südrussischen Gebiete sowie über die Kolchis und Kleinarmenien ausdehnen. Weitere Vorstöße in Kleinasien, insbesondere gegen Paphlagonien, Galatien und Kappadokien, scheiterten zunächst an wiederholten Einsprüchen Roms, das eine solche Machtkonzentration im Vorfeld seiner Provinz Asia zu verhindern suchte.

Da die Bewohner dieser Provinz von Steuerpächtern, Finanziers und der römischen Verwaltung ausgebeutet wurden, hatten sie längst jedes Vertrauen in die einst durchaus akzeptierte und gefeierte «Ordnungsmacht» verloren; vor allem auf die unteren und mittleren Schichten der Bevölkerung war der Druck immer stärker geworden. Mithridates, der sich incognito über die Zustände in der Provinz informiert hatte, erkannte rasch, welch fruchtbarer Nährboden hier für antirömische Agitation bereit lag. Als dazuhin auch noch der Bundesgenossenkrieg den römischen Widerstand lähmte und in Rom der Bürgerkrieg tobte, eröffnete er seine große Offensive.

Unter diesem Ansturm brachen die kleinasiatische Staatenwelt und vor allem die römische Herrschaft in der Provinz Asia wie ein Kartenhaus zusammen. In vielen Städten wurde der König als «Befreier» und als «Neuer Dionysos» begeistert gefeiert; Asia wurde besetzt, und mit einer großen Flotte kontrollierte er die Ägäis. Eine Invasionsarmee stieß bis nach Thessalien vor, auch Athen trat wie andere griechische Städte auf Mithridates' Seite über.

Poseidonios legte dem Philosophen Athenion, der den Anschluß an den König bewirkte, eine zwar demagogisch akzentuierte, aber doch wohl die damalige Stimmung treffende Rede in den Mund, welche die Lage beleuchtete:

«König Mithridates herrscht über Bithynien und das obere Kappadokien, er herrscht über das ganze Asien von dort bis Pamphylien und Kilikien. Die Könige der Armenier und Perser sind seine Leibwächter, und die Fürsten der Stämme rund um die Mächte und den ganzen Pontos in einem Umkreis von dreißigtausend Stadien. Der römische Statthalter von Pamphylien, Quintus Oppius, ist ihm ausgeliefert worden und folgt ihm in Fesseln, Manius Aquillius, der Konsular, der Triumphator von Sizilien, ist an einen fünf Ellen langen Bastarner mit einer langen Kette gefesselt und wird zu Fuß von ihm zu Pferde hinterhergezogen. Von den anderen Römern liegen die einen vor den Götterbildern, die übrigen haben ihre Kleider mit viereckigen Gewändern vertauscht und bekennen sich wieder zu ihren alten Vaterländern. Jede Stadt empfängt ihn mit übermenschlichen Ehren und ruft ihn ‹Gott und König› an. Weissagungen aus allen Gegenden prophezeien die Herrschaft über die Oikoumene. Deshalb werden auch große Heere nach Thrakien und Makedonien geschickt, und alle Teile von Europa gehen geschlossen zu ihm über.» (FGrHist 87, F 36 – Übersetzung von J. Malitz)

Als die Nachricht von Sullas Invasion bekanntgeworden war, organisierte Athenions Nachfolger, der «Tyrann» Aristion, die Verteidigung Athens, während der von Mithridates entsandte Oberbefehlshaber Archelaos das Kommando im Piräus, Athens Hafenstadt, übernahm. Beide Anführer waren zu entschiedener Gegenwehr entschlossen.

Sulla hatte nach seiner Landung in Epirus sogleich eine zügige Offensive durch Aetolien, Thessalien und Boeotien nach Attika vorgetrieben, doch sein erster Angriff auf Athen scheiterte. Er mußte sich deshalb auf längere Belagerungen der Stadt wie des Piräus einstellen, ein Zwang, der zu einem Höchstmaß von Belastungen sowie zur Brutalisierung der Besatzungsansprüche und der Kriegführung nötigte. Sowohl die systematische Einschließung der großen Stadt als auch die pausenlosen Versuche, den Piräus durch massive Angriffe von der Landseite her einzunehmen, waren nur durch die Mobilisierung aller Kräfte möglich. (Siehe S. 98)

Je mehr die Enttäuschung der Armee darüber wuchs, daß sie auf diesem ersten Kriegsschauplatz keine leichte und rasche Beute erwartete, desto mehr stieg der Druck auf den Befehlshaber an: Er hatte für Sold, Quartiere, Belagerungsgerät, die Requisition von Materialien aller Art, Gespanndienste und Arbeitsleistungen der Bevölkerung zu sorgen, deren Haß immer weiter zunahm. Vor allem die Einwohner Attikas und Mittelgriechenlands wurden durch die auf sie abgewälzten Lasten und Konfiskationen erheblich geschädigt.

Sulla hatte gar keine andere Wahl, als sich auch der aufgehäuften Schätze und Opfergaben jener klassischen griechischen Heiligtümer zu bemächtigen, die sich in seinem Machtbereich befanden, des Apollotempels von Delphi wie des Zeustempels von Olympia und des Asklepiostempels von Epidauros. Gegenüber Protesten äußerte er zynisch, daß alles bei ihm sicherer aufbewahrt sei, oder, daß er alles später wieder zurückgeben werde. Aus den zerschlagenen Stiftungen und Kunstwerken ließ der Quaestor Lucullus dann Gold- und Silbermünzen prägen. In ähnlich skrupelloser Weise wurden auch die Haine der Akademie und des Apollon Lykeios abgeholzt, um daraus Material für das Belagerungsgerät zu gewinnen.

Nachdem der erste Angriff auf Athen abgeschlagen worden war, entschied sich Sulla, die Stadt durch eine systematische Belagerung auszuhungern. Dafür war die Unterbindung aller Lebensmittelzufuhren erforderlich, eine schwierige Aufgabe, solange Archelaos zur See überlegen blieb. Zwar wurde Lucullus, Sullas glänzender und zuverlässiger Organisator, mit der Aufstellung einer Flotte beauftragt, doch es nahm längere Zeit in Anspruch, bis die erforderlichen Schiffe aus Ägypten, Syrien und von den Inseln zusammengefaßt und herangeführt waren. Sulla selbst ließ für den Winter 87/86 v. Chr. bei Eleusis und Megara große Feldlager errichten.

Der Schwerpunkt von Sullas Angriffen verlagerte sich nun

auf den Piräus, dessen mächtige Hafenanlagen die wichtigste Basis für den Gegner darstellten, die ihm auf jeden Fall entrissen werden mußte. Appian (Mithridateios, 118 ff.) hat, wohl auch auf Sullas Memoiren gestützt, das monatelange, wechselvolle Ringen geschildert, die Anlage von Dämmen und Gräben, den Ausbau des Belagerungsrings mit seinen Türmen für den Einsatz der Katapulte, jener Wurfmaschinen, welche mit einem Schuß bis zu 20 größere Bleikugeln schleudern konnten.

Er beschrieb die verzweifelten Eroberungsversuche mit Hilfe von Sturmleitern, die wiederholten Ausfälle und Gegenangriffe der Verteidiger, denen es immer wieder gelang, Sullas Belagerungsgerät in Brand zu setzen, den beiderseitigen Bau von Stollen und Gegenstollen, kurzum die mit allen Mitteln der hochentwickelten hellenistischen Belagerungskunst durchgehaltenen, gnadenlosen Kämpfe, in denen Archelaos' Fähigkeiten auf verhängnisvolle Weise unterschätzt worden waren.

Allein, alle diese, mit immer wieder neuen Einheiten und ausgetauschten Verbänden unternommenen Einsätze fruchteten nichts. Sulla sah sich schließlich gezwungen, die verlustreiche Offensive gegen den Piräus zunächst abzubrechen und die Entscheidung vor Athen selbst zu suchen.

Als die Lage in der Stadt immer kritischer wurde, entsandte der «Tyrann» Aristion schließlich einige seiner Vertrauten zu Sulla, um wegen eines Friedensschlusses zu sondieren. Als diese sich dabei mit Athens Vergangenheit brüsteten und an Theseus und die Persersiege erinnerten, soll ihnen Sulla geantwortet haben: «Geht nach Hause, Ihr Toren, und nehmt Eure klugen Reden gleich mit! Ich bin ... von den Römern nicht nach Athen geschickt worden, um Geschichte zu studieren, sondern um Rebellen wieder zur Räson zu bringen.» (Plutarch, Sulla 13 – Übersetzung von K.-W. Weeber)

Die umfassend vorbereitete Belagerung Athens führte schließlich zum Erfolg. Ende Februar des Jahres 86 v. Chr.

hatten die Römer die athenische Stadtmauer im Westen des Rings zwischen dem Heiligen Tor und dem Piräustor, in der Nähe des Dipylons, niedergelegt. In der Nacht vor Anbruch des 1. März drangen Sullas Verbände unter Trompeten- und Hörnerklang sowie unter dem betäubenden Geschrei der enthusiasmierten Truppen in die Stadt ein.

Zu nennenswertem Widerstand war die völlig erschöpfte und ausgehungerte, nur noch apathische Bevölkerung überhaupt nicht mehr fähig; nicht wenige gaben sich in diesen Stunden selbst den Tod. Die Sieger aber richteten ein unbeschreibliches Blutbad an und plünderten, wo und was sie nur konnten. Sulla ließ die Truppen auch hier gewähren. Lediglich auf die inständige Bitte verbannter Athener und einiger Senatoren seines Stabes hin wurde er davon abgehalten, die in seinen Augen treulose Stadt niederzubrennen und völlig zu zerstören. Er begründete seinen Entschluß mit den Leistungen der Athener in früheren Zeiten und erklärte, daß er «Vielen um weniger willen, den Lebenden um der Toten willen verzeihe» (Plutarch, Sulla 14).

Der zusammen mit seiner Leibwache sowie einigen Beamten und Anhängern auf die Akropolis geflüchtete Aristion konnte sich dort noch einige Zeit halten, bis er sich schließlich wegen Trinkwassermangel ergeben mußte und mit der Mehrzahl seiner Begleiter den Tod fand. Auch von den Gefangenen in der Stadt war schon vorher jeder zehnte Mann erschlagen worden. Der auf der Akropolis in Sullas Hand gefallene Schatz von Gold und Silber war sehr bescheiden. Nicht zu unterschätzen sind dagegen die mentalen Auswirkungen des Sieges auf Sullas Legionen.

Jetzt endlich, nach kaum vorausgesehenen Strapazen und schweren eigenen Verlusten hatten sie jene Beute an sich gerissen, deretwegen sie ihrem Feldherrn gefolgt waren. Durch den Erfolg beflügelt, waren sie nun erst recht bereit, ihm auch weiterhin zu gehorchen und sich mit dem zahlenmäßig weit überlegenen pontischen Gegner zu schlagen. Denn dessen damals über Makedonien vorrückendes Heer soll nach

Plutarch (Sulla, 15) rund 100 000 Infanteristen, 10 000 Reiter und neunzig vierspännige Sichelwagen umfaßt haben.

Der Besetzung Athens folgte zunächst ein neuer, stürmischer Angriff auf den Piräus. Doch Archelaos gab seinen Widerstand erst auf, als die pontische Armee in Mittelgriechenland weiter vorgedrungen war. Ungehindert konnte er den Hafen zur See verlassen und den Oberbefehl über das Landheer übernehmen. Sulla ließ den Piräus mit all seinen großen Anlagen, den Befestigungen, Docks und den Schiffshäusern systematisch zerstören. Auch das bekannte architektonische Meisterwerk Philons aus der Zeit Alexanders des Großen, die Skeuothek, ein «Rüsthaus», wurde niedergerissen.

Christian Habicht hat zuletzt unter Auswertung aller archäologischen Indizien und Befunde sowie speziell unter Berücksichtigung der Münzschatzfunde einen verläßlichen Überblick über die immensen Schäden gegeben, welche die Stadt und der Piräus damals erlitten (Athen. München 1995, 307 ff.). Am schwersten wurde danach eindeutig der Piräus betroffen, der seine alten Funktionen nie mehr wiedererlangt hat.

Noch im Frühjahr und im Herbst des Jahres 86 v. Chr. trat Sulla den pontischen Truppen bei Chaironeia und Orchomenos entgegen und schlug sie beide Male vernichtend. Dank souveräner taktischer Entscheidungen, optimaler Ausnutzung der jeweiligen Eigenart des Geländes, umfangreicher Feldbefestigungen und Pionierarbeiten, raschem Wechsel der Angriffs- und Verteidigungsschwerpunkte, aber auch durch letzten persönlichen Einsatz errang er seine Siege. Zu Pferde dirigierte er die jeweils kilometerlangen Schlachtreihen. Als bei Chaironeia Dutzende von pontischen Sichelwagen heranpreschten, ließ er sie in vorbereitete Lücken der Kampfreihe hineinstoßen, durch angespitzte Pfähle auffangen und in ihrer Verwirrung erstürmen.

In beiden Schlachten handelte es sich um die zahlenmäßig größten Kämpfe, die Sulla in seiner Laufbahn zu bestehen hatte, zugleich um zwei der bedeutendsten militärischen Erfolge, die in der antiken Kriegsgeschichte von einer Minderheit über einen zahlenmäßig weit überlegenen Feind errungen wurden. Dies war freilich nur deshalb möglich, weil Mithridates' Heer aus denkbar verschiedenartigen, weithin unkoordinierten ethnischen Verbänden bestand, während auf Sullas Seite die militärische Erfahrung und die größere Disziplin der Legionen entscheidend waren.

Dennoch kam es in den erbitterten Kämpfen zu schweren Krisen: Bei Chaironeia drohte Sullas Heer durch die weit längere Phalanx des Archelaos umzingelt zu werden. Bei Orchomenos begannen größere römische Verbände bereits zu fliehen. Damals

«sprang er (sc.Sulla) vom Pferd, riß ein Feldzeichen an sich, stürmte damit, von seinen Leibwächtern begleitet, in den Raum zwischen beiden Heeren und rief mit lauter Stimme: ‹Wenn einer, Ihr Römer, danach fragen sollte, wo Ihr Euren eigenen Feldherrn im Stich gelassen habt, dann sagt: Bei Orchomenos, während er kämpfte.›» (Appian, Mithridateios, 195 – Übersetzung von O. Veh – auch im Folgenden)

Und tatsächlich erreichte er durch diesen beschämenden und zugleich provozierenden persönlichen Appell, ähnlich wie Caesar bei seinen letzten Kämpfen im Bürgerkrieg, die entscheidende Wende des Geschehens. Seine Worte sind bis in die Spätantike gegenwärtig geblieben.

Der 1. Mithridatische Krieg zeigte damals geradezu beispielhaft, in welch diskreditierender Weise die politischen Prioritäten des Bürgerkrieges die römische Kriegführung behinderten. Schon bald nach der Landung von Sullas Verbänden in Griechenland hatte Lucullus, der Kommandeur der Vorhut, in Sullas Auftrag ein durchaus erfolgreich operierendes römisches Korps des Statthalters von Makedonien zum Rückzug aus dem Kampfgebiet gezwungen. Nachdem eine neue politische Führung in Rom, die unter dem maßgebenden Einfluß von Cinna stand, den Konsul L. Valerius Flaccus mit ganzen zwei Legionen nach Griechenland entsandt hatte, dies in der absurden Hoffnung, damit die Armee des inzwischen geächteten Sulla an sich ziehen zu können, kam es dort zu einer geradezu grotesken Entwicklung.

Auf Grund der Intrigen des Legaten C. Flavius Fimbria entstanden in Flaccus' Verband alsbald schwere Spannungen. An ein Zusammenwirken der beiden Heeresgruppen war erst recht nicht mehr zu denken, als einzelne Gruppen von Flaccus' Heer zu Sulla übergelaufen waren. Sulla wie Flaccus setzten vielmehr ihre getrennten Operationen gegen den gemeinsamen Feind Mithridates fort.

Flaccus wurde schließlich in einer Meuterei erschlagen. Sein Nachfolger, der militärisch qualifiziertere Fimbria, stieß auf eigene Faust nach Kleinasien vor, warf einzelne Verbände des Mithridates nieder, besetzte nach exzessiven Plünderungen auch Ilion und konnte sogar Mithridates selbst bei Pitane umzingeln. Dieser wäre verloren gewesen, wenn sich die Flotte des Lucullus an der Umfassung beteiligt hätte. Doch gemäß Sullas Anordnungen verweigerte Lucullus ein solches Zusammenwirken. So konnte der König noch einmal entkommen – ein Höhepunkt römischer *discordia*, bitterster Zwietracht.

Über Sullas Erfolgen war es im gesamten Machtbereich des Mithridates zu tiefgreifenden Veränderungen gekommen. Überwogen zunächst die Ressentiments gegen die Römer, so herrschte in den «befreiten» Gebieten doch schon bald eine sehr belastende Atmosphäre. Zwar hatte Mithridates von Anfang an nicht nur auf seine militärische Macht gebaut, sondern auch mancherlei Vergünstigungen gewährt – wie einen fünfjährigen Steuererlaß für die Bewohner der Provinz Asia, Hilfe in Notfällen, Geschenke und Gunstbeweise –, doch es sollte sich bald zeigen, daß von seinen Eingriffen vor allem die Unterschichten profitierten.

Denn als es in kleinasiatischen Städten zu ersten Unruhen kam,

«schenkte er den Griechenstädten die Freiheit, verkündete den Einwohnern einen Schuldenerlaß, machte die jeweiligen Metöken zu Vollbürgern und entließ die Sklaven in die Freiheit. Zu diesen Maßnahmen

griff er in der Hoffnung – die sich dann auch bestätigte –, daß die Schuldner, Metöken und Sklaven ihm treu ergeben sein würden; denn sie mußten ja glauben, daß sie nur unter der Herrschaft des Mithridates die ihnen verliehenen Rechte behaupten könnten.» (Appian, Mithridateios, 189 f.)

Da es teilweise auch zu Besetzungen und Neuverteilungen von Grund und Boden kam, sprach Michael Rostovtzeff geradezu von einer «gesellschaftlichen und wirtschaftlichen Revolution» (Die hellenistische Welt. Gesellschaft und Wirtschaft. II. Stuttgart 1955, 745), die ihrerseits das Bürgertum wieder näher an Rom heranführen mußte.

Besonders begünstigt waren in den ersten chaotischen Jahren des pontischen Besatzungsregimes die Sklaven, die sich schon in der «Vesper von Ephesos» vom Jahre 88 v. Chr. lebhaft engagiert hatten, nicht selten ihre Herren und andere, ihnen verhaßte Personen denunzierten, sich dadurch mancherlei Vergünstigungen erwarben, andererseits nach ihrer Freilassung auch zu Tausenden in Mithridates' buntem Massenheer zu dienen hatten.

Über all dem kam Kleinasien nicht zur Ruhe. Mithridates' Schwierigkeiten wuchsen jäh an, als sich in vielen Städten eine entschlossene Opposition gegen ihn zu formieren begann, die er nur noch mit äußerstem Terror bekämpfen konnte. Paradoxerweise trugen auch Sullas innenpolitische Gegner, die plündernden Legionen Fimbrias, wesentlich zur Destabilisierung der Herrschaft des Mithridates bei.

Angesichts dieser Entwicklungen und während Sullas Armee längs der makedonischen und thrakischen Küste zum Hellespont vorstieß und sich dabei mit der von Lucullus herangeführten Flotte vereinigen konnte, ergriff der König die Initiative zu Verhandlungen. Durch seinen Feldherrn Archelaos ließ er wegen eines Friedensschlusses sondieren und gleichzeitig auf die veränderte Lage in Italien hinweisen.

Seine Vorschläge fanden offene Ohren. Denn von vielen Seiten, speziell durch die inzwischen zu ihm geflüchteten Aristokraten und nicht zuletzt durch seine Frau und die Kinder, die sich zu ihm gerettet hatten, erfuhr Sulla von den dramatischen Vorgängen im Mutterland, von den Morden an seinen Freunden und Anhängern, seiner Ächtung, der Zerstörung seines Hauses und Besitzes. Er erfuhr auch, daß sich Cinnas Herrschaft von Jahr zu Jahr festigte, der Senat mit ihm kooperierte, ein Eingreifen somit unaufschiebbar wurde.

Zugleich war Sulla bewußt, daß die Fortsetzung des Krieges gegen Mithridates in Kleinasien, und speziell in dessen pontischer Basis, Jahre dauern konnte, sein Potential überforderte, ihn zugleich auch immer weiter von Rom entfernte. So entschloß er sich nach einigem Zögern zur Beendigung des Krieges, traf in Dardanos in der Troas zu letzten Verhandlungen mit dem pontischen Herrscher zusammen (85 v. Chr.) und gewährte diesem auch denkbar günstige Bedingungen: Mithridates' pontisches Reich wurde nicht angetastet, der König konnte sich sogar mit seinen in Pergamon gehorteten Schätzen unbehelligt zurückziehen.

Allerdings mußte er die von ihm seit 89 v. Chr. besetzten Gebiete in Kleinasien räumen und insbesondere der erneuten Einsetzung der von Rom abhängigen Könige von Paphlagonien und Bithynien zustimmen. Darüber hinaus hatte er Sulla eine Entschädigung von 2000 Talenten zu bezahlen und ihm 70 voll ausgerüstete Kriegsschiffe zu übergeben. Eine schriftliche Fixierung der Bestimmungen gab es nicht; Mithridates wurde jedoch sogar als römischer Bundesgenosse anerkannt und von Sulla durch Umarmung und Kuß geehrt.

Sullas Truppen konnten diese, in ihren Augen nach den Ereignissen von 88 v. Chr. und dem jahrelang geschürten Haß unbegreiflichen Zugeständnisse nicht einsehen und zeigten offen ihren Unmut. Sulla stellte sich ihrer Kritik und belehrte sie, daß er andernfalls, wenn sich Mithridates mit Fimbria gegen ihn vereinigen würde, gegen beide zusammen nicht Krieg führen könne. Im übrigen wußte er, wie die Legionen zu beschwichtigen waren – und er handelte auch danach. Er zog sogleich gegen Fimbrias Lager vor Pergamon und forderte von diesem die Übergabe seiner Verbände. Fimbria weigerte sich, konnte indessen das Überlaufen der Truppen nicht verhindern, so daß ihm nur die Flucht nach Pergamon und dort der Freitod blieben. Damit war der erste Mithridatische Krieg beendet.

3. Die Neuordnung Kleinasiens und Griechenlands

Die Tatsache, daß mit dem Jahr 85/84 v. Chr. für mehrere griechische Städte in Kleinasien eine neue Zeitrechnung, eine neue Ära, beginnt, zeigt an, wie tief die Zäsur von Sullas Restauration der römischen Herrschaft empfunden wurde. Bei dieser Neuordnung hat Sulla, wie stets, zwischen jenen Städten und Gemeinden unterschieden, die Rom treu geblieben waren und ihn unterstützt hatten, und denjenigen, die mit Roms und seinen Gegnern kooperierten. In beiden Fällen waren seine Reaktionen extrem.

Während deshalb Ilion, Chios, Gemeinden in Lykien, Rhodos, Magnesia und einige andere Städte erheblich privilegiert wurden, sind jene der Provinz Asia, die sich Mithridates angeschlossen hatten, mit einer Summe von insgesamt 20 000 Talenten, somit dem Zehnfachen jener Kontribution, die Mithridates selbst aufbringen mußte, belegt worden.

Die Einteilung Asias in 44 Steuerbezirke und die Fixierung der Beträge für die einzelnen Gemeinden sollten eine baldige Erfüllung dieser exorbitanten Belastung ermöglichen – allein die Betroffenen waren dazu gar nicht in der Lage. Es half ihnen auch nur wenig, wenn städtische Großbauten, selbst Theater, sowie Hafenzölle und ähnliche städtische Gebühren verpfändet wurden; angesichts der immensen Zinsforderungen der Gläubiger ist es zu erklären, daß manche Städte noch nach einem Jahrzehnt diese Belastungen abtrugen.

Da gleichzeitig auch die frühere Wirtschafts- und Sozialordnung wiederhergestellt wurde, eine Regelung, die zu neuen Wirren führen mußte, konnte offener Widerstand, wie in Mytilene, nicht verhindert werden, ein Verhalten, das bald zu neuen Repressalien und Plünderungen führen mußte. Wenn der Widerstand nicht größeres Ausmaß annahm, so ist dies in erster Linie das Verdienst des Lucullus, der in den Jahren 84 bis 80 v. Chr. für die Erfüllung der Abgaben zuständig war und dabei weithin wegen seiner Gerechtigkeit und Uneigennützigkeit gerühmt wurde.

Doch diese Abgaben waren keineswegs die einzigen Belastungen. Trafen sie die Städte und Gemeinden kollektiv, so hatten die einzelnen Bürger, insbesondere die reicheren unter ihnen, eine nicht weniger lästige Bürde zu tragen. Sie mußten für jeden der bei ihnen einquartierten Soldaten und Offiziere Sullas genau fixierte Aufwendungen erbringen: Neben einer guten Kost, die auch für Gäste des einquartierten Mannes bereitgestellt werden mußte, waren jedem Legionär vom Wohnungsbesitzer täglich 16 Drachmen auszubezahlen, einem Centurio sogar 50 Drachmen. Diesem hatte man darüber hinaus zwei Kleidungsstücke, einen Haus- und einen Ausgehanzug zu übergeben.

Da die Einquartierung monatelang dauerte, summierten sich die aufzubringenden Beträge erheblich. Über einer so großzügigen Versorgung und Lebensweise erloschen die Ressentiments der Legionäre gegenüber dem Feldherrn in kürzester Zeit. Die Schuld für den 1. Mithridatischen Krieg hatten somit nicht Mithridates VI. und sein Land, sondern die von ihm ‹befreiten› Gebiete zu begleichen.

Blickt man auf die generelle Lage nach Sullas Beendigung dieses Krieges, so waren zwar die alte Sozialstruktur wiederhergestellt und die römische Verwaltung erneuert, somit die dringendsten Aufgaben gelöst. Indessen handelte es sich doch der Sache nach um einen Abbruch der Operationen, der wichtige Aufgaben offenließ: Die ganze Persönlichkeit des Mithridates bürgte geradezu dafür, daß Kleinasien nicht zur Ruhe kommen würde. Denn nach wie vor verfügte der

König über ein beträchtliches militärisches Potential. Er hatte zwar in den zeitweilig besetzten Gebieten an Prestige verloren, doch in seinem Stammland genoß er noch immer ein großes Ansehen. Tatsächlich sollte er bis zu seinem Tode im Jahre 63 v. Chr. ein chronischer Unruhefaktor bleiben.

Mindestens ebenso prekär war die Tatsache, daß das Problem der Seeräuber, die vor allem von Kilikien aus operierten, nicht gelöst war. Sulla fehlten sowohl die erforderlichen Truppen und Schiffe, als auch die Zeit, um diese eskalierende Bedrohung des gesamten Seeverkehrs in der östlichen Ägäis zu überwinden. Da die Seeräuber für alle Opfer und Gefährdeten des Krieges wie der inneren Auseinandersetzungen eine stets offene Zuflucht boten, wuchs ihre Zahl immer weiter an. So war, insgesamt gesehen, die Lage nur kurzfristig konsolidiert, große Gefahrenherde blieben jedoch auch weiterhin sich selbst überlassen.

Die unmittelbaren Auswirkungen des Krieges erwiesen sich als zwiespältig genug. In Griechenland wie in Westkleinasien hinterließ er weite Zerstörungshorizonte und eine allgemeine Verarmung sowohl der Gemeinden als auch der besitzenden Bürger. Erfüllt hatten sich dagegen die hohen Erwartungen von Sullas Armee – allerdings um einen sehr hohen Preis. Denn die Strapazen und Verluste des Heeres waren weit größer, als die Legionen ahnen konnten. Gleichwohl blieben sie denkbar eng mit ihrem erfolgreichen Feldherrn verbunden.

Für Sulla selbst hatte der Krieg unter schwierigsten Voraussetzungen und in immer wieder besonders bedrohlichen Lagen und Krisen seine eindeutige Bewährung als Oberbefehlshaber gebracht. Er hatte zwar seinen höchsten persönlichen Einsatz gefordert, indessen auch seine Autorität gestärkt und sein Selbstbewußtsein gefestigt. Die Beachtung von Orakeln, Träumen und Vorzeichen klärte und vertiefte sein Selbstverständnis und steigerte zugleich seine Selbstsicherheit. Sulla konnte den weiteren Auseinandersetzungen zuversichtlich entgegensehen.

Im Sommer des Jahres 84 v. Chr. wurde Sullas Heer wieder nach Griechenland verlegt. Für die Strecke von Ephesos bis zum Piräus benötigte der große Konvoi dabei drei Tage, angesichts der umfangreichen Transportkapazität eine beachtliche organisatorische Leistung. Für Griechenland muß die erneute Unterbringung und Versorgung der in Asia verwöhnten Truppen wiederum schwere Belastungen gebracht haben, wiederum neue Requisitionen und Auflagen. Einzelheiten von Sullas administrativen Maßnahmen aus dieser Zeit sind kaum bekannt.

Sulla wurde damals von einem starken Gichtleiden befallen, zu dessen Heilung er die heißen Schwefelquellen von Aidepsos im Norden von Euböa aufsuchte. Im übrigen ließ sich der Freund griechischer Kultur in die Mysterien von Eleusis einweihen, die Bibliothek des Apellikon mit ihren in Italien kaum bekannten Werken des Aristoteles und des Theophrast nach Rom schaffen, desgleichen zahlreiche Kunstwerke, so Säulen des Tempels des olympischen Zeus, die er für das Kapitol bestimmt hatte.

Einige der Transportschiffe mit solchem Beutegut aus Kunstraub erreichten ihr Ziel freilich nicht. Ein beim Kap Malea südlich der Peloponnes gesunkenes Schiff riß zum Beispiel ein berühmtes Gemälde des Malers Zeuxis aus dem 5. Jahrhundert v. Chr. mit sich in die Tiefe. Bei anderen, einst vieldiskutierten und mit Sullas Aktionen in Verbindung gebrachten Wracks (Antikythera, Mahdia vor der tunesischen Küste) hat sich inzwischen herausgestellt, daß sie aufgrund der Chronologie der Funde wahrscheinlich in andere Zusammenhänge gehören.

Damals wurden auf Sulla eine ganze Reihe von Ehrungen und Würdigungen übertragen, die sich an klassische und hellenistische Vorbilder anlehnten. Da Athenion und Aristion inzwischen zu Tyrannen gestempelt waren, konnte Sulla als Befreier von jener Tyrannis gefeiert werden. In Athen wie in Oropos wurden Statuen zu seinen Ehren aufgestellt, in Athen auch ein neues Fest begründet, die *sylleia*, das aus einem Fackellauf der Epheben bestand. Daß Sulla in anderen begünstigten Städten wie die hellenistischen Monarchen als «Soter» und «Euergetes», als Retter und Wohltäter, gefeiert wurde, kann danach nicht überraschen.

Nach einem Zug durch Thessalien und Makedonien, einem Zug, der von neuen Aushebungen begleitet war, hatten Sullas Verbände im Frühjahr 83 v. Chr. ihren Bereitstellungsraum um Dyrrhachium erreicht; die Invasion in Italien stand unmittelbar bevor. In einem Schreiben an den Senat und in einer Antwort auf die Erkundungen einer speziellen Gesandtschaft hatte Sulla bereits seine Rache angekündigt sowie seine Entschlossenheit, das ihm selbst, seinen Freunden und Anhängern zugefügte Unrecht zu ahnden und die Verantwortlichen zu bestrafen. Rom konnte ahnen, was ihm bevorstand. Zweifellos trugen diese Meinungsäußerungen entscheidend zur allgemeinen Verunsicherung und zu den düstersten Prognosen bei, die in der italischen Bevölkerung kursierten.

Angesichts der bevorstehenden harten Kämpfe gegen römische Legionen und die Verbände der einstigen römischen Bundesgenossen bildete das Verhalten von Sullas Heer zunächst einen erheblichen Unsicherheitsfaktor. Nach der fünfjährigen Abwesenheit von ihren Heimatstädten war es nicht auszuschließen, daß die Truppen sich auflösen und weiteren schweren Gefechten mit italischen Gegnern verweigern würden. Doch jetzt konnte Sulla die Loyalität seiner Verbände und die Früchte seiner Menschenführung ernten. Die Legionen leisteten ihm nicht nur von sich aus einen weiteren Treueid, sondern sie waren sogar bereit, durch eigene Spenden zur Finanzierung des bevorstehenden Feldzuges beizutragen. Sosehr Sulla über den ersten Schritt befriedigt und erfreut war, so lehnte er doch den zweiten ab.

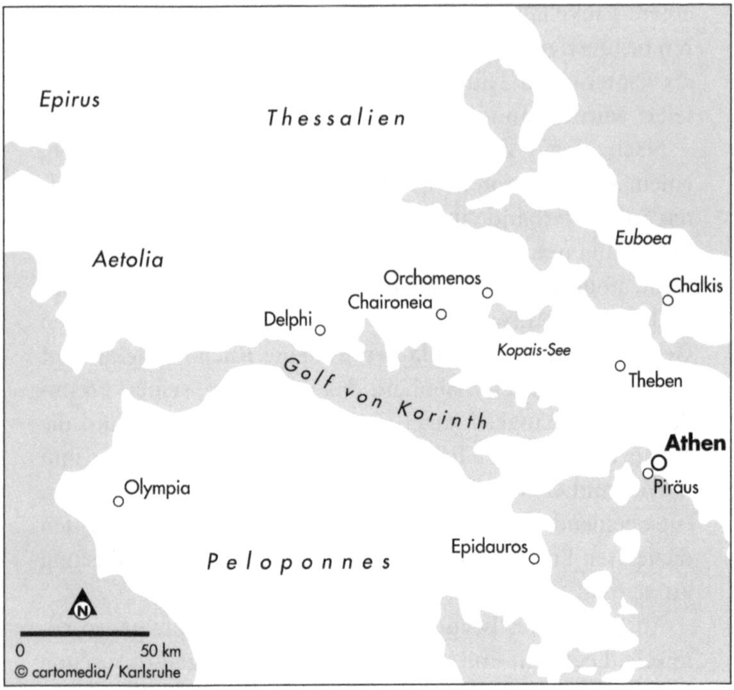

Sullas Feldzug in Griechenland 87/86 v. Chr.

IV. BÜRGERKRIEG

1. Rom und Italien 87–84 v. Chr.

Seit Sullas Abzug von Rom herrschten dort alles andere als konsolidierte Verhältnisse. Der von ihm bewußt aufgeschobene Bürgerkrieg größten Stils fand nun in der Stadt doch ein Epizentrum, das lange nicht zur Ruhe kam. Es war eine Illusion, anzunehmen, daß Cinna den unter schwerer Pression abgelegten Eid auf die politischen Fixierungen Sullas auch wirklich halten würde. Es kam vielmehr rasch zu gewaltsamen Auseinandersetzungen zwischen ihm und seinem Mitkonsul Octavius. Die Straßenschlachten eskalierten, Cinna wurde zwar vorübergehend aus Rom vertrieben, abgesetzt und geächtet, konnte jedoch unter den Neubürgern weitere Anhänger auf seine Seite ziehen und selbst die letzte «sullanische» Legion, die noch immer vor Nola stand, für seine Sache mobilisieren.

Eine neue Dimension erhielten die Kämpfe jedoch in dem Augenblick, als es Cinna gelang, sich mit Marius zu verbinden und diesen aus seinem nordafrikanischen Exil zurückzurufen. Der alte Befehlshaber, der nun in theatralischer Attitüde als Flüchtling mit wirrem Bart und zerrissener Kleidung in den Städten Etruriens auftauchte, konnte sich auf die Wirkung seiner Autorität verlassen: Zu Tausenden strömten ihm seine Veteranen und Sklaven zu, denen er die Freiheit versprochen hatte. Vor allem aber entfachte er jenen glühenden Haß, der ihn selbst erfüllte. Vom Willen zur Rache war er geradezu besessen, obwohl er daneben für sich persönlich zunächst die rechtlichen Voraussetzungen seines neuen Wirkens erzwang.

Marius' dramatische Flucht, die ihn mehr als einmal unmittelbar mit dem Tode konfrontiert hatte, ist in der Überlieferung gewiß phantasievoll ausgeschmückt worden. Doch ihre Wirkung auf den Verzweifelten ist kaum zu überschätzen. In psychologischer Hinsicht hatte sie ähnliche Folgen wie Sullas spätere Erlebnisse in der Schlacht am Collinischen Tor. Wer selbst am Rande der Katastrophe stand, kannte seinen Gegnern gegenüber keine Skrupel mehr. Gleichzeitig demonstrierte Marius, daß er nichts von seiner altbewährten taktischen Qualifikation eingebüßt hatte. Die Belagerung Roms wurde von ihm umfassend organisiert, die Lebensmittelzufuhr unterbunden, so daß die Verteidiger schließlich kapitulieren mußten.

Wichtiger als alle Einzelheiten der nun folgenden Kämpfe und Wirren, die schließlich im Sieg des Cinna und der Marianer gipfelten, ist die Tatsache, daß mit ihnen eine Epoche des Bürgerkriegs begonnen hatte, die erst fünf Jahre später mit Sullas Diktatur endete. Sie wurde zwar durch ein längeres Intervall unterbrochen, doch zu einem beständigen politischen Ausgleich kam es nie.

Anarchie und Chaos prägten in immer größerem Ausmaß und in immer grausameren Gewaltakten bereits den Beginn jener Jahre. Magistrate wurden abgesetzt und erschlagen, Gesetze kassiert und wieder erneuert, Mord, Totschlag und Raub unter politischen Vorwänden zu alltäglichen Erscheinungen. Sullas Ächtung von einem Dutzend politischer Gegner nahm sich im Verhältnis zu den Exzessen der folgenden Monate wie ein «homöopathischer Eingriff» aus. In denselben Jahren fanden in Ephesos, Rom und Athen Zehntausende den Tod.

Die jeweils durch Fanatiker aufgepeitschten Massen ließen sich nicht mehr disziplinieren. Die Anführer hatten Kräfte entfesselt, die bald ihrer Kontrolle entglitten. Es ist bezeichnend, daß die Marianer unter Sertorius schließlich in Rom selbst Truppen gegen jene Maraudeure einsetzen mußten, welche die Gunst der Stunde für sich nutzten und längst nicht mehr nur reiche Aristokraten, sondern inzwischen auch weitere Kreise des Bürgertums terrorisierten.

Am Ende jener Eskalationen, in denen die Verbrechen der jeweiligen Sieger durch immer neue, größere Verbrechen der zunächst Unterlegenen übertroffen wurden, wenn diese wieder die Macht erlangten, bildet Sullas Diktatur lediglich den Schlußakt der Gesamtentwicklung. Dieser sollte deshalb nicht isoliert gesehen werden.

Sulla markiert den gewiß furchtbarsten und abstoßendsten – weil zugleich bürokratisch organisierten und juristisch legitimierten – Endpunkt jenes Geschehens, das 88 v. Chr. begonnen hatte. Die Republik als Stätte der Ordnung und des Rechts schien in einem Meer von Blut zu versinken, eine neue mentale Realität zu herrschen, die Massenmorde jenes Formats – sei es aus innen-, sei es aus außenpolitischen Motiven – hinnahm und sich an sie zu gewöhnen begann.

Der erste Höhepunkt dieser Eskalation wurde erreicht, als die Verbände des Marius und Cinna gegen Ende des Jahres 87 v. Chr. in Rom einzogen. Marius selbst hatte zuvor seine Verbannung durch einen Volksbeschluß aufheben lassen, ehe er die Stadt betrat. Dann wurden Sullas Gesetze annulliert, dieser – wie schon erwähnt – geächtet, sein Haus geplündert, sein Vermögen kassiert. Doch weit schlimmer war es, daß sich die Truppen der Sieger fünf Tage und Nächte hindurch in Morden und Plünderungen, vor allem aber in der Jagd auf die aristokratischen Gegner des Marius austobten. Der Konsul Octavius wurde in seiner Amtstracht getötet.

Appian hat jene Vorgänge im Rückblick wie folgt beschrieben und bewertet:

«Censorinus aber schlug ihm (sc. Octavius) das Haupt ab und überbrachte es Cinna, worauf es auf dem Forum vor den Rostra aufgehängt wurde, dies war das erste Haupt eines Konsuls. Nach ihm hängte man dort auch die Häupter der anderen Ermordeten auf, und diese scheußliche Sitte, die mit Octavius ihren Anfang nahm, fand kein Ende mehr, sondern pflanzte sich auf die späteren Bluttaten durch Gegner fort. Nun schwärmten sogleich die Häscher aus, ihre Feinde aus dem Senat und dem sogenannten Ritterstand aufzuspüren. Wurden Ritter ermordet, so kümmerte man sich nachher nicht mehr weiter darum, hinge-

gen wurden alle die Häupter der Senatoren vor der Rednerbühne aufgestellt. Weder die Scheu vor den Göttern noch die Empörung der Menschen noch Angst vor üblem Ruf spielten bei den Geschehnissen noch eine Rolle; nach bestialischen Taten wandte man sich vielmehr noch ruchlosen Schaustücken zu. Mitleidlos mordeten sie, schnitten bereits Toten die Hälse ab und stellten diese Greueltaten der Öffentlichkeit zur Schau, um die Menschen mit Furcht und Schrecken zu erfüllen oder ihnen einen ruchlosen Anblick zu bieten.» (Emphylia I, 328 ff.)

Eine ganze Reihe profilierter Aristokraten wurde damals erschlagen oder gab sich selbst den Tod, so auch Q. Lutatius Catulus, der zusammen mit Marius bei Vercellae kommandiert hatte, Marcus Antonius, der berühmte Redner und Konsul des Jahres 99 v. Chr., Publius Crassus, Konsul 97 v. Chr., Lucius Caesar, der Konsul des Jahres 90 v. Chr. und Befehlshaber im Bundesgenossenkrieg, sowie dessen Bruder Gaius.

Marius hatte sich und Cinna für das Jahr 86 v. Chr. zu Konsuln ernannt. Doch er konnte dieses, ihm einst prophezeite 7. Konsulat gerade noch antreten, als ihn schon nach wenigen Tagen eine schwere Krankheit hinwegraffte. Damit wurde Cinna für die folgenden drei Jahre zur politisch wichtigsten Persönlichkeit Roms. Er hatte als konsequenter Verfechter der Interessen der Neubürger begonnen – und diese blieben auch seine wichtigste Basis.

Doch seine spätere Entwicklung mußte überraschen. Er berief die Volksversammlung bald nicht mehr ein und traf weitgehende Entscheidungen – wie die Ernennung der Konsuln – in eigener Verantwortung. (Er selbst bekleidete das Konsulat ununterbrochen von 87 bis 84 v. Chr., wählte 86 v. Chr. L. Valerius Flaccus zum Nachfolger des Marius, für die Jahre 85 und 84 v. Chr. Cn. Papirius Carbo zu seinem Kollegen.) Später bemühte sich Cinna, offensichtlich erfolgreich, auch die Unterstützung des Senates für seine Politik zu gewinnen.

Von Cinnas sonstigen politischen und administrativen Maßnahmen ist nur wenig bekannt. Einen offenen Verteidiger seiner Politik hat er nicht gefunden; es mag sein, daß nicht wenige, die sich durch die Zusammenarbeit mit ihm kompromittiert hatten, später über jene Jahre schwiegen. Es steht jedoch fest, daß Cinna zumindest eine gewisse Konsolidierung der Lage erreichte, dies insbesondere im wirtschaftlichen Sektor. So konnte er eine Schuldenkrise beheben, indem er die Reduzierung der Schulden auf ein Viertel der jeweiligen Verpflichtungen durchsetzte. Auf diese Weise erreichte er auch eine Stabilisierung des zerrütteten Geldverkehrs, indem er durch die Einrichtung von Prüfstellen unterwertige Prägungen aus dem Geldumlauf beseitigen ließ.

Trotz aller Schwierigkeiten wollte Cinna den Osten des Imperiums nicht einfach Sulla überlassen. Wie schon erwähnt, wurde deshalb schon im Jahre 86 v. Chr. Flaccus mit zwei Legionen nach Griechenland entsandt. Die hybride Absicht, Präsenz zu zeigen und nach Möglichkeit Sullas Kräfte an sich zu ziehen, war ein Unternehmen, das in einem Fiasko enden mußte. Obwohl sich Cinnas Position in Rom und in Italien zu festigen begann, war ihm und seinen Anhängern bewußt, daß ihre Zukunft vom Ergebnis der Kämpfe Sullas im Osten abhing. Dessen Siege dürften sie mit zwiespältigen Gefühlen verfolgt haben. Sie mochten ahnen, welches Schicksal ihnen drohte, falls sich die «Wolke aus dem Osten» näherte. Cinna selbst hat die letzte Phase des Geschehens nicht mehr erlebt. Er wurde 84 v. Chr. in Ancona von meuternden Verbänden erschlagen, als er deren Übersetzen über die Adria eingeleitet hatte.

2. *Sullas zweiter Marsch auf Rom*

Nach Appian (E I, 363) bestand das Heer, mit dem sich Sulla im Frühjahr 83 v. Chr. auf angeblich 1600 Transportern nach Brundisium einschiffte, aus «fünf Legionen italischer Soldaten sowie 6000 Reitern, dazu noch einigen Verbänden aus der Peloponnes und Makedonien, insgesamt etwa 40 000

Mann». Diese Invasionsarmee war für die vor ihr liegende Aufgabe, die Eroberung Italiens und vor allem Roms sowie für die militärische Zerschlagung der Gegner nicht sonderlich groß, aber sie war erfahren, selbstsicher und hochmotiviert. Denn ob in finanziellen Leistungen oder in Ansiedlungen, den Lohn für ihren Einsatz hatten die Soldaten wiederum nur von neuen Siegen und wiederum nur von Sulla zu erwarten.

Nur wenig geübten Massen stand eine effiziente und militärtechnisch hervorragend ausgebildete Berufsarmee gegenüber, schlecht koordinierten Großverbänden eine einheitliche Heeresleitung durch Sulla, der zudem auf jene Legaten und Heeresgruppenbefehlshaber vertrauen konnte, die sich seiner Sache anschlossen. Es sollte sich ferner zeigen, daß Sulla nicht eine lange Reihe von verlustreichen Gefechten erstrebte, sondern daß er darauf hoffte, wie einst gegen Flaccus und Fimbria, ganze Einheiten auf seine Seite ziehen zu können und daß ihn dabei seine auch darin erfahrenen Legionäre unterstützen würden. Überläufer waren für ihn wertvoller als Gefallene. Dennoch war Sullas Erfolg keineswegs sicher. Es mußte sich erst zeigen, wie die Heere der Konsuln gegen ihn operieren würden.

Die Invasion begann für Sulla mit beträchtlichen Überraschungen. Denn obwohl sein Unternehmen seit Monaten zu erwarten war, fand er bei seiner Landung in Brundisium zunächst keinen nennenswerten Widerstand. Die auf der Gegenseite kommandierenden Befehlshaber, der Prokonsul Papirius Carbo sowie C. Norbanus und L. Cornelius Scipio Asiagenus, die amtierenden Konsuln des Jahres 83 v. Chr., hatten wohl Streitkräfte von insgesamt über 100 000 Mann gegen Sulla mobilisiert, überließen diesem jedoch den ganzen Süden der Halbinsel. Eine energische Verteidigung setzte erst im Umkreis von Capua, somit rund 200 km südöstlich von Rom, ein. Damit war die große Chance der Parteigänger Cinnas vertan, den Invasoren schon in Kalabrien, Apulien und Lukanien entgegenzutreten und in Sullas

Angriffsverbände noch während der Phase ihrer Formierung hineinzustoßen.

Ebenso überraschend war der Zustrom von Aristokraten und Anhängern, selbst von profilierten Überläufern der Gegenseite. Sie alle erschienen damals mit größerem oder geringerem Gefolge in Sullas Lager. Der Prokonsul Q. Caecilius Metellus Pius, der Sohn des Numidicus und Vetter von Sullas Frau Caecilia Metella, war der Angesehenste in diesem Kreis und wurde von Sulla, wie auch andere Zuzügler, bald mit dem Kommando über eine Heeresabteilung betraut. Aus Africa erschien M. Licinius Crassus, der spätere Triumvir und reichste Mann Roms, der in jenen turbulenten Jahren den Grundstock seines Vermögens legte, zusammen mit einem Truppenverband. Neben ihnen trafen auch noch weitere Persönlichkeiten ein, die sich später berüchtigte Namen erwarben, so C. Verres, der Erpresser in Sizilien, und L. Sergius Catilina, der Revolutionär des Jahres 63 v. Chr.

Noch uberraschender war die Meldung jener Männer, die einst auf der Gegenseite gestanden hatten, wie P. Cornelius Cethegus, den Sulla im Jahre 88 v. Chr. geächtet hatte, der Konsular L. Marcius Philippus und der Ritter Q. Lucretius Ofella, dem Sulla bald sein besonderes Vertrauen schenkte. Am aufsehenerregendsten und für Sulla wertvollsten aber war der Fall des erst 22-jährigen, ehrgeizigen Cn. Pompeius.

Wie sein Vater Cn. Pompeius Strabo, der zu Beginn der achtziger Jahre zwischen den Parteien lavierte und vor allem darauf bedacht war, eine starke persönliche Stellung zu erlangen, so war auch der junge Pompeius zunächst nicht eindeutig politisch gebunden. Noch im Jahre 84 v. Chr. stand er auf der Seite Cinnas, trat jetzt aber zu Sulla über.

Vor allem jedoch kam er nicht allein. Unter der großen Klientel und Anhängerschaft seines Vaters in der Landschaft Picenum, nordöstlich Roms, hatte er ein beträchtliches Privatheer aufgebaut, das er nun Sulla in Paradeformation präsentierte und dem Imperator übergab. Dieser sprang daraufhin vom Pferde und begrüßte ihn mit eben demselben

Titel – wodurch der junge Mann als selbständiger und gleichrangiger Befehlshaber anerkannt war.

Mochte Pompeius' geradezu pathologischer Ehrgeiz Sulla in den kommenden Jahren auch noch so viele Reibungen und noch so viel Ärger bereiten, er erkannte sogleich die ungewöhnlichen organisatorischen und militärischen Fähigkeiten seines neuen Anhängers und respektierte sie. Sullas Sache war dadurch ganz wesentlich gestärkt worden. Er verfügte nun nicht nur über attraktive große Namen auf seiner Seite, sondern auch über ein beträchtlich vermehrtes Potential und nicht zuletzt über mehrere jüngere Offiziere von rücksichtsloser Energie, die sich in den kommenden Kämpfen bewähren sollten.

Zum ersten größeren Gefecht kam es im Frühjahr 83 v. Chr. beim Berg Tifata, nördlich von Capua, mit der Heeresabteilung des Konsuls Norbanus. Sulla mag dieser Begegnung mit einiger Sorge entgegengesehen haben. Doch die Konsuln konnten ihre zahlenmäßig weit überlegenen Verbände schon hier nicht rechtzeitig koordinieren, und vor allem griffen Sullas Truppen mit altem Elan an, so daß sich Norbanus nach Capua zurückziehen mußte.

Da L. Cornelius Scipio Asiagenus inzwischen bei Teanum Sidicinum stand, konnte Sulla bis Cales vorrücken. Es kam zu Verhandlungen zwischen den beiden Heerführern, die Sulla offensichtlich verschleppte, denn währenddessen hatten auch die Soldaten der beiden Lager miteinander Fühlung genommen. Doch der Waffenstillstand wurde gebrochen, als Q. Sertorius, einer der fähigsten und entschlossensten Offiziere auf der Seite der Konsuln, das von Sulla besetzte Suessa einnahm.

So zweitrangig dieser Verstoß gegen die Abmachungen erscheinen mag, er erlaubte es Sulla, ihn umfassend auszunützen. Sogleich erklärte er alle diejenigen, die danach noch gegen ihn kämpften oder die Gegenseite aktiv unterstützten, zu nun gnadenlos verfolgten Feinden. Zudem ging er sogleich gegen Scipios Verbände vor, die ihren Feldherrn im Stich ließen. Dieser wurde zusammen mit seinem Sohn gefangengenommen, dann aber wieder auf freien Fuß gesetzt.

Die Eigenart dieses Bürgerkrieges hatte sich bereits jetzt abgezeichnet, und auch in Zukunft sollte zugleich härtester Widerstand den Charakter der Auseinandersetzungen ebenso bestimmen wie der Abfall größerer oder kleinerer Einheiten. Als Sulla freilich seine Methode der Abwerbung und der Kapitulation auch bei Norbanus versuchte, fand er dort keine Resonanz. Dieser konnte sich vielmehr mit Carbos Korps vereinigen und in den Pässen der Albaner Berge eine Position beziehen, vor der Sullas Angriff liegenblieb.

Die allgemeine Depression und Verzweiflung über die sich Rom unaufhaltsam nähernden Kämpfe wurden dort noch vertieft, als am 6. Juli 83 v. Chr. der älteste und angesehenste Tempel der Stadt, das Iuppiter-Heiligtum auf dem Kapitol, in Flammen aufging und völlig zerstört wurde. Die Schuldfrage ist nie geklärt worden, doch Sulla suchte auch aus diesem Vorfall Kapital zu schlagen und wies alle Bezichtigungen zurück. Da die Kampfhandlungen unterdessen zum Stillstand gekommen waren, unternahmen beide Seiten alles, um ihr Potential für die bevorstehenden Entscheidungsschlachten zu verstärken.

Für das Jahr 82 v. Chr. waren zwei unbedingt vertrauenswürdige Persönlichkeiten zu Konsuln und damit auch zu den wichtigsten Feldherrn gewählt worden: Einmal Cn. Papirius Carbo, der dieses Amt nun schon zum drittenmal übernahm und gleichsam die Kontinuität verkörperte; neben ihm der 27-jährige Sohn des Marius, C. Marius, von dem man vermutlich besondere Dynamik und Tatkraft erwartete.

Die Kämpfe dieses Jahres weiteten sich dann bis tief in den Norden aus, vor allem nach Etrurien, doch selbst bis in das cisalpine Gallien. Sie spielten sich in einer ganzen Kette von gleichzeitigen, oft unübersichtlichen Operationen ab, nahmen an Schärfe und gnadenlosen Gewaltakten größten Stils zu, wurden indessen aber auch immer wieder durch die Desertionen einzelner wie durch das Überlaufen ganzer Einheiten auf Seiten der Konsuln und deren Kommandeuren charakterisiert.

Aus dem Gesamtbereich dieser komplizierten militärischen Bewegungen sollen hier nur die entscheidenden Unternehmungen und Schlachten erwähnt werden. Eine erste Entscheidung zeichnete sich ab, als der junge Marius in einem schweren Gefecht bei Sacriportus, in der Nähe von Signia, geschlagen und nach Praeneste zurückgedrängt wurde. Diese stark befestigte Stadt sollte bald zu einer Schlüsselstellung des weiteren Geschehens werden. Da sie nicht im Handstreich einzunehmen war, beschloß Sulla, wie einst vor Athen, sie umfassend zu belagern und auszuhungern. Das Kommando für diese schwierige Aufgabe wurde Q. Lucretius Ofella übertragen.

Noch ehe sich der Belagerungsring geschlossen hatte, gab der Konsul Marius den Befehl, eine ganze Reihe profilierter Anhänger Sullas zu töten – der in solchen Fällen immer wieder typische und sinnlose Verzweiflungs- und Terrorakt besiegter Befehlshaber und Politiker, der den wechselseitigen Haß am Ende nur noch weiter schüren, an der Gesamtlage aber nichts mehr ändern konnte. Zu den Opfern des jungen Marius zählten der angesehene Pontifex maximus Q. Mucius Scaevola, der Schwiegervater des Pompeius, P. Antistius, dessen Frau sich ebenfalls den Tod gab, C. Papirius Carbo Arrina und L. Domitius Ahenobarbus. Auch ihre Leichen wurden in den Tiber geworfen.

Sulla selbst war inzwischen über Rom nach Etrurien gezogen, wo es bei Clusium zu einer schweren Schlacht gegen Carbo kam, die nach erheblichen beiderseitigen Verlusten unentschieden endete. In einer ganzen Reihe weiterer Gefechte konnten sich Sulla und seine Befehlshaber, besonders Metellus, Crassus und Pompeius, jedoch durchsetzen und, was am wichtigsten war, den Entsatz des erbittert verteidigten Praeneste verhindern. Unter dem Eindruck dieser Niederlagen und Rückschläge gaben Carbo und Norbanus ihre Sache für verloren und flohen, Carbo nach Africa, Norbanus nach Rhodos – für Marius besonders deprimierende Fakten.

Doch gerade in diesem Augenblick der Verzweiflung nahmen die Dinge eine völlig unerwartete Wendung. Unter der Führung des Samniten Pontius Telesinus und des Lukaniers Marcus Lamponius stießen starke Verbände dieser beiden Stämme, angeblich etwa 70 000 Mann, von Süden gegen Praeneste vor, um Marius zu entsetzen. Vermutlich fürchteten diese vitalen Bauern- und Hirtenkrieger nach einem Sieg Sullas die inzwischen erworbenen Privilegien wieder zu verlieren und traten deshalb aktiv auf die Seite seiner Gegner.

Ihr Heer bezog zunächst nahe demjenigen Sullas ein Lager. Als die Anführer jedoch erkennen mußten, daß an einen Durchbruch durch den Belagerungsring nicht zu denken war, entschlossen sie sich zu einem Überraschungsangriff auf Rom; am Morgen des 1. November 82 v. Chr. hatten sie die Gegend bei der Porta Collina erreicht. Ein Verzweiflungsausfall junger römischer Aristokraten wurde rasch zurückgeschlagen.

Inzwischen hatte jedoch auch Sulla seine Armee in Eilmärschen herangeführt. Eine Vorhut von 700 Kavalleristen ging als erste zum Gegenangriff über; am späten Nachmittag nahmen auch Sullas Infanterieverbände den Kampf auf. Es entwickelte sich eine mörderische und auf beiden Seiten mit letztem, erbittertem Einsatz geführte Schlacht, weil es hier um eine unwiderrufliche Entscheidung ging. Die Samniten und Lukanier sahen ihr Angriffsziel, das Zentrum des verhaßten Gegners, zum Greifen nahe und konnten bereits auf Plünderung und Brandschatzung hoffen, Sullas Verbände wußten gleichfalls, daß es nun um alles ging.

Der Verlauf dieser Schlacht war von einer kaum zu überbietenden Dramatik. Sulla exponierte sich wieder einmal in einer kritischen Phase demonstrativ und geriet in Todesgefahr. Doch auf dem fanatisch angegriffenen linken Flügel seiner Schlachtreihe konnte auch sein Wagemut die Katastrophe nicht abwenden. Er wurde in den allgemeinen Rückzug mitgerissen und erreichte mit seinen geschlagenen Truppen gerade noch sein Lager.

Was folgte, grenzte an ein Wunder. Mitten in der Nacht erhielt der Verzweifelte die Nachricht, daß Crassus, der Befehlshaber des rechten Flügels der sullanischen Armee, einen vollständigen Sieg errungen und die geschlagenen Samniten und Lukanier bis nach Antemnae (im Norden Roms am Tiber gelegen) zurückgeworfen hatte. Damit endeten die weiträumigen Kämpfe zuletzt doch noch mit Sullas Sieg.

Schon am Morgen des 2. November war Sulla selbst in Antemnae. Dort begann jene Serie von furchtbaren Verbrechen und Massentötungen, die seinen Sieg für immer diskreditieren sollte. Zu vielen Tausenden wurden nun Gefangene erschlagen, darunter auch ganze Abteilungen, die nach Sullas Zusagen im Vertrauen auf ein Überleben kapituliert hatten. Sullas Brutalität ist nur dadurch zu erklären, daß sich bei ihm nun, wie bei so vielen zunächst zurückgeworfenen Heerführern und Armeen aller Zeiten, die anfängliche Niedergeschlagenheit und Verzweiflung nach dem Sieg in eine Orgie von Haß und Exzessen aller Art verwandelten. Dazu kam bei ihm noch der nachgerade familiäre Haß gegen die Samniten hinzu – hatten doch schon seine Vorfahren ebenso wie er selbst in verschiedenen Kriegen gegen diesen Stamm gekämpft.

Einen besonders abstoßenden Höhepunkt erreichte jener Blutrausch dann in der Frühe des 3. November in Rom, als auf dem Marsfeld mehrere Tausend Samniten eingeschlossen und durch Speerwürfe getötet wurden. Eine ähnliche Brutalität traf bald darauf auch die Verteidiger von Praeneste, die schließlich kapitulierten, als sie die Aussichtslosigkeit eines weiteren Widerstandes einsahen. Während sich der junge Marius selbst den Tod gab, wurden auch dort die meisten der Gefangenen niedergemacht, die Stadt selbst ausgeplündert.

Waren vor Rom und in Praeneste die eigentlichen Entscheidungen des Bürgerkriegs gefallen, so wurde in einzelnen italischen Städten, aber auch in den Provinzen zum Teil noch heftiger Widerstand geleistet. Norba konnte von Lepidus nur durch Verrat bezwungen werden, doch die Sieger wurden ihres Erfolges nicht froh: Nachdem die Einwohner ihre Häuser angezündet hatten, sollen sie sich in großer Zahl selbst den Tod gegeben haben.

In Kampanien fiel nun auch Capua, während sich Nola, wo der bekannte samnitische Anführer C. Papius Mutilus befehligte, bis in das Jahr 80 v. Chr. halten konnte. Im selben Jahr wurde auch Aesernia in Samnium erobert. Am längsten, bis 79 v. Chr., verteidigte sich dagegen das stark befestigte Volaterrae in Etrurien.

Q. Sertorius, der von Anfang an auf Cinnas Seite stand, hatte im Jahre 83 v. Chr. die Provinz Hispania citerior übernommen, diese jedoch zwei Jahre später dem sullanischen Statthalter überlassen müssen. Zunächst nach Nordafrika entkommen, stellte er sich den Lusitanern zur Verfügung, die unter seiner Leitung den Kampf gegen Rom aufnahmen. Sertorius erzielte jahrelang beträchtliche Erfolge, setzte bewußt den Kampf gegen Sulla und dessen Anhänger fort und wurde so zu einem Beschützer der Geächteten und zu einer Zuflucht aller Sullagegner. Von Pompeius wiederholt besiegt, fiel er schließlich 72 v. Chr. einer Verschwörung zum Opfer.

Die großen Widerstandsherde in Sizilien und Nordafrika wurden dagegen wesentlich schneller von dem jungen Pompeius unterworfen, der sich zuvor wiederholt bei den Kämpfen in Norditalien ausgezeichnet hatte. Sulla schätzte Pompeius so sehr, daß er ihn mit seiner eigenen Familie verbinden wollte und ihn deshalb nötigte, seine Stieftochter Aemilia zu heiraten. Doch das Projekt scheiterte, als Aemilia im Wochenbett starb.

Gleichzeitig führte Sulla im Jahre 81 v. Chr. einen Senatsbeschluß herbei, der Pompeius mit proprätorischer Amtsgewalt damit beauftragte, Sizilien den Marianern zu entreißen. Für Pompeius war dieser offizielle Auftrag deshalb so wichtig, weil dadurch seine Position verrechtlicht wurde. Der Auftrag gelang nicht nur, sondern Pompeius hatte auch noch das Glück, daß Cn. Carbo auf der Flucht nach Ägypten in seine Hand fiel. Während dessen Begleitung sofort erschlagen wurde, ist dem geächteten Carbo in aller Form der Prozeß gemacht worden. Dann fand auch er den Tod; sein Haupt wurde, wie bereits üblich, Sulla übersandt.

Pompeius blieb wenig Zeit, um die Verwaltung Siziliens zu reorganisieren und neue Aktivitäten zu entwickeln, denn schon bald erreichte ihn ein neuer Senatsbeschluß: Er sollte die gegnerischen Kräfte in Nordafrika zerschlagen. Dort befehligte inzwischen Cn. Domitius Ahenobarbus die letzten Truppen der Partei Cinnas, doch diese hatten durch die Unterstützung des numidischen Thronaspiranten Hiarbas, der den mit Rom verbündeten König Hiempsal ablösen wollte, ein erhebliches Potential gewonnen. Pompeius unterschätzte diese Streitmacht nicht und organisierte eine große Invasion. Auf 120 Kriegsschiffen und 800 Lastkähnen ließ er seine Verbände bei Karthago und Utica an Land setzen und sogleich die Offensive eröffnen. In der Nähe von Utica wurden seine Gegner besiegt, Domitius Ahenobarbus gefangengenommen und getötet.

Gegen den geflüchteten Hiarbas konnte Pompeius König Bogud von Mauretanien aufhetzen, in Bulla Regia wurde ihm der Numider ausgeliefert und getötet, wenig später Hiempsal in sein Königreich wieder eingesetzt. In rund 40 Tagen waren damit die nordafrikanischen Probleme gelöst worden. Für Pompeius sollten sie freilich andauern und eskalieren. Denn in Utica erreichte ihn der Befehl Sullas, seine Truppen zu entlassen und lediglich eine Legion dem neuen Statthalter zu übergeben. Doch sowohl Pompeius als auch seine Verbände verweigerten den Gehorsam; sie wollten die gemeinsame Heimkehr und die Zuerkennung eines Triumphes ertrotzen, die Legionen auch einen größeren materiellen Gewinn erzwingen.

Es half Sulla nichts, daß er der gemeinsamen Rückfahrt

schließlich zustimmte und Pompeius bei dessen Empfang durch die Anrede als «Magnus» zu beschwichtigen suchte. Am Ende mußte er auch den Triumph genehmigen. Lediglich einen größeren Beuteanteil für die Legionen lehnten Sulla und Pompeius gemeinsam ab. Im Alter von nur 26 Jahren konnte der «Magnus» so am 12. März 79 v. Chr. triumphieren. In die Normen des neuen Systems war er danach nicht mehr einzuordnen, doch er stand erst am Beginn seiner außerordentlichen Laufbahn.

Auch die Entwicklungen im Ostteil des Imperiums waren für Sulla nur teilweise befriedigend. Schon in den Jahren 83–81 v. Chr. hatte sich Mithridates VI. erneut gegen L. Licinius Murena durchgesetzt, dem gleichwohl ebenfalls ein Triumph zugebilligt wurde. Das Seeräuberproblem war ebensowenig gelöst wie die Lage in Ägypten konsolidiert. Dort war der 81 v. Chr. von Sulla eingesetzte König Alexander II. von den aufständischen Bewohnern Alexandrias getötet worden. Doch offensichtlich erschienen alle diese sicherheits- und außenpolitischen Probleme Sulla in jenem Augenblick sekundär. Seine ganze Energie galt damals der römischen Innenpolitik.

3. Rache, Terror und Ehrungen

Nach der Schlacht am Collinischen Tor setzte in Rom selbst die Orgie eines infernalischen Hasses ein, eines Hasses, der ohne Zweifel von Sulla selbst ausging, aber auch die übrigen Sieger mitriß und Verbrechern wie Maraudeuren aller Art freie Hand gab. Die Atmosphäre und die zugrundliegende Mentalität der Gemetzel und Massentötungen griffen nun auf die Stadt über, in der – anders als nach Sullas erstem Marsch auf Rom – weder Sicherheitsposten noch Streifen Exzesse verhinderten. Statt dessen herrschten weithin Chaos und Anarchie, ein Blutrausch, dem Gegner und solche, die man dafür hielt, aber selbst Anhänger Sullas oder einfach reiche Bürger zum Opfer fielen. Jetzt bot sich zudem die Gelegenheit, alte persönliche Feindschaften zu politisieren und die Rechnungen unter solchem Vorwand zu begleichen.

Auch hier ließ Sulla, wie schon so oft, die Dinge zunächst treiben. Rache und Terror waren ganz in seinem Sinne, im Sinne eines Mannes, der blind vor Haß gegen die noch lebenden Opponenten ebenso wütete wie gegen die toten. Auf seinen Befehl hin wurde selbst das Grab des Marius geschändet, die Leiche des Toten herausgerissen und in den Fluß Anio geworfen. Die Denkmäler von Marius' Siegen, die Sulla doch zum Teil miterstritten hatte, ließ er abbrechen; an den alten Rivalen, den Befehlshaber, unter dem er selbst gedient hatte, sollte nichts mehr erinnern, selbst sein Andenken ausgelöscht sein. Das Kriegsrecht hatte diese totale Liquidation abzudecken, die – wie bei den meisten politischen Umstürzen – durch Verbrechen aller Art diskreditiert wurde, im Rom des Jahres 82/81 v. Chr. freilich in vorher nie gekanntem Ausmaße. Und im Unterschied zum Terror in Athen waren hier die eigenen Bürger davon betroffen.

An seinen Absichten ließ Sulla keine Zweifel aufkommen. Nach dem Bericht Appians (E 1,441) fand er in einer Volksversammlung

«viele große Worte für seine Leistungen, stieß, um Schrecken zu verbreiten, weitere drohende Bemerkungen aus und beendete seine Rede damit, er wolle das Volk, wenn es auf ihn höre, zu einer heilsamen Wandlung führen, von seinen Feinden aber keinen einzigen schonen, vielmehr sie aufs härteste bestrafen. Auch gegen die Prätoren, Quaestoren, Militärtribunen und wer sonst irgendwie seit dem Tage, da der Konsul Scipio die mit ihm getroffenen Abmachungen brach, mit seinen Feinden zusammengearbeitet habe, werde er mit Strenge vorgehen.»

Sullas Ankündigung hatte so tumultuarischen Verfolgungen und Verbrechen Raum gegeben, daß die allgemeine Unsicherheit zuletzt selbst dessen eigene Anhänger erfaßte. Im Senat wurde deshalb an ihn die Bitte gerichtet, denjenigen Personen, die Sulla am Leben lassen wollte, Furcht und Ungewißheit zu nehmen. Als er dies ablehnte, weil er es noch nicht wisse, wurde er gebeten, dann wenigstens diejenigen zu nennen, die er bestrafen wolle. Dies sagte er zu, und damit begannen erstmals in der Römischen Geschichte die «Proskriptionen» von Menschen. Denn dem ursprünglichen Sprachgebrauch nach beinhaltete der Begriff lediglich die öffentliche Bekanntmachung, «die proscriptio bonorum, den Concurs, auch die Vermögensconfiscation, nicht die Ächtung» (Th. Mommsen, Römisches Strafrecht. 1899. NDr. Darmstadt 1955, 938).

Die erste Liste der Geächteten umfaßte 80 Namen, als erste diejenigen der Konsuln der Jahre 83 und 82 v. Chr., das heißt des Norbanus und Scipio, Carbo und Marius. Doch im Hinblick auf das Kommende war dies nur ein bescheidener Auftakt; schon in den nächsten Tagen wurden zwei weitere Listen mit jeweils 220 Namen bekanntgemacht, andere folgten.

Von Rechtssicherheit konnte dabei keine Rede sein, denn selbst die Namen von bereits Erschlagenen und Unschuldigen wurden nachträglich eingeschwärzt, wie eindeutig Ciceros Rede «Pro Sexto Roscio Amerino» beweist. Mit der Ächtung, die alle Aufgeführten für vogelfrei erklärte, war zugleich der Vermögensentzug verbunden. Der Besitz wurde zu Gunsten des Staates öffentlich versteigert, wobei sich Sulla selbst, seine Anhänger, Günstlinge, selbst Freigelassene, wie jener Chrysogonos, den Cicero attackierte, schamlos bereicherten. (Chrysogonos erwarb zum Beispiel die Güter des Sextus Roscius um den dreitausendsten Teil ihres Wertes.)

Ebenso abstoßend wie diese beiden Kernpunkte waren die Ausführungsbestimmungen der Proskriptionen. Es widersprach der römischen Rechtstradition, daß Sullas Rache auch Kinder und Enkel der Geächteten traf, indem diese die politischen Privilegien ihres Standes verloren und sich um Magistraturen nicht mehr bewerben konnten. Sie sollten faktisch aus dem politischen Leben ausgeschaltet werden.

Alle Bürger waren aufgerufen, zum Ergreifen der Geächteten beizutragen. Wer den Kopf eines solchen Mannes beibrachte, wurde mit zwei Talenten belohnt. Dies galt auch für Sklaven, die zudem noch die Freilassung erhielten. Sulla scheute dabei nicht davor zurück, sich die Häupter der Erschlagenen in sein Haus bringen und sie danach ausstellen zu lassen. Wer jedoch einen Geächteten, und sei es ein naher Verwandter, verbarg oder unterstützte, war ebenfalls zum Tode verurteilt.

Die Gesamtzahl der Opfer der Proskriptionen, die am 1. 6. 81 v. Chr. endeten, ist nicht genau festzustellen; in der Überlieferung werden insgesamt 4700 Personen, darunter etwa 40 Senatoren und rund 1600 Ritter genannt. In der letzten speziellen Untersuchung der Vorgänge durch Fr. Hinard (Les proscriptions de la Rome républicaine. Paris 1985) konnten davon immerhin noch 75 Persönlichkeiten namentlich erfaßt werden.

Selbstverständlich lag der Schwerpunkt der Menschenjagd und der Verbrechen in Rom selbst, doch wurden daneben nicht wenige Städte Italiens von den Parteikämpfen und den Anklagen gegen Sullas Feinde erfaßt. Unter der Rache Sullas und der Sullaner litten dabei nicht nur einzelne, sondern ganze Regionen, vor allem jene Gemeinden, deren Besitz für die Ansiedlung von Sullas Legionären eingezogen wurde. Angeblich sollen dafür, vor allem in Kampanien, Umbrien und Etrurien, insgesamt rund 120 000 neue Kleinbauernstellen geschaffen worden sein.

Neben diesem größten Posten der bevölkerungspolitischen und bürgerrechtlichen Veränderungen steht auf der Ebene der Sklaven derjenige der Cornelii, das heißt jener Sklaven der Geächteten, denen Sulla Freiheit und Bürgerrecht geschenkt hatte, immerhin rund 10 000 Personen. Sie mußten in Sulla ihren Patron und Schutzherrn sehen, dieser in ihnen umgekehrt eine Klientel, die jederzeit für ihn eintrat.

Die Ereignisse jener Jahre stellen, insgesamt gesehen, einen der tiefsten und folgenschwersten Eingriffe in die Sozialstruktur wie in die Besitz- und Eigentumsverhältnisse ganz Italiens dar. Nimmt man die wie immer bedingten Zerstörungen dieses weiträumig wütenden und langandauernden Bürgerkrieges hinzu, so ist die dadurch bedingte Zäsur kaum zu überschätzen. Die allgemeine Erschütterung und Erregung klangen erst nach Jahrzehnten aus, als der Bürgerkrieg zwischen Caesar und Pompeius die Epoche Sullas erneut vergegenwärtigte und dann schließlich im Jahre 43 v. Chr. zu neuen Proskriptionen führte.

Einzelne Exzesse, Vorfälle und Episoden der sullanischen Zeit sind stets lebendig geblieben. So fehlt in keiner Darstellung des Geschehens der Fall des Adoptivneffen des älteren Marius, des M. Marius Gratidianus. Diesem angesehenen und beliebten ehemaligen Prätor wurde jetzt der Selbstmord des Q. Lutatius Catulus, der mit Marius im Kimbernkrieg gekämpft hatte, zur Last gelegt.

Gratidianus hatte sich in einem Ziegenstall versteckt, wurde jedoch entdeckt, auf Sullas Befehl gefesselt und in entehrendster Weise unter vielen Hieben durch die ganze Stadt getrieben. Nach langen Martern ist er dann am Grabmal des Catulus, gleichsam als Todesopfer, niedergemacht worden. Unter den Akteuren befand sich auch Ciceros späterer Gegner Catilina, der dem Getöteten den Kopf abschlug und diesen Sulla überbrachte, wohl als beflissenes Zeichen des Dankes dafür, daß dieser nachträglich auch den Bruder Catilinas, den dieser bereits getötet hatte, auf die Proskriptionsliste setzen ließ.

Auf andere Zusammenhänge verweist exemplarisch die oft geschilderte Episode des Quintus Aurelius. Als dieser völlig unbescholtene und apolitische Mann seinen Namen auf einer Liste entdeckte, soll er beklagt haben, daß ihn sein Landgut bei Albanum, offensichtlich ein in die Augen springender und begehrter Besitz, angeklagt habe. Aurelius fand sogleich den Tod.

Auch Gaius Iulius Caesar, der spätere Diktator, wurde verfolgt. Er war auf Grund seiner Verwandtschaft mit der Familie des Marius (seine Tante Iulia war dessen Witwe), vor allem aber dadurch kompromittiert, daß er sich weigerte, sich von seiner Frau Cornelia, einer Tochter Cinnas, zu trennen. So blieb ihm nur eine strapaziöse und schwierige Flucht. Erst nach langem Bitten erreichten es die Vestalinnen und zwei Freunde und Verwandte Caesars, Mamercus Aemilius und Aurelius Cotta, die bei Sulla in hohem Ansehen standen, daß dieser widerwillig Gnade gewährte. Damals soll Sullas oft wiederholtes, warnendes Wort gefallen sein, daß in dem jungen Caesar mehr als ein Marius stecke.

Wie weit Sulla persönlich sämtliche Entscheidungen, Maßnahmen und Verbrechen jener Jahre anzulasten sind, ist schwer zu sagen. Die sogenannte politische Verantwortung trägt er in jedem Falle. Im übrigen gab es auch hier, wie wohl unter allen Diktatoren, Stimmen, die ihn wenigstens partiell freisprachen und ihm in einzelnen Fällen auch Unkenntnis zubilligten.

Das klassische Beispiel dafür ist die mutige Verteidigungsrede des jungen Anwaltes Cicero für Sextus Roscius aus Ameria, in der Cicero auch eine von Sullas Kreaturen, den schon erwähnten, einflußreichen Freigelassenen Chrysogonos, schwer zu belasten hatte, Sulla persönlich indessen Unwissenheit zuerkannte:

«Er (sc. Sulla) renkt wieder ein, was vergangen ist, und rüstet sich zugleich für das, was dem Anschein nach bevorsteht; nur er hat die Mittel, Frieden zu stiften, und die Macht, Krieg zu führen; alle richten ihre Blicke einzig auf ihn; er allein vermag alles zu lenken, er ist durch so viele und wichtige Obliegenheiten beansprucht, daß er nicht einmal frei aufatmen kann: da ist es wirklich kein Wunder, wenn ihm etwas entgeht, zumal ja viele ein scharfes Auge auf seine Beschäftigungen haben und eine Gelegenheit zu erhaschen suchen, um, sobald er zur Seite blickt, irgend etwas von dieser Art ins Werk zu setzen. Mag er überdies noch so sehr vom Glück begünstigt sein (wie er es wirklich ist): trotz aller Glücksumstände kann es keinen Menschen geben, der nicht in einer großen Gefolgschaft einen schurkischen Sklaven oder Freigelassenen hätte.» (Pro Sexto Roscio Amerino, 22 – Übersetzung von M. Fuhrmann)

Inmitten all dieses Leidens und Leides, des Terrors, der Ängste und der Verzweiflung, hielt Sulla Ende Januar des Jahres 81 v. Chr. seinen großartigen Triumph über Mithridates VI. ab, in Wahrheit zugleich den Triumph über die Gegner des Bürgerkrieges. Begleitet von den Magistraten der Stadt und Teilen seiner militärischen Verbände zog er unter dem Jubel der Bürger am ersten Tage in der traditionellen Weise zum Kapitol, um Roms höchster Gottheit, Iuppiter Optimus Maximus, ein feierliches Dankopfer darzubringen. Dabei wurde der staunenden Bevölkerung zugleich die immense Beute dieses Krieges präsentiert.

Auf andere, nicht weniger bewegende Weise beeindruckten die Zuschauer die einzelnen Gruppen des Zuges vom folgenden Tage. Hier konnte Sulla den viele Tausende von Pfund Gold und Silber umfassenden Schatz des Kapitolinischen Tempels zurückführen, jenen Schatz, den der junge Marius nach dem Tempelbrand nach Praeneste bringen ließ und der nunmehr wieder an seinem alten Ort verwahrt wurde.

Ein erschütterndes Element des Zuges aber bot die starke Gruppe der einst zu Sulla geflüchteten Aristokraten, die nun zu ihren Familien und Verwandten heimkehren konnten. Bekränzt bildeten sie jetzt Sullas imponierendstes und treuestes Gefolge. Wenn diese Männer Sulla wiederholt als «Retter und Vater» rühmten, so war dies keine leere Formel, sondern der Ausdruck tiefer und aufrichtiger Dankbarkeit.

An Sullas Triumph schloß sich eine ganze Reihe von Ehrungen neuen Stils und neuer Formen an. (Da sie für Sullas Selbstverständnis von zentraler Bedeutung sind, wird im letzten Kapitel des Buches noch einmal auf sie zurückzukommen sein.) Unmittelbar im Anschluß an den Triumph, der Sullas Leistungen und Erfolge so eindrucksvoll vor Augen geführt hatte, berichtete dieser in einer Volksversammlung wiederum von seinen Taten und von seinem beständigen Glück. War er schon zuvor von einzelnen wie von seinen Truppen als «Felix» gefeiert worden, so ging er nun, nach dem Tode des jungen Marius, dem er damit zugleich indirekt seinen Tribut zollte, einen Schritt weiter. Er forderte vom römischen Volk nichts weniger als die offizielle Zuerkennung dieses Beinamens. Selbstverständlich erfolgte diese sofort. Der Sieger hieß nun L. Cornelius Sulla Felix.

Rom hatte schon früher seine großen Feldherrn durch Siegerbeinamen wie Africanus oder Numidicus geehrt und auf diese Weise ihre militärischen Leistungen anerkannt und für die Dauer vergegenwärtigt. Doch dabei handelte es sich stets um spezielle, einmalige Verdienste in der Vergangenheit. Mit «Felix» wurde dagegen eine Eigenschaft und ein Privileg offiziell anerkannt. Der so Geehrte war nach göttlichem Willen stets im Besitz seines persönlichen Glücks, damit über allgemeinmenschliches Maß erhöht, seine herausragende Qualifikation transzendental begründet.

Es ist für Sulla charakteristisch, daß er sich gleichzeitig für die griechische Reichshälfte den von ihm bereits geführten Beinamen «Epaphroditos» (der im Schutze der Aphrodite Stehende) zuerkennen ließ. Der «Epaphroditos» begegnet deshalb danach im gesamten Schriftwechsel des römischen Senats mit den griechischen Poleis.

Auch weitere Ehrungen Sullas sollten später Schule machen: War dieser bereits im Zentrum Roms inmitten von Bocchus' Statuengruppe gegenwärtig, so wurde ihm nun auf dem Forum eine goldene Reiterstatue errichtet, eine Auszeichnung, die auch durch Münzbilder verbreitet worden ist. Dieses vielbesprochene Denkmal ist allerdings nicht isoliert zu sehen. Es handelte sich auch keineswegs um die erste römische Reiterstatue in jenem Areal. Vielmehr ist für Sulla bezeichnend, daß sein Reiterstandbild in der Nähe der Reiterstatue für M. Furius Camillus sowie jener für den Samnitensieger des 4. Jahrhunderts v. Chr. Q. Marcius Tremilus stand, somit gleichsam in die römische Tradition einbezogen war.

Das letzte Glied dieser Kette bilden schließlich Sullas Siegesspiele, die *ludi victoriae Sullanae*, die – auch dies eine

Neuerung – nicht nur einmal, sondern in Zukunft alljährlich in der Zeit vom 26. Oktober bis zum 1. November gefeiert werden sollten. Die Neuerung wurde seit Caesar auch in der Kaiserzeit wiederholt.

Terror und Ehrungen des Siegers besiegelten somit das Ende des Bürgerkrieges. Beide stehen in unauflöslichem Zusammenhang. Denn der Terror war nicht nur ein Ausdruck fanatischen Hasses, sondern zugleich ein Instrument zur prophylaktischen Beseitigung jeden Widerstandes gegen die geplante Neuordnung des Staates. Nach seinen Erfahrungen im Jahre 88 v. Chr., als sein Vertrauen und seine Kompromißbereitschaft so sehr enttäuscht wurden, ging Sulla keine Risiken mehr ein. Die tumultuarischen Verbrechen wie die organisierten Hinrichtungen löschten die alte innere Opposition aus; sie bewirkten zugleich die Hinnahme von Sullas Macht, mochte dies auch aus Resignation erfolgen. Die «normative Macht des Faktischen» bestimmte auch hier die weitere Entwicklung.

Eine unumgängliche Voraussetzung für Sullas künftiges Handeln war daneben die Überhöhung seiner Person durch unvergleichliche Ehrungen. Damit war das alte aristokratische Prinzip und Gleichmaß der Kollegialität in der Staatsleitung zunächst außer Kraft gesetzt. Zu Sullas Herrschaft gab es keine Alternative. Wer nun Frieden und Ordnung wollte, konnte sie allein von Sulla erwarten. Nur er war durch seine Leistungen und dank der Überhöhung seiner Person legitimiert, die notwendige Neuordnung durchzuführen.

V. DIKTATUR

1. Ziele und Systematik

Nach dem Tode der beiden Konsuln des Jahres 82 v. Chr. wählte der Senat auf Sullas Initiative sein angesehenstes Mitglied L. Valerius Flaccus zum Interrex, so wie dies in solchen Notfällen üblich war. Flaccus wiederum wurde von dem abwesenden Sulla vorgeschlagen, in der Volksversammlung einen Gesetzesentwurf einzubringen, um eine Diktatur zu errichten. Aufgabe des Diktators sollte es sein, die durch Umsturz und Krieg zerrüttete Stadt Rom, aber auch Italien und das gesamte Imperium verfassungsmäßig zu festigen. Um auch letzte Zweifel auszuräumen, bemerkte Sulla, daß er sich für die Übernahme dieser Position geeignet halte.

Selbstverständlich wurde der formal legale Antrag angenommen und Sulla zum *dictator legibus scribundis et rei publicae constituendae* – d. h. mit dem Auftrag ausgestattet, Gesetze zu erlassen und den Staat zu ordnen – ernannt. Dies erfolgte nun freilich nicht, wie während der klassischen Römischen Republik, zeitlich eng begrenzt oder durch eine spezielle Aufgabe genau definiert, sondern in offenem Gegensatz dazu mit umfassendsten Kompetenzen und «so lange er wolle». Sulla selbst ernannte daraufhin seinerseits Flaccus zum Magister equitum – Führer der Reiterei – und damit zu seinem wichtigsten Führungsgehilfen.

Von Anfang an ist festzuhalten, daß das Ziel des Diktators Sulla nicht die Errichtung einer permanenten persönlichen Machtstellung war, erst recht nicht die Begründung einer absoluten Monarchie, sondern die Erneuerung der Standesherrschaft der römischen Aristokratie und damit zugleich der Herrschaft des Senats als der dominierenden Institution des römischen Staates. Da sich die Kompromisse des Jahres 88 v. Chr. nicht bewährt hatten, implizierte dies zugleich die Absicherung der Strukturen durch die konsequente Vernichtung oder Niederhaltung aller oppositionellen Kräfte sowie eine kohärente Neuordnung des Staates, insbesondere im Recht und in der Verwaltung. Nicht zuletzt war die Kontrolle aller Magistrate und Institutionen durch den Senat zu verschärfen.

Es entsprach Sullas Stil und Überzeugung, daß bei all dem alte Traditionen und Normen möglichst weitgehend beachtet, dort aber, wo sich dies als notwendig erwiesen hatte, auch effizienter gestaltet und ergänzt wurden. Sein Handeln, insbesondere der Inhalt seiner Gesetze, der *leges Corneliae*, ist im übrigen nur dann zu begreifen, wenn berücksichtigt wird, daß Sulla, obwohl selbst Patrizier, niemals zum Agenten einer Gruppe oder Schicht geworden ist, sondern vielmehr stets seine völlige Unabhängigkeit und Entscheidungsfreiheit wahrte, seine innere Distanz, und dies selbst gegenüber der römischen Aristokratie. Dem widerspricht die Tatsache nicht, daß Sulla – wie Emilio Gabba gezeigt hat – eng mit der Vorstellungswelt und den Reformvorschlägen des 91 v. Chr. ermordeten Volkstribunen M. Livius Drusus zu verbinden ist.

Trotz all ihrer Grenzen und Defizite ist anzuerkennen, daß es sich bei der Neuordnung des Diktators Sulla nicht nur um eine Summe von Einzel- oder Fallentscheidungen handelte, so wie dies römischer Tradition und römischem Rechtsdenken entsprach. Es handelte sich vielmehr um einen der sehr seltenen Fälle innerhalb der römischen Verfassungsgeschichte, in dem eine in sich geschlossene Neustrukturierung innerhalb engsten zeitlichen Rahmens gewagt wurde. Anders als später bei den unaufhörlichen Kaskaden der Einzelverordnungen Caesars und anders als danach bei den zögernden, tastenden Entwicklungen im Principat des Augustus imponiert bei Sulla die Entschiedenheit und Kohärenz der nahezu gleichzeitig in Kraft gesetzten, einander gegenseitig bedingenden und einander stützenden Elemente seiner Restitution.

2. *Die Eingriffe in Sozialstruktur und Institutionen*

In Sullas Neuordnung wurde, wie bereits erwähnt, der Senat wieder zum wichtigsten Element. Dabei sind nicht nur die während des vergangenen halben Jahrhunderts, vor allem seit den Gracchen, vorgenommenen Einschränkungen seiner Kompetenzen zurückgenommen worden; durch die Zuweisung neuer Wirkungsfelder wurden sie größer denn je zuvor. Angesichts der erheblichen personellen Verluste, welche die Korporation durch Bürgerkrieg und Proskriptionen erlitten hatte, war es zunächst unumgänglich, sie zu ergänzen.

Sulla verdoppelte dabei gleichzeitig die Zahl der Senatoren auf 600; er hatte somit 450 neue Mitglieder des Standes zu ernennen, wobei er seine Personalvorschläge durch die Tributkomitien – eine der beschlußfassenden Versammlungen Roms – bestätigen ließ. Bei den neuen Mitgliedern handelte es sich dabei weithin um Angehörige des Ritterstandes, das heißt es wurden vor allem Kräfte des italischen Landadels herangezogen, somit genuin konservative Persönlichkeiten, aber auch um bewährte Offiziere.

Die laufende Ergänzung des Gremiums war bisher ein Vorrecht der Censoren gewesen; Sullas Neuregelung sah dagegen vor, daß die künftig 20 Quaestoren, junge Subalternbeamte, jeweils nach dem Ende ihres Amtsjahres automatisch in den Senat aufgenommen wurden.

Ein weiteres Kernstück von Sullas Ordnung in diesem Bereich war die Regelung der senatorischen Ämterlaufbahn, des *cursus honorum*. In enger Anlehnung an die *lex Villia annalis* von 180 v. Chr. legte er Mindestaltersstufen für die Bekleidung der Magistraturen fest. Zugleich wurde dekretiert, daß Wiederholungen einzelner Ämter, insbesondere beim Konsulat und beim Volkstribunat, erst nach einem Intervall von 10 Jahren erlaubt waren. In manchen Punkten sind die Bestimmungen strittig, doch dürften wohl für die Kandidatur zur Quaestur ein Alter von 30 Jahren, für die kurulische Ädilität von 36, die Prätur 39 und für das Konsulat von 42 Jahren gefordert worden sein. Zwischen den verschiedenen Ämtern sollte ein Zeitraum von zwei Jahren liegen.

Ein Überblick über die Veränderungen bei den wichtigsten Amtsinhabern muß von den Censoren ausgehen. In Abständen von fünf Jahren hatten diese bisher einen umfassenden Census durchzuführen, das heißt, sowohl die Zählung aller freien römischen Bürger als auch deren Einordnung in die verschiedenen Einheiten der Centurien und Klassen einerseits, der Tribus andererseits vorzunehmen. Dabei waren für die ersteren ursprünglich auf Grund ihres Vermögens wie ihrer militärischen Funktionen die Zuweisungen zu Heeresteilen und Abstimmungseinheiten maßgebend, für die letzteren der Wohnsitz. Die typische Verbindung von Volkszählung und Heeresmusterung war jedoch zugleich mit einer Überprüfung der Lebensführung und des moralischen Verhaltens der Bürger, insbesondere der Angehörigen der Führungsschicht, verbunden.

Eine Rüge der Censoren (*nota censoria*) diskreditierte den davon Betroffenen und disqualifizierte ihn. Der Aufstieg in den Senat blieb ihm verschlossen; gehörte er ihm bereits an, so wurde er daraus entfernt. Angesichts dieser, ihrer wichtigsten Kompetenzen, die sich mit jenen des Diktators überschnitten, und angesichts der grundlegenden Veränderung der Heeresstruktur seit Marius und der neuen Senatsergänzung ist es verständlich, daß der Diktator die Censur zunächst zurückstellte. In der Zeit zwischen 86 und 70 v. Chr. wurden keine Censoren ernannt.

Zur wichtigsten und einflußreichsten Magistratur wurde zur Zeit Sullas das Konsulat. Noch im Dezember des Jahres 82 v. Chr. sind Konsulwahlen vorgenommen worden, danach, wie zuvor üblich, im Juli jeden Jahres. Sulla distanzierte sich dabei demonstrativ vom Verfahren Cinnas, der sich mehrere Jahre hindurch selbst zum Konsul ernannt und auch seinen jeweiligen Amtskollegen ohne Wahl ernannt hatte. Da die Befugnisse des Senates in Sullas Neuordnung beträchtlich zugenommen hatten, traf dies erst recht auf die Leitung der Körperschaft zu. Es ist nachvollziehbar, daß deshalb auch Sulla auf die Wahlen Einfluß nahm, wenngleich er auf die Dauer selbst Schwierigkeiten und Niederlagen hinzunehmen hatte.

Eine kleine Übersicht mag dies verdeutlichen:

81 v. Chr. bekleideten Cn. Cornelius Dolabella und M. Tullius Decula das Konsulat. Dolabella war ein Patrizier, der am Sieg in der Entscheidungsschlacht an der Porta Collina maßgebenden Anteil hatte, Decula ein relativ unbekannter Plebejer.

80 v. Chr. übernahm Sulla, damals noch Diktator, selbst das Amt, neben ihm Metellus Pius, mit dem es zu einer idealen Zusammenarbeit kam, die Sulla als Ausdruck seines Glücks betrachtete.

79 v. Chr. amtierte der Patrizier Appius Claudius Pulcher zusammen mit dem Plebejer Publius Servilius Vatia. Gemäß herkömmlicher Familienpolitik waren die Konsulnpaare der Jahre 80 und 79 v. Chr. auch noch verwandtschaftlich verbunden.

78 v. Chr. spiegeln die Konsuln die inzwischen eingetretene Reduzierung von Sullas Einfluß wider. Neben dem eindeutigen Sullaner Q. Lutatius Catulus hatte sich gegen Sullas Willen, aber mit Unterstützung des Pompeius, M. Aemilius Lepidus durchgesetzt. Damit zeichneten sich die folgenden Wirren bereits hier ab.

Der entscheidende Eklat bei den Konsulwahlen ist mit der Persönlichkeit des Q. Lucretius Ofella verbunden. Dieser erfolgreiche Leiter der Belagerung von Praeneste, der dort alle Krisen gemeistert hatte, bewarb sich für das Konsulat des

Jahres 80 v. Chr. – obwohl er nur dem Ritterstand angehörte und nie eine senatorische Magistratur absolviert hatte. Im Rahmen von Sullas Neuordnung des *cursus honorum* – der römischen Ämterlaufbahn – war dies eine offene Provokation. Als Ofella Sullas Veto nicht respektierte, ließ ihn dieser kurzerhand ermorden und rechtfertigte sein Vorgehen, unbeeindruckt von der öffentlichen Kritik.

Sullas Verhältnis zu den Rittern war äußerst differenziert. Es wurde zunächst dadurch belastet, daß einerseits eine größere Anzahl von Rittern ihren alten Standesgenossen Marius in den inneren Auseinandersetzungen unterstützt hatte und daß andererseits die Neuregelung der Abgaben und Belastungen in der Provinz Asia Ritter schädigte. Doch Sulla zögerte keinen Augenblick, fähige Ritter, die auf seine Seite getreten waren – wie Pompeius und Ofella – vertrauensvoll einzusetzen. Entschieden wandte er sich indessen gegen jede bewußte und selbständige Politisierung des Standes, wie sie Gaius Gracchus eingeleitet hatte, die Formierung einer mit dem Senat rivalisierenden Ritterschaft.

Es ging Sulla vielmehr um die Integration der Ritter in die aktive Führungsschicht des römischen Staates. Diese sollte durch die relativ großzügige Aufnahme qualifizierter Ritter in den Senat ebenso erreicht werden wie durch die Verflechtung senatorischer und ritterlicher Familien. Daß dabei die Dominanz der alten senatorischen Familien und der obersten Führungsgruppe insgesamt gewahrt bleiben sollte, verstand sich für ihn von selbst.

Der erneuten Privilegierung und Stärkung des erweiterten Senates entsprach auf der Gegenseite die Reduzierung der Rechte und der Unterstützung des römischen Volkes. Auch hier zog Sulla die Konsequenzen aus seinen persönlichen Erfahrungen mit der stadtrömischen *plebs*. Diese war seit den Tagen der Gracchen wiederholt durch politische Agitatoren mobilisiert und gleichzeitig durch immer neue Leistungen begünstigt worden. Dies wiederum hatte – neben der wirtschaftlichen und sozialen Gesamtentwicklung und den Folgen des Bundesgenossen- und des Bürgerkrieges – zu einem sprunghaften Anstieg der stadtrömischen Bevölkerung geführt, die zu einer immer schwereren Belastung der römischen Politik werden mußte.

Sullas Einstellung der staatlich subventionierten Getreideversorgung der römischen Bürger war der verzweifelte Versuch, diesen Tendenzen entgegenzuwirken. Dennoch wäre es falsch, Sulla eine konsequente Politik gegen das römische Volk und dessen Institutionen zu unterstellen. Dies geht schon allein daraus hervor, daß er immer wieder vor die römischen Volksversammlungen trat und sie persönlich für seine Politik zu gewinnen, mindestens ihr Verständnis seiner Maßnahmen zu erreichen suchte. Worum es ihm wirklich ging, war die effiziente Kontrolle der verschiedenen Gremien der freien Bürger und die Verhinderung einer aggressiven popularen Politik, wie er sie selbst erlebt hatte. Sein grundsätzliches Verhalten mußte sich deshalb auch in erster Linie gegen die Macht und die Möglichkeiten der Volkstribunen richten.

Sullas Neuregelung war zunächst der Art, daß sich starke Persönlichkeiten, die das Volkstribunat bisher als Plattform ihrer Politik und ihres Ehrgeizes benutzt hatten, von ihm abwandten. Dies insbesondere deswegen, weil die Übernahme der Position des Volkstribuns einen weiteren Aufstieg im System der Magistraturen verhinderte und weil die Volkstribunen in Zukunft jeden Gesetzesantrag, den sie der Volksversammlung vorlegen wollten, zunächst dem Senat mitzuteilen und dessen Einverständnis einzuholen hatten.

Das Volkstribunat sollte indessen nicht, wie oft angenommen wurde, völlig kupiert, sondern enger an den Senat herangeführt und von diesem kontrolliert werden. Von den alten Kompetenzen der Volkstribunen blieb nach wie vor das *ius auxilii ferendi* in Kraft, das es dem Amtsinhaber erlaubte, in Notfällen für den einzelnen römischen Bürger einzutreten und ihn gegen magistratische Willkür zu schützen. Nach Th. Hantos wurde «das tribunizische Intercessionsrecht ... nicht angetastet; Verstöße gegen seine Ausübung bedeuteten eine Verletzung der tribunicia maiestas und konnten als Majestätsdelikt verfolgt werden» (Res Publica Constituta. Stuttgart 1988, 166). Dennoch erschienen die Eingriffe in das Volkstribunat so weitgehend und so tief, daß Sullas Maßnahmen schon nach wenigen Jahren zurückgenommen wurden.

3. Gesetzgebung und Gerichte

Besonders weitgehend war die Kompetenzerweiterung der Senatoren zu Lasten der Ritter und der Volksversammlungen im Felde der Jurisdiktion. Neben der Rechtsprechung des Praetor urbanus und des Praetor peregrinus für die Zivilstreitigkeiten existierten hier seit dem Jahre 149 v. Chr. ständige, ausschließlich von Senatoren besetzte Gerichtshöfe für Straftatbestände, die von Gaius Gracchus an die Ritter übertragen worden waren und nicht selten provozierend mißbraucht wurden. Sulla gab sie nicht nur an die Senatoren zurück, sondern schuf zugleich eine Gesamtregelung, welche zudem die juristischen Kompetenzen der Volksversammlungen und durch sie der Volkstribunen beseitigte. Um sie zu gewährleisten, mußte die Zahl der Prätoren auf 8 erhöht werden; auch die Verdoppelung der Zahl der Senatoren gehört mit in diesen Zusammenhang, da für eine ausreichende Zahl von Richtern zu sorgen war.

Die ständigen Kriminalgerichtshöfe waren in Zukunft folgendermaßen aufgegliedert: die *quaestio repetundarum* war für die Fälle von Erpressung in den Provinzen zuständig, die *quaestio ambitus* für Wahlbestechung. Verstöße gegen die *maiestas* des römischen Volkes und seiner Magistrate behandelte die *quaestio maiestatis*, wobei die einzelnen Delikte genauer definiert wurden. Fälschungen im weitesten Umfang, besonders von Testamenten und Münzen, untersuchte und bestrafte die *quaestio de falsis*. Daneben richtete Sulla eigene *quaestiones* für Unterschlagung (*peculatus*), Mord und Giftmischerei (*inter sicarios, veneficii*) und Ehrverletzung (*iniuriarum*) ein, ein Bündel, das zugleich einen Einblick in die wichtigsten Kriminalakte der Zeit ermöglicht. Für alle Gerichtshöfe sind gleichzeitig auch differenzierte Verfahrensregelungen festgelegt worden.

Der notorische «Sittenverfall», der sich im 2. und 1. Jahrhundert v. Chr. insbesondere bei Angehörigen der Führungsschicht in den verschiedensten Phänomenen gezeigt hatte, konnte durch die Tätigkeit der Censoren ebensowenig unterbunden werden wie durch spezielle Strafgesetze. Sulla wurde auch in diesem Sektor der «Sittengesetzgebung» aktiv. Er versuchte, den Tafelaufwand sowohl alltags als auch an Festen einzugrenzen, nicht weniger jenen für die Kosten der Beisetzungen. Gegen sittenloses Verhalten wie gegen Ehebruch ging er einmal mehr vor; ihn selbst banden die neuen Gesetze freilich nicht, sie bewirkten deshalb auch nur wenig.

Das Geflecht von Sullas Neuregelungen ließ auch den Bereich der Religion nicht unberührt. Auch bei den Priesterschaften der *pontifices* (Priester), Augurn (Zeichendeuter) und *decemviri sacris faciundis* (die Zehnmänner für den Vollzug der Opfer) kam es zu einer Erhöhung der Stellen auf jeweils 15; er selbst begnügte sich mit dem Augurat. Wesentlich wurde dabei, daß die neuen Mitglieder nicht mehr, wie bisher, durch die Volksversammlung gewählt, sondern durch die Gremien selbst kooptiert wurden.

Die Übernahme solcher Positionen dokumentierte freilich nur selten den Ausdruck spezieller Frömmigkeitsbereiche oder besonders starker religiöser Aktivitäten. Der Eintritt in die großen alten Priesterschaften wurde im Gegenteil häufig lediglich als ein Element des gesellschaftlichen Prestiges betrachtet. Eine so voraussetzungs- und bindungsreiche Stelle wie diejenige des *flamen Dialis*, eines herausgehobenen Iuppiterpriesters, konnte deshalb zur Zeit Sullas bezeichnenderweise überhaupt nicht besetzt werden.

4. *Verwaltung und militärisches Kommando*

Grundlegend für die neuen Strukturen der sullanischen Organisation der Staats- und Provinzialverwaltung waren die Koordination und die Kontrolle der verschiedenen Kompetenzbereiche in Rom selbst, in Italien wie in den Provinzen. Dabei wurden bewußt die Folgerungen aus den revolutionären Entwicklungen der jüngsten Vergangenheit gezogen und prophylaktische Maßnahmen gegen Amts- und Machtmißbrauch der Magistrate und Statthalter ergriffen. Nicht nur die Stadt Rom, sondern ganz Italien sollten künftig konsequent entmilitarisiert werden. Dabei wurde nun auch die Gallia citerior als neue Provinz eingerichtet, das Flüßlein Rubico zur neuen Grenze Italiens erklärt, das *pomerium* Roms, die geheiligte Grenze der Stadt, erweitert.

Die wichtigsten Magistrate blieben, wie erwähnt, die beiden Konsuln und die jetzt auf acht verschiedene Positionen gesetzten Prätoren. Das traditionelle Prinzip der Annuität, der auf die Dauer eines Jahres begrenzten Amtsvollmacht, sollte erneut durchgesetzt werden. Danach hatten diese Magistrate im allgemeinen sogleich die Statthalterschaft einer Provinz zu übernehmen, die ehemaligen Konsuln, nun Prokonsuln, die Verwaltung einer der größeren Provinzen, in denen oft mehrere Legionen standen oder wichtige militärische Aufgaben zu erfüllen waren.

Den ehemaligen Prätoren, nun Proprätoren, wurden dagegen die kleineren Provinzen mit bescheideneren Anforderungen zugewiesen. Zu ihnen zählte die Mehrzahl der Verwaltungseinheiten. Die Verteilung erfolgte jeweils durch Senatsbeschluß; konsequente Neuregelungen schränkten die Handlungsfreiheit der Statthalter ein. Das Überschreiten der Provinzgrenzen und damit auch eine nicht vom Senat gebilligte Kriegführung auf eigene Faust war ihnen ebenso verboten wie ein irreguläres Verlassen des Aufgabenbereichs ohne ordnungsgemäße Übergabe der Kompetenzen an den vom Senat bestellten Nachfolger, andererseits auch eine zu lange Verweildauer in der bisherigen Statthalterschaft.

Einer der besten Kenner der römischen Verfassungsgeschichte, der frühere Züricher Althistoriker Ernst Meyer, hat Sullas Werk auf diesem Gebiet zusammenfassend so gewürdigt:

«Diese ganze Gesetzgebung ist von imponierender Größe. Niemals vorher hatte jemand in Rom auch nur annähernd eine gesetzgeberische Initiative solchen Ausmaßes entfaltet; Sulla hatte den in seiner Diktatur formulierten Auftrag in beispielloser Weise erfüllt. ... die großen grundlegenden Gesetze, die die Staatsverwaltung neu regelten, blieben bis weit in die Kaiserzeit hinein in Geltung. Im ganzen gesehen bildet Sullas Tätigkeit einen besonders wichtigen Einschnitt in die Verfassungsentwicklung Roms.» (Römischer Staat und Staatsgedanke. Zürich 1975⁴, 322 f.)

Doch trotz aller administrativen und juristischen Verbesserungen ging Sullas eben doch primär restaurative Neuordnung offensichtlich von zwei kardinalen Fehleinschätzungen aus: Erstens hatte sich längst erwiesen, daß das Imperium des 1. Jahrhunderts v. Chr. in den Strukturen der Senats- oder Standesherrschaft auf die Dauer weder zu behaupten noch weiterzuentwickeln war. Zweitens ging Sulla von einer irrigen Einschätzung der römischen Führungsschicht aus. Deren Angehörige zeigten längst nicht mehr die alte Geschlossenheit und Integrität der Senatoren der klassischen Republik.

Kennzeichnend für sie waren vielmehr weithin Idiosynkrasie, Vorrang von Individual- und Partialinteressen, Korruption, die Vernachlässigung der Pflichten eines Patrons gegenüber seiner Klientel, materialistische Prioritäten, «Sittenverfall» geworden oder, wie Theodor Mommsen es einst formulierte:

«Nie wieder hat eine tief gesunkene und stetig tiefer sinkende Aristokratie, wie die römische damals war, einen Vormund gefunden, der so wie Sulla willig und fähig war ohne jede Rücksicht auf eigenen Machtgewinn für sie den Degen des Feldherrn und den Griffel des Gesetzgebers zu führen.» (Römische Geschichte. II. Berlin 1903⁹, 373)

5. Abdankung, Rückzug, Staatsbegräbnis

Zu Beginn des Jahres 79 v. Chr. legte Sulla in einem überraschenden Akt vor der römischen Volksversammlung die Diktatur nieder, nachdem er zuvor schon das Konsulat für dieses Jahr abgelehnt hatte. Appian beschrieb den unerwarteten Vorgang so:

«Dieser Akt scheint mir ans Wunderbare zu grenzen – daß Sulla als der erste und bis dahin einzige Mann ein so riesiges Amt ohne jeden Zwang in andere Hände legte, nicht in die von Söhnen ..., sondern in die Hände eben jener, die er tyrannisiert hatte. Man kann es kaum glauben, daß jemand sich unter vielen Gefahren den Weg zur Herrschaft bahnte und sie, nachdem er sie erlangt hatte, freiwillig aufgab. Und es übersteigt an Widerspruch alles bisher Dagewesene, daß Sulla sich vor nichts fürchtete, wo doch mehr als 100 000 junge Männer in diesem Krieg gefallen waren und er selbst von seinen Gegnern 90 Senatoren, etwa 15 Konsulare und mit Einschluß der Verbannten von den sogenannten Rittern 2600 beseitigt hatte. Dabei war das Vermögen all dieser Männer eingezogen und waren die Leichen Vieler unbestattet hingeworfen worden. Weder von den Bürgern zu Hause noch von den Verbannten in der Ferne ließ Sulla sich schrecken, und auch nicht von den Städten, denen er ihre Zitadellen, Mauern, Ländereien, Geldmittel und Privilegien weggenommen hatte – er erklärte sich einfach zum Privatmann. So große Kühnheit und so viel Glück wurde diesem Manne zuteil. Er soll jedenfalls, indem er sein Amt niederlegte, in einer Ansprache auf dem Forum erklärt haben, jedem, der es wünsche, Rechenschaft über seine Taten geben zu wollen. Dann legte er die Rutenbündel und Beile ab, entließ seine Leibwache und ging hierauf nur von seinen Freunden begleitet, lange Zeit mitten auf dem Platze umher, während die Masse selbst dann noch in tiefster Scheu auf ihn schaute.» (E 1,481 ff.)

Der Vorgang hatte in der römischen Bevölkerung offensichtlich eine so tiefe Erschütterung ausgelöst, daß sie zu keiner Reaktion fähig war. Es gab weder Freuden- noch Dankeskundgebungen. Die Furcht vor diesem Manne war so groß, daß es den Bürgern die Sprache verschlug.

In der modernen Forschung wird immer wieder darauf hingewiesen, daß Sulla auch als Privatmann nichts zu befürchten hatte, daß in Rom selbst die rund 10 000 von ihm freigelassenen Sklaven, die Cornelier, in Italien seine rund 100 000 Veteranen bereitstanden, um seine Person zu schützen und seine Interessen zu wahren. Doch wie weit er sich wirklich auf sie verlassen konnte und ob sie im Konfliktsfalle rechtzeitig zur Stelle waren, ist eine offene Frage.

Es kommt hinzu, daß die Anhänger Sullas, und hier gerade die führenden Männer, Sullas Wünschen und Vorstellungen längst nicht mehr blind gehorchten. Erinnert sei nur an die Wahl des Lepidus zum Konsul des Jahres 78 v. Chr. Es könnte durchaus sein, daß Sulla die schon bald nach der Schlacht am Collinischen Tor einsetzenden Personalquerelen unter seinen Anhängern leid war und daß auch diese zu einer innerlichen Machtverdrossenheit und Gleichgültigkeit gegenüber der weiteren Entwicklung beitrugen.

Ähnlich liegen die Dinge bei den Vorwürfen, daß Sulla seine Diktatur zu früh niedergelegt hätte und daß seine Aufgabe in jenem Augenblick noch keineswegs völlig erfüllt war. Es ist gewiß richtig, daß Sertorius in Spanien seinen Guerillakrieg gegen die sullanischen Feldherrn und Verbände noch immer fortsetzen konnte, daß im östlichen Mittelmeer die kilikischen Seeräuber das Meer beherrschten und daß Mithridates VI. auch weiterhin für Unruhe in Kleinasien sorgte. Allein die Niederwerfung all dieser Gegner konnte noch Jahre in Anspruch nehmen, neue Konflikte konnten sich ergeben – gewünscht oder nicht, konnte sich eine Diktatur auf Lebenszeit ergeben, und gerade dies wollte Sulla auf keinen Fall.

Für die Erklärung von Sullas Verhalten hat Hans Volkmann auf andere, durchaus plausible Zusammenhänge aufmerksam gemacht: Offensichtlich erinnerte sich Sulla auf dem Höhepunkt seiner Macht daran, daß ihm einst Chaldäer vorausgesagt hatten, er müsse nach einem ruhmreichen Leben dereinst auf dem Gipfel seines Glücks sterben. Auch Träume, die er wie gewöhnlich seiner Umgebung mitteilte, schienen auf einen nahen Tod hinzuweisen. Schließlich mögen ihm auch erste Symptome seiner Krankheit zu denken gegeben haben.

Auf Grund dieser Stimmungen kehrte Sulla noch einmal zur freizügigen Lebensweise seiner Anfänge zurück. Er verließ Rom, um auf seinem Besitz am Posilipp bei Puteoli ein Leben nach seinem Stil zu führen. Neben Jagd und Fischfang füllte die Arbeit an den 22 Büchern seiner provozierenden Memoiren, die er in lateinischer Sprache verfaßte, seine Tage. Auf dieses, dem treuen Lucullus gewidmete und zur Edition übergebene Werk ist unten noch näher einzugehen.

Daneben kümmerte sich Sulla um den Wiederaufbau des abgebrannten Iuppiter-Capitolinus-Tempels, dessen Einweihung er indessen nicht mehr erleben sollte, sowie um die Errichtung eines staatlichen Verwaltungsarchivs, eines Tabulariums, in der Nähe des Kapitols. Andere bauliche Aktivitäten Sullas sind dagegen umstritten. Dies gilt insbesondere für die Gestaltung des Fortuna-Heiligtums von Praeneste. Eine besonders enge Beziehung stellte hier der Archäologe Bernard Andreae her:

«Den Ausschlag in der Streitfrage geben Ausdruck und Sinn der Architektur, die nicht in erster Linie als ein Heiligtum, sondern als ein Siegesmal zu verstehen ist. Dann aber kann es nur der Sieg des von Fortuna begünstigten Felix Sulla gewesen sein, der hier verherrlicht werden sollte.» (Römische Kunst. Freiburg 1973, 61)

Weniger die große Politik, die inzwischen wieder zu einer Angelegenheit der Konsuln und des Senates geworden war, als vielmehr die Lokalpolitik der Nachbarschaft beschäftigte Sulla noch in seinem letzten Lebensjahr. Wie in anderen italischen Städten, so war es zu Beginn des Jahres 78 v. Chr. auch in Puteoli zu Auseinandersetzungen zwischen den Altbürgern und den dort geschlossen angesiedelten Veteranen gekommen. Indem er der Stadt persönlich eine neue Verfassung gab, die den Ausgleich zwischen den beiden Bevölkerungsteilen für die Zukunft juristisch absicherte, wurde er dort seinen Pflichten als Patron und Schlichter gerecht.

Ein Konflikt mit dem Bürgermeister dieser Stadt nahm dagegen ein anderes Ende. Vermutlich schob der Mann die Ablieferung eines der Stadt auferlegten Beitrags für den römischen Iuppiter-Capitolinus-Tempel deswegen auf die lange Bank, weil er davon ausging, daß im Falle von Sullas Tod, den er offensichtlich in naher Zukunft erwartete, die Leistung der Stadt entweder in Vergessenheit geraten oder überhaupt wegfallen würde. Sulla war über dieses Verhalten äußerst gereizt, bestellte den Mann zu sich, machte ihm die leidenschaftlichsten Vorhaltungen und ließ ihn schließlich erdrosseln.

Daß Sullas letztes Lebensjahr neben all dem, wie einst die Zeit des jungen Mannes, durch seine aktive Mitwirkung am geselligen Leben eines Künstlerkreises ausgefüllt war, kann nicht überraschen. Die Namen von drei bekannten Schauspielern, die außer ihm wohl den Ton angaben, sind überliefert: Neben Metrobios, der sich auf Frauenrollen spezialisiert hatte, und neben Gaius Norbanus Sorix war Quintus Roscius eindeutig der Berühmteste in diesem Kreise. Sulla erhob ihn sogar in den Ritterstand. Ohne Zweifel ging es in jenem Zirkel der Komödianten, Sänger, Tänzer und Musikanten, nicht zuletzt dank Sullas Unterstützung, feuchtfröhlich zu. Daß aus diesem Treiben für Fernerstehende mit entsprechender Phantasie Exzesse in Permanenz wurden, kümmerte den Sechzigjährigen nicht.

In ähnlicher Weise wie Sullas «Ausschweifungen» hat schließlich auch noch der Tod des einst so gefürchteten Diktators die Vorstellungen der Zeitgenossen erregt. Seine Hautkrankheit war seit langem bekannt, die körperliche Erschöpfung nach den jahrelangen ruinösen Anspannungen zuletzt wohl ebenso belastend wie seine Lungentuberkulose. Eine dramatische Verschlechterung seines Befindens führte sein Wutausbruch über den berechnenden Bürgermeister von Puteoli herbei, der einen Blutsturz nach sich zog und kurz darauf zum Tode führte.

Für die Öffentlichkeit war dies freilich nicht genug: Sie

dichtete ihm eine angebliche Phtheiriasis an, eine phantastische Würmer- und Läusekrankheit, in der Vorstellungswelt jener Zeit eine typische Tyrannenkrankheit, die auch Männern wie Herodes dem Großen angeblich einen grauenvollen Tod brachte.

Nach einem Traum, der ihm den nahen Tod ankündigte, hatte Sulla in aller Eile sein Testament diktiert. Auch dabei hielt er sich an die Traditionen seiner Familie wie der römischen Patrizier. Er wünschte deshalb auch eine Erdbestattung. Als letztes Zeichen der Verbundenheit beschenkte er seine engeren Freunde und bestimmte Lucullus zum Vormund seines Sohnes Faustus. Diesem gab er die Weisung, Gladiatorenspiele zu seinen Ehren, dem römischen Volk für einen Tag die kostenlose Benutzung der Bäder samt kostenlosem Körperöl und schließlich auch eine Gedenkmahlzeit zu spenden. Faustus konnte dies alles erst im Jahre 60 v. Chr. einlösen.

Über Sullas Beisetzung entstand sogleich ein heftiger Streit. Neben dem Konsul Q. Lutatius Catulus engagierte sich dabei insbesondere Pompeius für einen großen öffentlichen Bestattungsakt und dies, obwohl er in Sullas Testament nicht berücksichtigt worden war – ein Zeichen der tiefen Verstimmung, die dieser zuletzt gegenüber seinem einstigen, so eigenwilligen Schützling empfand. Eine konträre Haltung nahm dagegen, wie zu erwarten war, Catulus' Mitkonsul Lepidus ein, der inzwischen immer deutlicher zu Sulla auf Distanz ging.

Doch in der entscheidenden Senatssitzung setzten sich Pompeius und Catulus durch; das erste «Staatsbegräbnis» der späten Römischen Republik wurde beschlossen. Ob dessen aufsehenerregende Gestaltung den Vorstellungen des Diktators entsprach, ist zu bezweifeln – in einem Punkte jedoch ganz gewiß nicht. Denn auf den Antrag des L. Marcius Philippus hin ordnete der Senat die Verbrennung des Toten an, um ihm das denkbare Schicksal der Gebeine des Marius in jedem Falle zu ersparen.

Was folgte, hat die Zeitgenossen so erregt – und später auch für die Beisetzungen Caesars wie der römischen Principes wenigstens teilweise als Vorbild gedient –, daß die Einzelheiten des großen Schauspiels in der Überlieferung festgehalten wurden. Appians ausführlicher Bericht lautet:

«So trug man den toten Sulla auf einem aus Gold gefertigten und mit königlichem Prunk versehenen Ruhebett durch Italien in die Stadt, während viele Trompetenbläser und Ritter und weiterhin eine große Menge von Bewaffneten zu Fuß ihm das Geleit gaben. Auch seine ehemaligen Soldaten strömten von allen Richtungen gewappnet zur Prozession herbei, und jeder fügte sich, so wie er kam, in die Ordnung ein. Was sonst an einfachem Volk zusammenlief, übertraf alles bisher Dagewesene. Den Zug aber eröffneten Feldzeichen und Rutenbündel, deren er sich als Schmuck im Leben und als Herrscher bedient hatte. Als nun Sullas sterbliche Hülle die Stadt erreichte, da brachte man sie in einem tatsächlich ganz einzigartigen Aufzug herein; denn mehr als 2000 in Eile angefertigte goldene Kränze wurden mitgetragen, die Geschenke der Städte, der einstmals unter ihm dienenden Legionen und der einzelnen Freunde. Was sonst noch alles an Kostbarkeiten für dieses Leichenbegängnis beigesteuert wurde, läßt sich unmöglich aufzählen. Aus Furcht vor der zusammengeströmten Soldateska geleiteten den Toten sämtliche Priester und Priesterinnen, beide Gruppen für sich, ferner sämtliche Senatoren und Magistrate in ihren jeweiligen Amtsroben. Eine Masse sogenannter Ritter mit anderen Abzeichen schloß sich an, und dann kam der Reihe nach das ganze Heer, soweit es unter ihm gedient hatte; denn voll Eifer, alle hastig bemüht, an dem Akte teilzunehmen, waren die Soldaten zusammengeströmt und trugen vergoldete Feldzeichen und rings mit Silber belegte Schilde mit sich, wie man sie auch heutzutage noch bei feierlichen Aufzügen zu benutzen pflegt. Zahllos war die Masse der Trompeter, welche abwechselnd schmelzende und klagende Weisen ertönen ließen. Laute Abschiedsgrüße riefen zuerst der Senat und der Reihe nach die Ritter, dann die Soldaten und schließlich das Volk; denn die einen empfanden tatsächlich Sehnsucht nach Sulla, während die anderen vor der Armee und dem toten Sulla auch jetzt noch ebenso zitterten, wie sie es vor dem lebenden getan hatten. Indem sie nämlich ihre Blicke auf das gegenwärtige Schauspiel richteten und sich an all die Taten des Mannes erinnerten, mußten sie staunen und ihren Gegnern zustimmen, daß Sulla für seine Partei der glücklichste, für sie selbst jedoch auch nach seinem Tode noch der schrecklichste Mensch gewesen war. Als nun die Leiche auf den Rostra, wo man gewöhnlich die öffentlichen Reden auf dem

Forum hält, aufgebahrt lag, sprach der beredteste unter den damaligen Römern den Nachruf, da Faustus, Sullas Sohn, noch sehr jung war. Kräftige Senatoren hoben dann die Bahre auf und brachten sie zum Marsfeld, wo nur die Könige beigesetzt werden. Und sowohl die Ritter wie das Heer zogen im Laufschritt um die Brandstätte.» (E 1,494 ff.)

Plutarch bezieht am Ende seines Berichtes über diese Vorgänge noch die damalige Witterung mit ein und schließt damit seine Sulla-Biographie folgendermaßen ab:

«Da an diesem Tage der Himmel gleich von früh an trübe und mit Wolken bedeckt war und man immer einen Regenguß erwartete, wurde der Leichnam erst um die neunte Stunde auf den Scheiterhaufen gehoben. Ein heftiger Wind blies in das Feuer und fachte die Flammen so gewaltig an, daß die Gebeine noch rechtzeitig zusammengelesen werden konnten; aber kaum war der Scheiterhaufen abgebrannt und das Feuer ausgelöscht, als ein starker Platzregen fiel und bis in die Nacht anhielt. Auf diese Weise scheint ihm sein Glück auch so lange noch getreu geblieben zu sein, daß es den Leichnam verbrennen half. Sein Denkmal steht auf dem Marsfelde; die Grabinschrift soll er selbst verfaßt und hinterlassen haben. Der Hauptinhalt ist: kein Freund habe ihm so viel Gutes, kein Feind so viel Böses erwiesen, daß er sie nicht in beidem noch übertroffen hätte.» (c.38)

VI. WIRKUNG

1. Die Destruktion der sullanischen Ordnung

Nach Sullas Tod mußte sich entscheiden, ob seiner umfassenden Neuordnung Dauer beschieden war. Voraussetzung hierfür blieben die Geschlossenheit der einstigen Parteigänger, Freunde und Kommandeure des Bürgerkrieges, die ihm Rang und Reichtum verdankten, aber auch die Identifikation des Senats und der Aristokratie mit seinem so kohärenten System.

Bei jeder Einschätzung der Lage des Jahres 78 v. Chr. ist darüber hinaus zu berücksichtigen, daß in Staat und Gesellschaft nach wie vor ein beträchtliches Potential von Opfern und Gegnern der sullanischen Seite vorhanden war. Dabei handelte es sich nicht nur um die besiegten Anhänger von Marius und Cinna, um die zunächst zum Schweigen verurteilten Angehörigen einer grundsätzlichen politischen Opposition, die aus Überzeugung ihrer popularen Sache treu geblieben waren. Es handelte sich vielmehr vor allem um die Zehntausende von Bürgern und Bauern, die durch Sullas Enteignungen und Kolonisation ihre Existenz und ihren einstigen Besitz verloren hatten.

In den Kämpfen in Griechenland, Kleinasien und Italien hatte sich eine ganze Reihe von befähigten Kommandeuren und Organisatoren profiliert, in der Regel ehrgeizige jüngere Aristokraten und Ritter, die auch weiterhin Macht und Einfluß erstrebten. Mittelfristig verfolgten sie ihre eigenen Ziele. Unter ihnen befanden sich Politiker, deren Handeln in den folgenden Jahrzehnten die innere wie die äußere Entwicklung der Römischen Republik entscheidend bestimmen sollte. Ihre persönlichen Ziele und ihre Einstellungen waren von Anfang an zu verschieden, als daß sie sich in eine geschlossene Interessengemeinschaft hätten einbinden lassen.

Während Metellus Pius, Catulus und Lucullus auch weiterhin vom Senat übertragene Aufgaben korrekt zu erfüllen suchten, engagierte sich Crassus fortan zielstrebig auf wirtschaftlichem Gebiet. In geradezu modernen, kapitalistischen Perspektiven war er der Ansicht, daß überragende ökonomische Macht, die er auf den verschiedensten Feldern zügig konzentrierte, auch entscheidenden politischen Einfluß gewährleisten werde. Dabei ist nicht zu übersehen, daß er gleichzeitig über beträchtliche militärische Qualitäten verfügte.

Dem skrupellosen Opportunisten und Renegaten Lepidus, Konsul des Jahres 78 v. Chr., war dagegen jedes Mittel recht, um seinen persönlichen Einfluß zu steigern. Eine Schlüsselstellung eigener Art nahm schließlich der junge Pompeius ein, der schon früh für sich Sonderrechte in Anspruch genommen hatte. Sullas «Imperator», «Magnus» und triumphierender Feldherr dachte gar nicht daran, sich den Normen der *leges Corneliae* zu unterwerfen. Er ging auch weiterhin, zunächst durchaus erfolgreich, seinen eigenen Weg. Daß am Ende der nun einsetzenden politischen Auseinandersetzungen, die sich über drei Jahrzehnte hinzogen, dann freilich ein neuer Diktator, der Marianer Caesar, stehen würde, konnte damals niemand ahnen.

Eine erste Krise brach bereits im Jahre 78 v. Chr. aus, als Lepidus offen eine antisullanische Agitation betrieb. Eine Rede, die ihm Sallust in seinen «Historien» in den Mund legte, ist zwar nicht authentisch, dokumentiert indessen doch wohl die Gedankenwelt, die Lepidus damals prägte:

«Das alles hält dieses Zerrbild eines Romulus (hier: Sulla) fest als hätte er es Fremden entrissen, er, der noch nicht genug hat vom Untergang so vieler Heere, Konsuln und anderer hervorragender Männer, die das Schicksal des Krieges dahingerafft hat, sondern der danach nur noch grausamer ist, obwohl doch das Glück die meisten von Zorn zu Mitleid umstimmt. Ja, er hat sogar als einziger seit Menschengedenken

Strafen gegen spätere Geschlechter angeordnet, denen so das Unrecht früher als das Leben sicher ist und – das Schlimmste! – er war durch die Ungeheuerlichkeit seines Verbrechens bis jetzt in Sicherheit, während Ihr euch durch Furcht vor noch schwererer Unterdrückung abschrecken ließet, die Freiheit zurückzugewinnen.» (Hist.I,5 f., Übersetzung von W. Eisenhut, bei W. Schöne; auch im Folgenden)

Gefährlich wurde Lepidus' Vorstoß indessen dadurch, daß er an neuralgischen Stellen der Neuordnung ansetzte, die ihm Beachtung und Zulauf versprachen. So forderte er eine Entschädigung der ehemaligen Besitzer für das den Veteranen überlassene Eigentum, die Rückberufung der Verbannten und, als besonders populäre Maßnahme, ein neues Getreidegesetz zugunsten der stadtrömischen *plebs*. Tatsächlich kam es daraufhin in Fiesole in Etrurien zu einem offenen Aufstand der Vertriebenen, der sich ausbreitete und selbst Oberitalien erfaßte; Lepidus machte mit den Aufständischen gemeinsame Sache.

Doch die Resonanz der populistischen Forderungen hielt sich in Grenzen, als Lepidus im Jahre 77 v. Chr. gegen Rom vorrückte. Nach einigem Zögern reagierte der Senat, rief den Staatsnotstand aus, ächtete den wenig überzeugenden Empörer und ließ ihn durch Catulus und Pompeius niederwerfen. Lepidus konnte zwar noch nach Sardinien entkommen, wo er jedoch bald danach starb. Seine letzten Anhänger wurden durch M. Perperna dem inzwischen wiedererstarkten Insurgenten Sertorius in Spanien zugeführt, dem noch immer gefährlichsten Gegner des sullanischen Regimes.

Denn nach seiner Rückkehr aus Nordafrika hatte Sertorius seine Macht in Spanien gefestigt und ausgeweitet, so daß er bald die gesamte Provinz Hispania citerior im Nordosten der Iberischen Halbinsel beherrschte. Dabei konnte er zwei sehr verschiedenartige Kräfte für seine Sache mobilisieren und koordinieren: Einmal schuf er für alle geflüchteten Anhänger von Marius und Cinna eine vielversprechende Basis mit einem Gegensenat und eigenen Magistraten, gleichsam eine organisatorische Zelle, die für sich die Stellung einer legalen Regierung Roms in Anspruch nahm. Zum anderen hatte er die lusitanischen und iberischen Stämme zu einem Freiheitskampf aufgerufen, der sich konkret gegen das sullanische Regiment richtete.

Da Sertorius notgedrungen auch mit den kilikischen Seeräubern und mit Mithridates VI. Fühlung nahm, waren die dort drohenden Gefahren nicht zu unterschätzen, obwohl der zuverlässige Prokonsul der Provinz Hispania ulterior, Metellus Pius, im Südosten des Landes seine Position behaupten konnte. Insgesamt gesehen aber rächte es sich, daß Sulla und der Senat nicht frühzeitig und entschieden genug handelten. Ende des Jahres 77 v. Chr. hatte sich die Lage in der Hispania citerior so sehr verschlechtert, daß eine militärische Intervention nicht mehr länger aufgeschoben werden konnte. Der Senat übertrug die Aufgabe Pompeius und stattete ihn dazu mit einem *imperium proconsulare* aus – einem Kommando mit der Amtsvollmacht eines Prokonsuls.

Im folgenden Jahr eröffnete dieser die Operationen. Sie führten bald zu schweren und wechselvollen Kämpfen, sowohl größeren Gefechten, in denen Pompeius wiederholt geschlagen wurde, als auch zu einem verlustreichen Guerillakrieg. Offensichtlich erhielt der Befehlshaber dabei nur völlig unzureichende Unterstützung aus Rom, so daß er sich zu einem dramatischen Hilferuf an den Senat gezwungen sah, der wiederum in Sallusts «Historien» überliefert ist:

«Ich muß gestehen, daß ich in diesen Krieg mit größerem Eifer als Überlegung gezogen bin; denn ich habe, nachdem ich von Euch ein Oberkommando, das nur dem Namen nach bestand, erhalten hatte, in vierzig Tagen ein Heer zusammengebracht und die Feinde, die Italien schon im Nacken saßen, von den Alpen bis nach Spanien getrieben. Über dieses Gebirge habe ich einen anderen, für uns vorteilhafteren Weg geöffnet als Hannibal. Ich habe Gallien, die Pyrenäen, Laketanien und die Indigeter wieder unterworfen; dem ersten Angriff des siegreichen Sertorius hielt ich mit jungen und der Zahl nach viel schwächeren Soldaten stand; den Winter brachte ich mitten unter den wütendsten Feinden im Lager zu und nicht, mit Rücksicht auf meine

Popularität, in Stadtquartieren. Was soll ich ferner Kämpfe oder Unternehmungen im Winter, zerstörte oder wiedergewonnene Städte aufzählen? Die Wirklichkeit ist ja stärker als Worte. Die Eroberung eines feindlichen Lagers am Sucro, der Kampf am Turia, die Vernichtung des feindlichen Feldherrn C. Herennius samt der Stadt Valentia und seinem Heer sind Euch zur Genüge bekannt. Dies, o dankbare Väter, habt Ihr mit Not und Hunger gelohnt!
... Darum mahne und bitte ich Euch, dies zu beherzigen und mich nicht zu zwingen, aus Not mir selbst zu helfen. Das diesseitige Spanien, soweit es nicht in der Hand des Feindes ist, haben wir oder Sertorius bis zum völligen Ruin verwüstet mit Ausnahme der Seestädte, die uns darüber hinaus noch Kosten und Lasten verursachen. Gallien unterhielt im vergangenen Jahr noch des Metellus Heer mit Sold und Lebensmitteln, und jetzt kann es wegen Mißernten kaum selbst leben. Ich aber habe nicht nur mein Vermögen, sondern auch meinen Kredit erschöpft. Ihr allein seid noch übrig: Helft Ihr nicht, wird – gegen meinen Willen aber nach meiner Voraussage – das Heer und mit ihm der ganze spanische Krieg von hier nach Italien übersetzen.» (Hist. IV,4 ff.)

Vor allem der alte Sullaner Lucullus, einer der Konsuln des Jahres 74 v. Chr., setzte daraufhin durch, daß Pompeius durch zwei weitere Legionen und beträchtliche Geldmittel wirksam unterstützt wurde – und dies, obwohl er mit ihm keineswegs befreundet war. Gleichzeitig trat danach auf dem spanischen Kriegsschauplatz die Wende ein. Sowohl Metellus Pius als auch Pompeius erzielten eindeutige Erfolge und konnten jetzt selbst in das Landesinnere vorstoßen.

Auf der Gegenseite wuchs die Unzufriedenheit mit dem nun glücklosen Sertorius. Er wurde 72 v. Chr. von Perperna ermordet. Doch auch diese Verzweiflungstat verhinderte den Niedergang der Aufständischen nicht. Auch Perperna wurde bald danach geschlagen, gefangengenommen und hingerichtet. Die Sieger konnten darangehen, die Verwaltung der beiden spanischen Provinzen neu zu ordnen, wobei sich Pompeius eine große Klientel sicherte.

Pompeius tat stets alles, um seine Siege zu vergegenwärtigen. So ließ er auch jetzt auf dem Col Perthus, an dem nahe der Küste gelegenen Pyrenäenpaß, ein Siegesmonument errichten. Provozierend verkündete dessen Inschrift, daß er in dem weiten Raum zwischen den Alpen und der Hispania ulterior 876 «Städte» unterwarf, eine ziemlich großzügige Bezeichnung für die kleinen *oppida* (Landstädte) und Bergbefestigungen, die er eingenommen hatte. Als er 71 v. Chr. nach Rom zurückkehrte, konnte er zum Abschluß seiner Operationen noch eine Sklavenschar von etwa 5000 Mann aufreiben, die letzten Flüchtlinge des Spartacusaufstandes.

Dieser Aufstand, der im Jahre 73 v. Chr. mit dem Ausbruch von etwa 70 Sklaven-Gladiatoren in Capua unter der Leitung des Thrakers Spartacus begann, hatte sich rasch ausgebreitet. Zehntausende italischer Sklaven, vor allem auch Kelten und Germanen, schlossen sich ihm an; die Aufständischen zogen auf ihren Furcht und Schrecken verbreitenden Zügen bald durch ganz Italien. Nachdem erste römische Angriffe auf den Verband gescheitert waren, wurde schließlich Crassus mit über sechs Legionen gegen ihn eingesetzt. Doch erst 71 v. Chr. konnte die Hauptmacht der Sklaven in Apulien vernichtet werden, wobei Spartacus selbst kämpfend den Tod fand. Der Sieger ließ an der Via Appia etwa 6000 Gefangene kreuzigen, ein Abschreckungsakt, der zeigt, wie groß in Italien die Angst vor diesen Verzweifelten gewesen war.

Während der römische Senat der Rückkehr des Cn. Pompeius besorgt und skeptisch entgegensah, begnügte sich dieser mit der Forderung nach einem neuen Triumph und der vorzeitigen Zulassung zur Bewerbung um das Konsulat des Jahres 70 v. Chr. Beides konnte ihm nicht versagt werden. Zusagen an den Volkstribun M. Lollius Palicanus und ein politischer Kompromiß mit dem ihm an sich feindselig gestimmten Crassus sicherten den Wahlsieg für ein Amtsjahr voller Überraschungen. Denn überraschend und paradox war es schon, daß 70 v. Chr. gerade die beiden alten Sullaner, Pompeius und Crassus, eine breite Bresche in die sullanische Verfassung schlugen.

Die Vorgänge des Jahres 70 v. Chr. sind in ihrer Tragweite kaum zu überschätzen. Sie geben zunächst in wünschenswerter Deutlichkeit Einblick in die damalige politische Situation. Sie zeigen die innere Zersplitterung des römischen Senats, der zu einer einheitlichen Politik nicht mehr fähig war. Wiederum dominierten die Adelsfactionen das Geschehen, antagonistische aristokratische Gruppen, die häufig nicht nach sachlichen Kriterien, sondern nach persönlichen oder Partialinteressen entschieden. Machtgier, Korruption und Intrigantentum hatten eine Atmosphäre geschaffen, die Pompeius immer fremd blieb, eine Welt, der er von Anfang an gerade wegen seiner unbestreitbaren Erfolge suspekt erschien. Die Korporation, die keinen überragenden Einfluß dulden wollte, blieb ihm gegenüber stets reserviert.

Angesichts einer weitverbreiteten öffentlichen Kritik an den Auswirkungen des sullanischen Systems und der sullanischen Verfassung wird es verständlich, daß sich Pompeius, vereinfacht gesagt, für einen populistischen Weg entschied, wobei ihm Crassus folgte. Zu den Eingriffen in Sullas Ordnung gehörte die Reaktivierung der Zensur, durch die rund ein Zehntel aller Senatoren ihren Rang verlor.

Dazu gehörte weiterhin die Neuordnung der Gerichtshöfe, die auf Grund des damals eröffneten Prozesses gegen Verres in einem dafür besonders geeigneten Klima erfolgte. Denn dieser profilierte Sullaner, einer der schamlosesten, habgierigsten und verbrecherischsten Ausbeuter Siziliens, wurde von dem jungen Anwalt Cicero in umfassender und überzeugender Weise angegriffen und zur Flucht gezwungen.

Damit, wie durch frühere Fälle, war auch das Versagen der nur aus Senatoren formierten Gerichtshöfe offenkundig geworden, deren Neuordnung plausibel: Die ständigen Gerichtshöfe setzten sich künftig aus jeweils einem Drittel Senatoren, Ritter und Ärartribunen (Angehörigen der reichsten Zensusklasse unter den Rittern) zusammen – ein ganz erheblicher Kompetenzverlust der Senatoren.

Am wichtigsten wurde indessen die Wiederherstellung aller traditionellen Rechte des Volkstribunats, deren sullanische Reduzierung schon seit dem Jahre 76 v. Chr. Gegenstand öffentlicher Kritik geworden war. Offensichtlich ist dies der Preis gewesen, den Pompeius für seine Unterstützung durch die Popularen zu zahlen bereit war.

Für ihn selbst sollte es sich bald lohnen, denn es waren Volkstribunen, Männer wie Gabinius und Manilius, die ihm in den kommenden Jahren zu den außerordentlichen Imperien gegen die Seeräuber und gegen Mithridates VI. verhalfen. Daß mit dieser neuen Stärkung der Volkstribunen Sullas System an entscheidender Stelle durchbrochen war, kümmerte ihn nicht; die Folgen sah er nicht voraus.

Es waren Volkstribunen, die in den letzten Jahrzehnten der späten Römischen Republik mit die wichtigsten politischen Initiativen auslösten und Personalentscheidungen trafen. Gabinius, Manilius, Clodius, Curio und manche andere wurden auf jener Position zu einflußreichen Persönlichkeiten des römischen Staates, deren Wirken oft genug tiefe Erschütterungen und Wirren auslöste. Noch Caesar hat sich ihrer zu bedienen gesucht, doch auch ihre Renitenz hinnehmen müssen. Erst als Augustus Jahr für Jahr die tribunizische Gewalt mit seiner Stellung als Princeps verband, wurde der stets latente Antagonismus dieses Amtes aufgehoben.

In seinem Konsulatsjahr erwiesen sich jedoch auch Eigenart und Grenzen des Pompeius, jener Persönlichkeit, mit welcher das weitere Schicksal der Republik so eng verbunden blieb. Pompeius war zweifellos, wie sich schon damals erwiesen hatte und noch weiter erweisen sollte, einer der fähigsten Organisatoren und Administratoren, über die Rom jemals verfügte. Aber er war weder ein strategisches Genie noch ein weitsichtiger und eigenständiger Politiker, erst recht nicht der souveräne Staatsmann, dessen Rom damals bedurft hätte.

Der geradezu krankhaft ruhm- und ehrsüchtige junge Mann ist gewiß durch Sullas Großzügigkeit und Nachgiebigkeit in seinem bizarren Selbstverständnis noch bestärkt worden. Denn der eitle Alexanderposeur arbeitete auch weiterhin konsequent an seiner Sonderstellung außerhalb aller Laufbahnen. Daß der Befehlshaber, der nicht wenige Siege errungen hatte, zudem auch noch die Erfolge des Metellus Pius, Crassus und später Lucullus zu seinen Gunsten verdunkeln wollte, nahm nicht für ihn ein und sollte auf ihn zurückfallen.

Während ihn das römische Volk feierte, war er für die Senatsaristokratie, die ihm gegenüber stets distanziert blieb, doch unentbehrlich. Sie mußte ihm nach Lage der Dinge immer wieder von neuem außerordentliche Sonderkommandos, zuerst für den Seeräuber- und den Mithridateskrieg, später für den Kampf gegen Caesar, übertragen – Rufe, denen er im Grunde stets entgegenfieberte. Sie profitierte einerseits von seinen überragenden Erfolgen, irritierte ihn jedoch andererseits immer wieder durch Neid, Médisance und Besserwisserei. Die Kurswechsel, die für Pompeius typisch sind, bezeugen am besten, daß ihm jene Selbstsicherheit und Autorität fehlten, die Sulla ausgezeichnet hatten, aus dessen Schatten er sich bewußt lösen wollte und dies doch nicht vermochte.

Es ist eine eigenartige Fügung, daß gerade derjenige Sullaner Sullas Verfassung zerstörte, der die drei großen, von Sulla nicht gelösten außenpolitischen Aufgaben bewältigte: 76–72 v. Chr. das Sertorius-Problem in Spanien und 67 v. Chr. die Seeräuberfrage im gesamten Mittelmeerraum. Schließlich beendete er 66–62 v. Chr. nicht nur die Kämpfe gegen Mithridates VI., sondern führte zugleich auch eine umfassende Neuordnung der römischen Herrschaft in Kleinasien und im Nahen Osten durch.

Nachdem alle früheren römischen Versuche, die immer weiter ausgreifende Seeräuberei im Mittelmeer auszuschalten, gescheitert waren, zuletzt (74–71 v. Chr.) auch ein Sonderkommando des Prätors M. Antonius, das gleichsam eine bescheidene Vorstufe der folgenden Lösung darstellte, brachte 67 v. Chr. der Volkstribun Aulus Gabinius den Antrag ein, einem ehemaligen Konsul – selbstverständlich konnte dies nach Lage der Dinge nur Pompeius sein – ein Imperium zu übertragen, wie es Rom noch nicht gesehen hatte.

Denn diesem Oberbefehlshaber wurden die See und der gesamte Küstenstreifen des Mittelmeers in einer Breite von 50 Meilen für die Dauer von drei Jahren unterstellt. Er konnte zudem 15 Legaten prätorischen Ranges als Kommandeure ernennen, über eine große Flotte und erhebliche Geldmittel verfügen. Er wurde somit zu einer Art Großadmiral und zum stärksten Mann im Staate.

Mit diesem unvergleichlichen Imperium beginnt die Epoche der komplexen, langfristigen Imperien der späten Römischen Republik im engeren Sinne. Waren zuvor Notsituationen auf dem Wege der jeweils kurzfristigen Verlängerung der Kommandogewalt im speziellen Rahmen oder durch Iteration (Wiederholung) des Konsulates wie im Falle des Marius gelöst worden, so stellte dieses mittelfristige, aber denkbar umfassende Imperium des Pompeius die Konsequenz der Tatsache dar, daß die imperialen Aufgaben der Republik mit dem traditionellen Instrumentarium und nach den alten Normen des Stadtstaates nicht mehr zu bewältigen waren. Daß sich der Senat gegen den Antrag des Gabinius stemmte, war zu erwarten. Er mochte wenigstens ahnen, daß er damit entscheidende Machtbefugnisse aus der Hand gab, und sah nun auch, welche Folgen das 70 v. Chr. neu gestärkte Volkstribunat nach sich zog. Doch der entscheidende Volksbeschluß ließ sich nicht verhindern.

Die Konzeption des Gabinius wurde von Pompeius in geradezu brillianter Weise realisiert; nach nur drei Monaten war die Seeräuberei im ganzen Mittelmeerraum beseitigt, ihre Basis in Kilikien aufgelöst, die dortigen Piraten großenteils angesiedelt und überwacht. Doch Pompeius' Ehrgeiz war damit noch lange nicht befriedigt. Während des Winters 67/66 v. Chr. blieb er in Kleinasien und konnte sich dort über die politische und militärische Lage in der Region näher informieren. Seine Hoffnung auf eine Erweiterung seines Befehlsbereichs war deshalb berechtigt, weil die Operationen des Lucullus im 3. Mithridatischen Krieg (67–64 v. Chr.) stagnierten.

Trotz erfolgreicher Kämpfe und einer durchgreifenden Neuordnung des Schuldendienstes in der Provinz Asia stockte dessen Vormarsch nach Armenien. Als seine Truppen vor Artaxata meuterten, war eine Neuregelung des Oberbefehls unumgänglich geworden. Auf Grund eines Antrags des Volkstribuns Gaius Manilius wurde er Pompeius übertragen.

Obwohl dieser auf den Erfolgen des Lucullus aufbauen konnte, wollte er freie Hand haben und kassierte sogleich dessen Regelungen. In einer zügigen Offensive wurde Mithridates auf die Krim vertrieben, Tigranes von Armenien unterworfen, ebenso Völkerschaften südlich des Kaukasus. Das Kaspische Meer schien in Reichweite zu kommen, die Alexandertradition wiederbelebt. Doch der Befehlshaber verzichtete auf weitere Vorstöße nach Osten und Norden.

Im Jahre 64 v. Chr. ging Pompeius zur Neuordnung der römischen Herrschaft in Kleinasien über, besetzte indessen auch Syrien und intervenierte in den Streitigkeiten der Hasmonäer in Palästina. Er unterstützte dabei Hyrkanos, der als Hohepriester bestätigt wurde, und schlug nach dreimonatiger Belagerung des Tempelbergs die Anhänger Aristobuls. Daß er dabei den Tempel betrat, konnten die Juden nicht vergessen, obwohl er dessen Schätze nicht anrührte.

Doch wichtiger als alle diese militärischen Erfolge wurde anderes: Pompeius ging erstmals zu einer weiträumigen Neuordnung der römischen Herrschaft in Kleinasien wie im Nahen Osten über, einer Neuordnung, deren Prinzipien lange beigehalten worden sind. Kleinasien war künftig von einem Kranz römischer Provinzen umgeben, während im Landesinnern und in dessen Peripherie ein ganzes Netz von Vasallenstaaten Roms Einfluß sicherte.

Eine intensive Urbanisierungspolitik in hellenistischer Tradition sollte die römische Macht tief verankern. Syrien wurde 64 v. Chr. in eine römische Provinz verwandelt. Als der verzweifelte Mithridates VI. 63 v. Chr. aus dem Leben schied, ist dessen mit Rom kooperierender Sohn Pharnakes zum Klientelkönig im Bosporanischen Reich eingesetzt worden. Ein Jahr später konnte Pompeius dann über Griechenland nach Italien zurückkehren.

Inzwischen war es dort wiederholt zu Anschlägen und Unruhen gekommen. Neben verschiedenen Versuchen des Crassus, seinen politischen Einfluß auszuweiten, brachten jene Jahre den Aufstieg Caesars. Der Neffe des Marius und Schwiegersohn Cinnas bekannte sich offen zur marianischen Tradition und unternahm alles, um Marius' Andenken wieder zu vergegenwärtigen. In verschwenderischer Weise vergrößerte er seine Anhängerschaft, gewann immer größere Beachtung und wurde schließlich 63 v. Chr. zum Pontifex maximus gewählt. Doch jenes Jahr ist vor allem zum Jahr der Catilinarischen Verschwörung und zum großen Jahr Ciceros geworden.

Sallust hat in seiner berühmten Monographie über jenen Umsturzversuch den Initiator und dessen Genossen denkbar eng mit der korrupten Atmosphäre der nachsullanischen Zeit in Verbindung gebracht. Der verschuldete Aristokrat und alte Sullaner Catilina konnte ebenso junge Adlige wie sullanische Verteranen, die als Landwirte gescheitert waren, aber auch noch einst Enteignete sowie Unzufriedene aller Art für seine sozialrevolutionären Ziele, insbesondere für einen allgemeinen Schuldenerlaß, mobilisieren.

Doch dank der Gegenmaßnahmen des Konsuls Cicero wurde der Aufstand niedergeschlagen. In der Beratung des Senats über die Behandlung der in Rom verhafteten Verschwörer kam es zu einem aufsehenerregenden rhetorischen Duell zwischen Caesar und dessen schärfstem Gegner, Marcus Porcius Cato. Catilina wurde 62 v. Chr. bei Pistoria niedergeworfen. Zusammen mit den meisten seiner Anhänger fand er dort in einem erbitterten Kampf den Tod.

Für Pompeius kam nun alles darauf an, die Versorgung seiner Soldaten zu sichern und vom Senat die Bestätigung seiner administrativen Maßnahmen zu erhalten. Korrekt entließ er sein Heer nach dessen Landung Ende 62 v. Chr. in Brundisium und feierte im folgenden Jahr einen überwältigenden Triumph. Doch der Senat verschloß sich seinen Vorstellungen, obwohl diese sachlich gut fundiert waren. Vor allem Lucullus zahlte Pompeius nun seine Brüskierung heim.

Der große Feldherr und Administrator drohte deshalb nach all seinen Erfolgen sein Gesicht zu verlieren. Durch das obstinate Verhalten der Senatsmehrheit wurde er so geradezu in jenes von Caesar initiierte und von Crassus mitgetragene 1. Triumvirat getrieben, das ihm dann auch schon während Caesars erstem Konsulat im Jahre 59 v. Chr. die Erfüllung all seiner Forderungen brachte.

Die fünfziger Jahre standen im Schatten dieser Triumvirn, die nun den eigentlichen Machtmittelpunkt Roms bildeten, so lange, bis Crassus vor Carrhae fiel (53 v. Chr.) und bis sich der ewig schwankende Pompeius dem Senat zur Verfügung stellte, um Caesars Machtstellung zu untergraben.

Als 49 v. Chr. der neue Bürgerkrieg ausbrach, war Sullas Wirken in aller Munde. Die Anhänger des Senats und Pompeius selbst sahen sich sogleich in Sullas Rolle. Der Konsul L. Cornelius Lentulus Crus rühmte sich, ein anderer Sulla zu werden, die Wortbildung des *sullaturire* – den Sulla nachahmen – wurde üblich. Als Pompeius gezwungen war, Rom und Italien zu verlassen, klammerte er sich an Sullas Strategie: «Sulla konnte es, ich nicht?»

Ciceros Briefe aus jener Zeit dokumentieren die geradezu hysterische Sullapsychose, die noch die geflohenen Senatoren erfüllte. Auf der anderen Seite hatte sich Caesar dagegen von Anfang an für eine konträre Politik entschieden und diese auch durch Fakten – wie die «Milde von Corfinium» – realisiert.

In einem bei Cicero überlieferten Schreiben an seine Vertrauensmänner Oppius und Balbus setzte er sein Verhalten programmatisch von Vorgängern und Gegnern ab:

«Die andern konnten wegen ihrer Grausamkeit dem Haß nicht entfliehen und vermochten nicht, den Sieg länger zu behaupten, Sulla allein ausgenommen, den ich nicht nachahmen will. Das sei die neue Art zu siegen, daß wir uns durch Erbarmen und Weitherzigkeit sichern.» (ad Att. 9,7 C, Übersetzung nach M. Gelzer)

Doch Caesars Politik bewährte sich nicht. Sechs Jahre später griffen deshalb seine Erben, die Männer des 2. Triumvirats, Antonius, Lepidus und Octavian, bewußt noch einmal auf Sullas Methoden zurück: In ihrem Einigungstreffen bei Bononia (Bologna), in dem die Verteilung der Macht und die Vorbereitung des Kampfes gegen die Caesarmörder vereinbart wurden, beschlossen sie zugleich die Ausrottung ihrer Gegner durch neue Proskriptionen. In ihrem Edikt begründeten sie ihr Vorgehen mit den Folgen von Caesars großzügiger Politik der Milde, der sprichwörtlichen *clementia Caesaris*. Sie stellten deshalb wiederum Listen der zum Tod verurteilten Gegner auf. Wiederum wurden Belohnungen für Vollstrecker und Denunzianten ausgesetzt, wiederum Fluchthilfe und Verbergen der Geächteten mit dem Tode bestraft.

Erneut sollte auch das Vermögen der Proskribierten eingezogen werden, allerdings mit einigen, gegenüber Sullas Maßnahmen bescheidenen Beschränkungen. So konnten die Witwen wenigstens ihre einstige Mitgift behalten, die Söhne jeweils ein Zehntel, die Töchter ein Zwanzigstel des väterlichen Vermögens.

Im übrigen war das damalige Aushandeln der Opfer ein deprimierendes und widerliches Verfahren, bei dem weder auf Verwandte noch auf einstige Förderer Rücksicht genommen wurde. So fand sich zum Beispiel Ciceros Name schon unter den 17 Verurteilten der ersten Liste, wodurch Octavian erheblich belastet worden ist. Terror und Exzesse, die durch diese neuen Proskriptionen ausgelöst wurden, waren jedenfalls nicht geringer als jene in den Tagen Sullas. Angeblich sollen in der Zeit vor Philippi (42 v. Chr.) – der entscheidenden Schlacht mit den Caesarmördern – ungefähr 300 Senatoren und an die 2000 Ritter den Tod gefunden haben.

Im Rückblick auf die dreieinhalb Jahrzehnte nach Sullas Tod ist es erstaunlich, wie rasch wesentliche Elemente seiner Verfassung destruiert wurden, erstaunlich, wie blind und borniert der Senat diese Veränderungen hinnahm, ohne die unausweichlichen Folgen der populistischen Eingriffe zu bedenken. Von Sulla blieben lediglich seine Diktatur, die Proskriptionen und seine kalte und unerbittliche Ausschaltung der Gegner, gleichgültig ob Samniten oder Marianer, latent im allgemeinen Bewußtsein.

Sullas Handeln wurde dann in den neuen Bürgerkriegssituationen von 49 und 43 v. Chr. in erschreckender Weise wiederholt oder zumindest geplant, wobei zu den vielen Paradoxien jener Zeit die Tatsache zählt, daß gerade der ehemalige Sullaner Cn. Pompeius nach Alfred Heuß zum «Totengräber» der Römischen Republik geworden ist. Am Ende der Gesamtentwicklung aber stand dann unter Octavian-Augustus eine behutsam stilisierte Alleinherrschaft, wie sie Sulla gerade vermeiden wollte, eine Alleinherrschaft, die dennoch das einzige Mittel war, um die tiefe Krise von Staat und Imperium zu bewältigen.

Trotz all dieser Abstriche und Relativierungen sollte indessen nicht übersehen werden, daß sich zentrale Elemente, Formen und Regelungen von Sullas komplexem verfassungsrechtlichem System lange Zeit behauptet hatten: die Neuordnung der Magistraturen wie des *cursus honorum*, der Priesterkollegien wie der Provinzialverwaltung, der Organisation Italiens wie mancher juristischer Einzelheiten. Wie Quintilian in seiner «Institutio oratoria» (11,1,85) – einem rhetorischen Fachbuch und zugleich einer Geschichte der Redekunst – unter Berufung auf Cicero dokumentiert, galt noch im 1. Jahrhundert n. Chr. der «Beweis, der Bestand der bürgerlichen Ordnung sei so völlig mit den sullanischen Gesetzen verknüpft, daß diese, ohne die Bindung durch diese Gesetze nicht bestehen könne» (Übersetzung von H. Rahn).

Seit Sullas zweitem Marsch auf Rom stand Caesar im Banne des Diktators. Er hat sich, wie wir sahen, immer wieder von neuem von ihm distanziert. Sein, bei Sueton überlieferter Epilog (Divus Iulius, 77): «Sulla sei ein Analphabet gewesen, da er die Diktatur niedergelegt habe», belegt indessen, daß ihm Sullas ganzes Wesen wie dessen politische Ziele verschlossen blieben. Unter Caesar selbst wie im Principat des Augustus wurde die alte Front zwischen Optimaten und Popularen aufgelöst. Fortan bestimmten die Kämpfe der verschiedenen Heeresgruppen des Imperiums in den großen Insurrektionen auch die innere Politik Roms.

Unter Octavian, Galba, Vitellius, Vespasian, Septimius Severus, erst recht in der Zeit der Soldatenkaiser und in der Spätantike kam es zu neuen Märschen auf Rom. In den Tagen dieser großen Abrechnungen mag man sich oft genug an Sulla erinnert haben. Offen bekannte sich jedoch lediglich Septimius Severus im Jahre 197 n. Chr. zu Sullas Politik der Härte und Gewalt im Gegensatz zur Milde Caesars. Es ist danach auch kein Zufall, daß dessen Sohn Caracalla, der diese Überzeugung teilte, 213 n. Chr. Sullas Grabmal erneuern ließ. Diokletians Abdankung am Ende der ersten Tetrarchie ist dagegen mit Sullas Niederlegung der Diktatur nicht zu vergleichen.

2. *Antike und moderne Sulla-Bilder*

Die antiken Quellen. Wie bei vielen antiken Politikern und Heerführern, die in Bürgerkriege oder andere machtpolitische Auseinandersetzungen verstrickt wurden, so ist auch das historische Bild des L. Cornelius Sulla Felix nicht allein durch die übliche historiographische Dialektik, den Widerstreit literarischer Wertungen, sondern in noch weit höherem Maße durch politische Prämissen und Standpunkte gestaltet worden.

In seinem speziellen Fall wirkten einerseits seine Memoiren mit ihrer Selbstdarstellung und ihrer Rechtfertigung bis in das 2. Jahrhundert n. Chr. hinein nach. Andererseits verstärkte die von Caesar stimulierte neue Aktivierung der Marianer alle antisullanischen Tendenzen.

Gleichzeitig überschatteten moralische Kriterien die militärischen, politischen und verfassungsrechtlichen Einzelheiten. Die Gegensätze führten schließlich zu einer Dichotomie: Bis zu Sullas Sieg an der Porta Collina sind positive Elemente und Leistungen durchaus anerkannt worden; danach wurde der Diktator als die klassische Verkörperung der *crudelitas* (Grausamkeit) eines Tyrannen diskreditiert.

Für eine adäquate Würdigung des antiken Urteils ist außerdem noch ein weiterer Punkt zu berücksichtigen: Die seit den Tagen der Gracchen zu beobachtende Eskalation der innenpolitischen Gewaltakte führte zu zum Teil sehr einseitigen Personalisierungen. Nicht das Gesindel, die Verbrecher und Marodeure, die die Gunst der Stunde nutzten und sowohl 87 als auch 82 v. Chr. exzessiven Terror ausübten, sondern Marius und Sulla wurden für die Katastrophen pauschal verantwortlich gemacht.

Gerade bei einem Überblick über eine Vielzahl zum Teil lediglich fragmentarisch erhaltener Überlieferungen, die hier weder vollständig noch ausführlich zu interpretieren sind (vergleiche dazu zuletzt M. Barden Dowling, The Clemency of Sulla, Historia 49, 2000, 303–340), kommt es darauf an, die Wirkungsdimensionen der verschiedenen Quellen zu berücksichtigen. Die rund zwei Dutzend direkt oder indirekt vermittelten Stellen aus Sullas «Commentarii» erreichten nicht entfernt die Nachwirkung jener Caesars. Ronald Syme schreibt folgendes über das Werk: «Dieses wunderliche Dokument, in seiner kühnen Verlogenheit bisweilen zynisch, verlangte viel von Menschen und einer ganzen Klasse, die keineswegs zur Selbstkritik bereit waren.» (Sallust. Darmstadt 1975, 150 f.)

Auch die Resonanz der sullanischen Münzbilder, die A. Alföldi zu entschlüsseln suchte, war begrenzt. Dagegen ist der Informationswert von Appians Werk heute relativ groß;

die breite und tiefe europäische Dimension der Biographien Plutarchs konnte er jedoch nie erreichen.

Cicero, der große intellektuelle Außenseiter in der Welt der alles entscheidenden Heeresklientelen, stand sein Leben lang im Schatten Sullas. Im Bundesgenossenkrieg kämpfte er unter ihm gegen die Samniten, sah sich dann – wie Caesar auch – gezwungen, sich gegen den Diktator wie gegen dessen System zu profilieren. In vielfältiger Weise, als Anwalt, Politiker und Autor, wurde er sowohl Spiegel als auch Mitgestalter der öffentlichen Meinung über Sulla. War seine Kritik zu Lebzeiten des Diktators noch eher verhalten und vorsichtig, so wurde sie später, in den bekannten Attacken gegen Sullas Parteigänger Verres und Catilina, am Ende auch gegen Antonius, immer schärfer.

Gerade durch Cicero werden die Entwicklung, Festigung und negative Typisierung des Sullabildes zwischen den Jahren 80 und 43 v. Chr. faßbar. Grausamkeit, Zorn, Ruhmgier, Undurchschaubarkeit, Wollust sind die wesentlichen Striche dieses Bildes – eines konventionellen Tyrannenbildes, das darin gipfelte, daß Sulla geradezu als ein Lehrmeister pestbringender Laster, der Verschwendungssucht, Habgier und Grausamkeit galt (De fin. 3,75). Dennoch blieb stets ein Rest von Anerkennung für Sullas Aktivitäten und Restauration. Es ist für Ciceros Mentalität und Ängste bezeichnend, daß ihn vor allem die Vermögensverluste der Geächteten erregten. Da er selbst römische Bürger ohne ordnungsgemäßes Verfahren hinrichten ließ, mußte er sich in dieser Hinsicht zurückhalten.

Eine Sonderstellung nehmen in der Literatur der späten Republik Cornelius Nepos und Diodorus Siculus ein. Aus dem vielfältigen Werk des Nepos, das einem breiteren Publikum vor allem unterhaltende Elemente vermitteln wollte, ist in unserem Zusammenhang insbesondere die Atticus-Biographie zu erwähnen, in der Sullas Freundschaft mit Atticus in durchaus prosullanischer Perspektive beschrieben, der Grausamkeitstopos aber zurückgehalten wurde.

Noch überraschender ist die Akzentuierung in der universalgeschichtlichen «Bibliotheke» des Diodorus Siculus. In den erhaltenen Fragmenten zur sullanischen Epoche ist das Bild des Diktators ungewöhnlich positiv gestaltet. Als Exempel für die Dichotomie zwischen einem erfolgreichen Feldherrn und einem grausamen Machthaber wird hier nicht Sulla, sondern konsequent Marius gewählt (37,29); Sulla dient dagegen den Göttern als Werkzeug zur Bestrafung der Gegner (38,6). Die Behandlung des Konsuls Scipio wird als Beweis von Sullas *clementia* gerühmt (38,16), ebenso die Aufnahme ehemaliger Feinde, die sich unterworfen hatten.

Es ist eine eigenartige Fügung, daß sich bei drei, in lateinischer Sprache schreibenden Historikern jener Jahrzehnte kein in sich geschlossenes, umfassendes Sullabild findet. Sallusts Urteile wurden bereits erwähnt; bei ihm hat vor allem der fragmentarische Bestand seiner «Historien» ein vollständiges Portrait verhindert. Auch bei Livius, der einst die stärkste Resonanz erzielte, klafft für die sullanische Epoche eine große Lücke. Für die Jahre zwischen dem Jugurthinischen Krieg und Sullas Tod stehen lediglich die gerafften Inhaltsangaben der «Periochae» zur Verfügung (P. 66–90), die allenfalls einige wenige persönliche Akzente hervortreten lassen.

So hat Livius Sullas Leistungen im Bundesgenossenkrieg besonders unterstrichen und deren Bedeutung für die Bewerbung um das Konsulat betont (P.75). So wurde später die Grausamkeit nach Sullas Sieg gebrandmarkt (P.88), so die Neuordnung des Diktators in vielen Einzelheiten beschrieben (P.89). Doch für eine angemessene Gesamtwürdigung reichen die stark komprimierten Angaben nicht aus.

In Velleius Paterculus, dem passionierten Anhänger des Tiberius, meldete sich ein militärisch geprägter Angehöriger der italischen Municipalaristokratie zu Wort, dem es gelungen war, bis in die römische Führungsschicht aufzusteigen. Stolz konnte er darauf verweisen, daß bereits sein Urgroßvater Minatius Magius im Bundesgenossenkrieg gemeinsam mit Sulla Pompeji belagert hatte. Im Anschluß an die Erwähnung von Sullas erstem Konsulat findet sich dann eine kleine Sulla-Miniatur (2,17). Ihr ist der für die frühe Kaiserzeit wohl typische Satz vorangestellt: «Sulla, ein Mann, welcher weder vor seinem Sieg genug gelobt werden noch nach dem Sieg genug getadelt werden kann.» (2,17,1)

Diese Perspektive wird beibehalten: Nach der Überwindung Scipios konstatiert der Autor: «So sehr unterschied sich Sulla in Gefecht und Sieg. Bis er siegte, war er milder als der Gerechteste; nach dem Sieg grausamer als je gehört wurde.» (2,25,3) So war Sulla für Velleius geradezu ein Exempel widerspruchsvollster Charaktere in einer Person. Über der Phase der Rache, des Terrors und der Proskriptionen verblaßten die restaurativen Anordnungen des Diktators.

Eine Sonderstellung nimmt in der Überlieferung die «Römische Archäologie» des Dionysios von Halikarnaß ein, die gegen Ende des 1. Jahrhunderts v. Chr. geschrieben wurde. Während die scharfe Kritik des Dionysios an Sullas Handhabung der einst idealisierten Diktatur offenkundig ist (V,77), bleibt es kontrovers, wie dessen ausfuhrliche und durchaus positive Bewertung von Romulus' Königtum gemeint war (11,7–29). Daß gegen Ende eines immer wieder durch Bürgerkriege zerrissenen und von den Problemen legaler wie illegaler Alleinherrschaft geprägten Jahrhunderts im Hinblick auf die verschiedenen Formen von Monarchie wie Diktatur Sullas Lösung und Leistung nicht zu umgehen waren, dürfte einleuchten.

Einzelne, sehr positive Wertungen finden sich auch in Strabos Geographie. Bei ihm wird vor allem die *clementia* gegenüber den Athenern (9.1.20) und die Behandlung von Ilion (13.1.27) gerühmt, das Verbrechen bei der Villa Publica (5.4.11) relativiert. Wie die häufigen Erwähnungen bei Valerius Maximus, die gelegentlichen bei Seneca, dem älteren Plinius und Frontin bezeugen, war Sullas Gestalt in den skizzierten Typen während des ganzen 1. Jahrhunderts n. Chr. präsent.

In einer besonders effektvollen und drastischen Weise ist er auch in Lucans Epos «Pharsalia» gegenwärtig geblieben:

«Wieviele sanken dann bei Sacriportus tot zu Boden,
welche Leichenmassen mußte das Collinische Tor in jenen Tagen erleben,
da man die Welthauptstadt und Allgebieterin
fast an einen anderen Platz versetzte, da die Samniten Rom
schwerer zu treffen hofften als am Paß von Caudium!
Zu diesen ungeheuren Schlägen kam noch Sullas Rache.
Er nahm der Stadt den letzten Rest von Blut,
und als er die schon zu stark vereiterten Teile wegschnitt,
schoß sein Eingriff über das Ziel hinaus,
ging seine Hand auf dem von Gebresten gewiesenen Weg zu weit.
Sterben mußten die Verbrecher, als es freilich nichts mehr geben konnte als Verbrecher. Da fanden Haßgefühle freie Bahn,
da löste sich Empörung aus den Zügeln der Gesetze und stürmte dahin.
Man tat nicht alles dem Einen zu Gefallen,
nein, jeder frevelte zu eigenem Nutzen, hatte doch der Sieger auf
einmal alles angeordnet. Ruchlos stieß der Diener seinem Herrn
den Dolch ins Herz; Söhne troffen von Vaterblut
und stritten, wem der abgeschnittene Kopf des Erzeugers zukäme;
Brudermord trug Brüdern Prämien ein.»
(Lucan, Pharsalia 2,134 ff. – Übersetzung von W. Ehlers)

Am wichtigsten sollten indessen die Gestaltungen Plutarchs und Appians werden. Plutarch aus Chaironeia hat im Rahmen seiner Parallelbiographien bedeutender Griechen und Römer die beiden Eroberer Athens, Lysander und Sulla, konfrontiert, eine nicht besonders glückliche Wahl. Im Falle Sullas konnte er sich dabei wiederholt auf dessen Memoiren stützen und seiner Darstellung damit eine gewisse Autorität sichern. Den Prioritäten der Sammlung entsprechend überwiegen hier die moralischen und sittlichen Kriterien klassischer griechischer Philosophie. Sulla wird in diesem Zusammenhang immer wieder als typischer griechischer Tyrann gesehen.

Plutarchs Kritik gilt den Exzessen in Liebe und Wollust, seiner Ehrsucht, Unbeständigkeit, Unausgeglichenheit, seinem Zorn, dem leidenschaftlichen Handeln, seiner Ungerechtigkeit und Willkür. Dabei werden diese Defizite nicht geschlossen zusammengefaßt, sondern in immer neuen Ansätzen vorgetragen. Sie durchziehen die gesamte Biographie.

Einen zweiten bemerkenswerten Akzent bilden die vielfältigen Bezüge zum transzendentalen Bereich. Wiederholt, und dabei wohl meist auf Grund von Sullas persönlichen Angaben, werden Vorzeichen, Erscheinungen, Träume erwähnt. Dabei ist offenkundig, daß Sullas Akzeptanz solcher Erlebnisse durch immer neue Behauptungen Dritter, die auf Belohnungen hoffen konnten, noch gesteigert worden ist.

Eine weitere Eigenart der Sulla-Biographie liegt in ihrer auffallend starken Integration der Ereignisgeschichte. Dies gilt insbesondere für die Kämpfe in Griechenland, wo sehr genaue geographische und topographische Angaben erfolgen, wo Plutarch zum Teil auf der Autopsie der Schauplätze aufbauen konnte. Defizitär ist dagegen der Bereich von Sullas staats- und verfassungsrechtlichen Reformen, für die dieser Autor kein Organ besaß.

Angesichts seiner Schwerpunkte war es naheliegend, daß Plutarch in der Synkrisis bei Lysander vor allem Enthaltsamkeit und Mäßigung, somit zentrale spartanische Tugenden rühmte, bei Sulla hingegen dessen Tapferkeit und Kriegskunst, trotz aller sittlichen Vorbehalte, hervorhob.

Als Ergänzung zur Sulla-Thematik sind schließlich auch noch die Marius- und Lucullus-Viten heranzuziehen. Bei Marius werden wiederum die charakterlichen Momente unterstrichen. Einerseits anerkennt Plutarch dessen Mut, Arbeitskraft und schlichte Lebensführung, seine Anspruchslosigkeit und Ausdauer. Andererseits werden auch bei ihm Leidenschaft, Herrschsucht und Habgier gebrandmarkt.

Differenzierter ist das Bild von Sullas Gefährten und Freund Lucullus, dessen Bildung, geistige Interessen, Gerechtigkeitssinn und Humanität gefeiert werden. Im Gegensatz zu den jeweils unterschiedlichen, aber durchaus erfolgreichen Methoden der Truppenführung bei Marius und Sulla wird Lucullus vorgehalten, daß er die Sympathien des einfachen Mannes nicht gewinnen konnte und deshalb auch durch Meutereien am entscheidenden Abschluß seiner militärischen Operationen gehindert wurde.

Trotz der engen Grenzen seiner biographischen Strukturen hat Plutarch plastische und großenteils auch überzeugende Bilder, vor allem Sullas und Marius' konzipiert. An wesentlichen Zügen seiner Profile hält auch noch die neuere Forschung fest, die sich von Plutarchs Perspektive vor allem dadurch unterscheidet, daß sie breitere Horizonte und umfassendere Aspekte sucht. Die einstigen Prioritäten sittlicher Würdigung, die Sulla zu einem Exempel des «Sittenverfalls» werden ließen, traten dagegen zurück.

Appian von Alexandria, der zuletzt in Rom als Anwalt wirkte, stieg dort bis zum Procurator Augusti auf. Die 24 Bücher seiner «Römischen Geschichte» weisen eine durchaus originelle Struktur auf: Ihr Hauptteil ist nach ethnographischen Kriterien geordnet und dabei in der Reihenfolge des Eintritts der einzelnen Räume und Mächte in die römische Einflußsphäre dargestellt. Eine Sonderstellung nehmen in diesem Gesamtrahmen die fünf Bücher über die Bürgerkriege («Emphylia») ein, die Schilderung des Geschehens zwischen den Gracchen und der Schlacht bei Actium.

So sinnvoll diese Konzeption ist, sie hat den Nachteil, daß die Leistung jener römischen Persönlichkeiten, die – wie Sulla – in den verschiedensten Teilen des Imperiums tätig waren, auseinandergerissen wird. So ist zum Beispiel Sullas Wirken in Nordafrika nur in wenigen Fragmenten des Numidischen Buches kurz erwähnt, sehr viel ausführlicher dagegen im Mithridates-Buch sein Handeln im Osten des Imperiums besprochen. Dort sind insbesondere Sullas Kämpfe in Griechenland näher beschrieben, in diese Partie auffallenderweise auch mehrere Reden Sullas eingefügt.

Der Darstellung des Bürgerkrieges kommt große Bedeutung zu; sie ist mit starkem persönlichem Engagement formuliert. Für deren Bewertung bleibt indessen die Frage nach ihren Grundlagen entscheidend. Und hier ist einzuräumen, daß trotz der intensiven Bemühungen der modernen Spezialforschung, vor allem von Emilio Gabba, eine schlüssig belegte und allgemein akzeptierte Auffassung noch nicht gefunden werden konnte. Ob für die Basis des Werks zum Beispiel die Schilderung des Asinius Pollio grundlegend wurde, bleibt kontrovers.

Da sich Appian aus Überzeugung mit Principat und Imperium identifizierte, waren die volle Anerkennung der Monarchie sowie eine entschiedene Distanz zu allen Parteikämpfen für ihn grundlegend. Sullas historische Stellung wurde daher schon von Beginn an positiv bewertet:

«So stellten zu Lebzeiten Sullas eine kurze Weile die Parteien ihre Wirksamkeit ein, und das war ein Ausgleich für alles, was er an Schreckenstaten vollbracht hatte.» (E 1,12)

Gleichzeitig wird freilich auch Sullas erster Marsch auf Rom in seiner historischen Folgewirkung gesehen:

«Dies war das erste Gefecht in Rom, nicht mehr das Abbild eines bloßen Parteienstreits, sondern ein regelrechter, wie im Krieg unter Einsatz von Trompeten und Feldzeichen durchgeführter Kampf. Zu einem solchen maßlosen Übel hatte sich der rücksichtslose Parteienhader entwickelt.» (E 1,259)

Doch das alles wurde kompensiert. Denn Sulla schien Appian «der erste Mann gewesen zu sein, der den Mut fand, freiwillig seine Stellung als Tyrann aufzugeben und dazu noch zu erklären, daß er selbst Tadlern Rechenschaft ablegen wolle.» (E 1,101) Sein Gesamturteil lautete denn auch:

«Er zählte sechzig Jahre und war meiner Ansicht nach, wie auch sein Name besagt, der ‹glücklichste Mensch› bis in den Tod und in allen andern Beziehungen, das heißt, wenn man jemand für glücklich hält, dem alles zufällt, was er sich nur wünscht.» (E 1,492)

Im Grunde ist diese Wertungsvielfalt dann weder in der Spätantike noch bei den christlichen Autoren abgelöst wor-

4 Porträt Sullas
Denar des Quintus Pompeius Rufus, ca. 55 v. Chr.
Rs.: Porträt Sullas – SULLA COS (= Consul)
Der prägende Münzmeister Q. Pompeius Rufus war ein Enkel von Sullas Mitkonsul im Jahre 88 v.Chr., der ebenfalls Q. Pompeius Rufus hieß. Dessen Sohn war zudem mit Sullas Tochter Cornelia verheiratet.
(aus: Kent, a. O. Taf. 19, Nr. 74R)

5 Karneol der Sammlung Bollmann, Sulla (?)
Abguß und Original
(aus: G. Lahusen, Die Bildnismünzen der römischen Republik. München 1989, Taf. 26, 1 und 2)

den. Augustinus griff in «De civitate dei» (3,27 ff.) auf Äußerungen Ciceros und Lucans zurück, um die Greuel und Schlächtereien des sullanischen Zeitalters zu vergegenwärtigen. Er wies vor allem darauf hin, daß weder die Gallier zur Zeit der frühen Republik noch die Goten in der jüngsten Vergangenheit eine vergleichbare Zahl von Morden begingen. Die Epoche des Marius und Sulla war «das Unheilvollste, Schauerlichste und Bitterste, was Rom je erlebt hatte» (3,29).

Auch Orosius' «Historiae adversum paganos» weisen denselben Tenor auf. In seiner gedrängten Darstellung der Vorgänge (5,19 ff.), in welcher das Blutbad nach Sullas Sieg besonders ausführlich geschildert wird, ist die Einzigartigkeit des damaligen Bürgerkriegs eindringlich betont. Gerade an diese Sicht knüpfte dann auch das mittelalterliche Sullabild an.

Die Zahl der archäologischen Denkmäler Sullas ist begrenzt; nicht wenige seiner Porträts sind umstritten. Ausgehend von einer Stempeluntersuchung der sullanischen Münzporträts hat zuletzt G. Lahusen in seiner Habilitationsschrift «Die Bildnismünzen der römischen Republik» (München 1989, 41 ff.) diesen Komplex näher erörtert. Dabei wurde die hellenistische Manier des Sulla-Porträts unterstrichen, ebenso, daß das Porträt der Reiterstatue des Jahres 82 v. Chr. wohl als Vorbild für die Münzporträts diente. (Die Statue ist nach der Schlacht von Pharsalos 48 v. Chr. zusammen mit jener des Pompeius gestürzt worden; beide wurden jedoch auf Caesars Befehl wieder aufgerichtet.)

Die Mehrzahl der Porträtmünzen für Sulla stammt erst aus den fünfziger Jahren des 1. Jahrhunderts v. Chr. Dennoch wurden sie immer wieder zugrunde gelegt, um plastische Porträts zu identifizieren. Während die römischen Porträts in den Vatikanischen Museen und in der Villa Albani einigermaßen gesichert erscheinen, sind der «Sulla» (s. Abb. 7) und der «Marius» (s. Abb. 2) der Münchner Glyptothek noch immer umstritten. (Lahusen hält freilich an der alten Benennung fest.)

6 Onyx, Rom, Kapitol, Sulla (?) (aus: G. Lahusen, a. O., Taf. 26,4)

7 «Sulla», München, Glyptothek. Aufnahme St. von der Lahr (nach Ohly, a. O., 74: ca. 10–20 n. Chr.)

Kontrovers werden auch die von M.-L. Vollenweider in ihrem großen Werk «Die Porträtgemmen der römischen Republik» (2 Bde. Mainz 1972–1974) besprochenen geschnittenen Steine, insbesondere ein Karneol der Sammlung Bollmann (Abb. 5) sowie ein schwarzer Onyx der Kapitolinischen Sammlung (Abb. 6) beurteilt.

Im Gegensatz zu den folgenden Epochen der römischen Geschichte bleiben so die Interpretationsmöglichkeiten der archäologischen Quellen sehr bescheiden. Soweit sie den Sektor der Ideologie betreffen, wird später auf sie eingegangen. Ähnlich ist es um die Inhalte der inschriftlichen Überlieferung bestellt, die überwiegend nur punktuelle Sachverhalte betrifft. Die wichtigsten in Betracht kommenden Zeugnisse wurden in den neuen Zusammenstellungen berücksichtigt, die in der Bibliographie aufgeführt sind.

Sulla-Bilder der Neuzeit. In seinem kritischen Forschungsbericht über die sullanische Epoche (Mario e Silla, in: H. Temporini (Hrsg.), Aufstieg und Niedergang der römischen Welt. I,1. Berlin 1972, 764–805) hat Emilio Gabba auf die Zusammenhänge zwischen den politischen, sozialen, wirtschaftlichen und geistigen Krisen der Gegenwart und der Aktualität der Sulla-Thematik hingewiesen.

Dabei fällt auf, daß aus den letzten Jahrzehnten zwar eine Vielzahl wertvoller Spezialstudien zu den einschlägigen Problemen vorliegt, indessen keine große, zusammenfassende Biographie. Da diese Einzeluntersuchungen nur selten zur prinzipiellen Beurteilung Sullas Stellung nehmen, hat sich eine Skizze des Wandels des modernen Sulla-Bildes in erster Linie auf Sullas Bewertung in den allgemeinen Darstellungen der Römischen Geschichte, vor allem in jenen der Geschichte der späten Römischen Republik oder des Zeitalters der Römischen Revolution, zu konzentrieren. Auch die verbreiteten Handbücher sollen dabei berücksichtigt werden.

Im Mittelpunkt des folgenden Abschnitts stehen jedenfalls nicht die mannigfachen Kontroversen um chronologische, geographische oder militärische, administrative und verfassungsrechtliche Einzelfragen, sondern die Persönlichkeit des Diktators und dessen Leistungen. Dabei soll es sich freilich nicht nur um die Erfassung rhetorischer Akzente handeln, sondern primär um eine kritische Analyse des jeweiligen Gesamtbildes. Grundlage bildet dabei eine Auswahl in erster Linie der deutschsprachigen, aber auch der wichtigeren internationalen Literatur. Soweit möglich werden Schlüsselstellen direkt vermittelt.

Vor dem Erscheinen der «Real-Encyclopädie der classischen Altertumswissenschaft» von Pauly und Wissowa und der modernen personengeschichtlichen Handbücher, die vor allem die Resultate der intensivierten Inschriftenforschung auswerten konnten, stellte das originelle sechsbändige Werk von W. Drumann, «Geschichte Roms in seinem Übergange von der republikanischen zur monarchischen Verfassung oder Pompeius, Caesar, Cicero und ihre Zeitgenossen nach Geschlechtern und mit genealogischen Tabellen» (1834–1844), erst recht in der 2., von P. Groebe besorgten Auflage (Berlin–Leipzig 1899–1929. NDr. Hildesheim 1964), eines der wichtigsten Informationsinstrumente für die Geschichte des 1. Jahrhunderts v. Chr. dar.

Drumann, der für sich beanspruchte, Geschichte «mit einem philosophischen Geiste und vor allem mit einem reinen, vorurteilsfreien Gemüte» (IV) aufzufassen, wollte «eine auf Lebensbeschreibungen gegründete Geschichte Roms» (V) für den genannten Zeitraum geben, dabei jedoch nicht nur eine Agglomeration von skelettierten Namens- und Datenlisten bieten, sondern lesbare Texte, in welchen die personengeschichtlichen Daten mit der allgemeinen Ereignisgeschichte und persönlichen Raisonnements verbunden waren.

Ergriffen von den zeitgenössischen verfassungsgeschichtlichen Diskussionen um die beste Staatsform bekannte sich Drumann nachdrücklich zum Vorrang der Monarchie und hielt schon von Anfang an fest:

«Die römische Geschichte beweist, daß republikanische Formen sich nicht dauernd für die Menschen eignen, wie sie sind, daß sie bei einfachen und unverdorbenen Sitten eine Zeit lang bestehen können, aber von diesen Leben und Kraft empfangen, nicht umgekehrt, und daß eine Nation zu beklagen ist, deren Staatsschiff erst dann den Hafen der Monarchie erreicht, wenn sie entartet ist...» (IV)

Die teleologische Fixierung der römischen Geschichte auf die Monarchie war damit nach Drumann vorgegeben und in diesem Zusammenhang kam naturgemäß dem Diktator Sulla eine entscheidende Bedeutung zu, obwohl dieser keine Alleinherrschaft auf Dauer erstrebte. Drumanns Abschnitt über Sulla entfaltete sich daher zu ungewöhnlichem Umfang (II,364–432) und stellte jedenfalls alle wesentlichen, damals verfügbaren Quellen und Informationen über den Diktator bereit.

Zu Drumanns Prämissen zählte weiterhin ein denkbar pessimistisches Bild der römischen Aristokratie jener Epoche:

«Wie überall entarteten die Vornehmen zuerst; die Selbstsucht bemächtigte sich ihrer, und nur um sie zu befriedigen, eiferten sie für ihren Stand. Sie erkauften Ämter, um in den Provinzen rauben, und raubten, um in Rom fortschwelgen zu können.» (II,368)

Vor diesem Hintergrund schildert er den Kampf der «Parteien»:

«Darum konnten die Häupter wechseln, der Kampf dauerte fort, darum konnten aber auch die Häupter kein Königtum gründen. Rom war noch zu stark, um seine Freiheit für immer an einen einzelnen dahinzugeben.» (368)

Drumanns Sulla-Bild ist umfassend. Er beschreibt Gestalt wie geistige Anlagen, Sitten wie Aberglauben, Charakter wie politische und militärische Leistungen, nicht zuletzt die sullanische Verfassung. Und er beschreibt es tatsächlich unvoreingenommen, immer bemüht, Sullas Handeln zu verstehen. So wird betont, daß Marius und nicht Sulla den Bürgerkrieg «entflammte» (369); der Bürgerkrieg war «für ihn Notwehr gewesen» (399). Doch Drumann beschönigt nicht:

«Sulla wich aber nicht bloß der Notwendigkeit, er unterlag nicht bloß dem Fluche jeder staatsbürgerlichen Umwälzung, er fügte zu ihren Schrecken das Entsetzliche, das Gräßliche hinzu.» (400)

Gerade weil Drumann Sulla allseitig gerecht zu werden suchte, gerade weil er die Widersprüche in seiner Person wie in seinem Handeln ins Bewußtsein führte, mußte er schließlich anläßlich von Sullas überraschender Niederlegung der Diktatur feststellen: «Er ist dadurch ein Rätsel für alle Zeiten, eine unerklärliche Erscheinung geworden» (422) – ein Urteil, das im Prinzip nicht wenige Historiker bis auf den heutigen Tag wiederholt haben.

Theodor Mommsen kannte solche Skrupel nicht, als er Sulla im Schlußteil des zweiten, «Die Revolution» betitelten Bandes seiner «Römischen Geschichte» behandelte, einer der mitreißendsten und zugleich in sich geschlossensten Darstellungen deutscher Sprache, einer Darstellung freilich, die nicht wenige provozierende Akzente aufwies.

Sulla wurde zunächst eher beiläufig bei der Schilderung des Jugurthinischen Krieges eingeführt, knapp im Kampf gegen Kimbern und Teutonen erwähnt, ausführlicher dann während des Bundesgenossenkrieges. Nach der Auseinandersetzung mit Sulpicius aber wurde er zur dominierenden Gestalt des Geschehens. Bezeichnenderweise skizzierte Mommsen in einem eigenen Kapitel die sullanische Verfassung; ein Gesamturteil über den Diktator folgte.

Schon zu Beginn rühmte Mommsen Sulla als «adligsten und tapfersten Offizier» (II. Berlin 1903[9], 153) im Heere des Marius, zugleich jedoch auch dessen diplomatisches Geschick, seine Geistesgegenwart, seinen Scharfsinn wie seine «Macht über die Menschen» (154). Im Bericht über den Bundesgenossenkrieg weist Mommsen mit Nachdruck darauf hin, daß Sulla damals selbst größte Disziplinlosigkeiten und schwerste Vergehen seiner Truppen hinnahm:

«Sein Heer war, teils infolge der von Marius herrührenden Umgestaltungen, teils durch die von Sulla gehandhabte sittlich lockere und militärisch strenge Disziplin, wenig mehr als eine ihrem Führer unbedingt

ergebene und in politischen Dingen indifferente Lanzknechtschar.» (255)

Zu den entscheidenden sulpicischen Wirren des Jahres 88 v. Chr. aber heißt es:

«Sulla wünschte den Krieg gegen Mithradates ebensosehr, wie ihm grauen mochte vor dem hauptstädtischen politischen Brodel; bei seinem originellen Indifferentismus und seiner unübertroffenen politischen Nonchalance hat es große Wahrscheinlichkeit, daß er den Staatsstreich, den Sulpicius erwartete, keineswegs beabsichtigte.» (254)

Der Entschluß zum ersten Marsch auf Rom wird aus Sullas Charakter und Lagebeurteilung abgeleitet:

«Sulla selbst war ein blasierter, kalter und klarer Kopf, dem die souveräne römische Bürgerschaft ein Pöbelhaufen war, der Held von Aquae Sextiae ein bankerotter Schwindler, die formelle Legalität eine Phrase, Rom selbst eine Stadt ohne Besatzung und mit halbverfallenen Mauern.» (255)

Nach der Einnahme der Stadt wird insbesondere Sullas Aktivität in den Bereichen der Verfassungspolitik und der Justiz erörtert:

«Kaum hatte je ein Demokrat in so tyrannischen Formen Justiz geübt, mit so rücksichtsloser Kühnheit an den Fundamenten der Verfassung gerüttelt und gemodelt, wie dieser konservative Reformator.» (259)

Mommsens Charakterisierung lautete denn auch:

«Energische Verachtung des konstitutionellen Formalismus in Verbindung mit einem lebendigen Gefühl für den inneren Gehalt der bestehenden Ordnungen, klare Einsichten und löbliche Absichten bezeichnen durchaus diese Gesetzgebung; ebenso aber eine gewisse Leichtfertigkeit und Oberflächlichkeit…» (261)

Der Krieg gegen Mithridates VI. von Pontus ist breit beschrieben; die Schilderung der dramatischen Vorgänge nach Sullas Rückkehr nach Italien leitet zu dem Kapitel «Die Sullanische Verfassung» (335–377) über. Sullas Diktatur wird hier konsequent von der bisherigen Form der Diktatur unterschieden:

«(…) dies neue Amt mit seiner auf einem Volksbeschluß ruhenden, durch keine Befristung und Kollegialität eingeengten absoluten Gewalt

war nichts anderes als das alte Königtum, das ja eben auch beruhte auf der freien Verpflichtung der Bürgerschaft einem aus ihrer Mitte als absolutem Herrn zu gehorchen.» (337)

So sehr sich Mommsen auch bemühte, Sullas Persönlichkeit und Handeln adäquat zu erfassen, so scharf mußte er doch in den Abschnitten «Exekutionen», «Ächtungsliste» und «Konfiskationen» (338 ff.) den verhängnisvollen Terror der Proskriptionen verurteilen, jenen Terror, der Schule machen sollte und der für die Radikalisierung der Bürgerkriege der späten Römischen Republik gleichsam stilbildend wurde.

Denn Mommsen mußte einräumen, daß lange Zeit neben dem «amtlichen» ein verbrecherischer, inoffizieller Terror einherging:

«Die wildesten und schändlichsten Leidenschaften rasten viele Monate hindurch ungefesselt durch Italien ... So fielen unzählige, darunter nicht wenige entschiedene Anhänger der Oligarchie, als Opfer der Privatfeindschaft oder ihres Reichtums; die fürchterliche Verwirrung und die sträfliche Nachsicht, die Sulla wie überall so auch hier gegen die ihm näher Stehenden bewies, verhinderten jede Ahndung auch nur der hierbei mit untergelaufenen gemeinen Verbrechen.» (341)

Im großen Finale des Sulla-Teils werden Sullas Charakter und sein Werk zusammenfassend beurteilt. Mommsen geht dabei davon aus, daß «die Nachwelt ... weder Sulla selbst noch sein Reorganisationswerk richtig zu würdigen» (367) verstand, und zeigt in jeder Zeile seines Textes, daß er von dieser Gestalt ebenso fasziniert war wie von Gaius Gracchus und Caesar:

«In der Tat ist Sulla eine von den wunderbarsten, man darf vielleicht sagen eine einzige Erscheinung in der Geschichte.» (367)

Dabei begehrte Sulla nach Mommsen vom Leben zunächst

«nichts als heiteren Genuß. Aufgewachsen in dem Raffinement des gebildeten Luxus ... bemächtigte er rasch und behend sich der ganzen Fülle sinnlich geistiger Genüsse ... Leidenschaftlich huldigte er dem Becher, noch leidenschaftlicher den Frauen ... Ein Zug der Ironie, man

könnte vielleicht sagen der Bouffonerie, geht durch seine ganze Natur.» (368)

In Mommsens Sicht erschien Sulla die Welt «vom Zufall regiert», verbissenes Streben daher «eine Torheit», der «Aberglaube des glücklichen Spielers» für ihn charakteristisch. Sulla fühlte sich als «der auserwählte Liebling der Götter», vor allem der Aphrodite, und er war «stolz auf sein einzig treues Glück» (369). «Fast ohne es zu wollen war Sulla der berühmteste Feldherr seiner Zeit, der Hort der Oligarchie geworden.» (371)

Am Ende seiner Charakteristik aber widerspricht Mommsen Sullas Selbsteinschätzung:

«Aber die Geschichte wird gerechter gegen ihn sein müssen als er es gegen sich selber war und ihn in eine höhere Reihe stellen als in die des bloßen Favoriten der Fortuna.» (372)

Sullas Verfassung freilich war nach ihm kein «Werk politischer Genialität»; in ihr findet sich «auch nicht ein staatsmännisch neuer Gedanke». Doch nicht Sulla trug daran die Schuld, sondern «die seit Jahrhunderten als Clique regierende und mit jedem Jahr mehr der greisenhaften Entnervung und Verbissenheit verfallende römische Aristokratie insgesamt» (372). An dieser Perspektive hielt Mommsen fest: «Proskriptionen, Expropriationen und Restaurationen» waren nach ihm «Adelstaten ... und Restaurationsterrorismus» (373).

In erster Linie sah Mommsen in Sulla den «Vormund» der römischen Aristokratie. Doch er erinnerte sowohl daran, daß Sulla «der wahre und letzte Urheber der vollen staatlichen Einheit Italiens geworden» ist (373), als auch an dessen so folgenschwere «öffentliche Verhöhnung der Humanität» (375). Schließlich kam Mommsen auf Sullas «ironische Leichtfertigkeit» in der Politik zurück, um festzuhalten: «Was er nun aber war, dieser Don Juan der Politik war ein Mann aus einem Gusse.» (376)

Es ist oft festgestellt worden, wie tief der Einfluß der politischen Überzeugungen des passionierten «Achtundvierzigers» Theodor Mommsen auf die Konzeption und die Wertungen der ersten Bände seiner «Römischen Geschichte» gewesen ist. Daß der Autor, der die römischen Optimaten des 1. Jahrhunderts v. Chr. ebenso haßte wie die «Junker» seiner Gegenwart, der in vieler Hinsicht den typischen Aristokraten Sulla so emphatisch bewunderte, ist dagegen mit politischen Argumenten nicht zu erklären. Was Mommsen hier fesselte und gelegentlich zu echtem Pathos hinriß, war die vitale, selbstsichere und unbekümmerte Persönlichkeit eines Menschen, der konsequent und kompromißlos für die Sache seines Standes handelte und dabei nicht dem individuellen Machtgenuß verfiel.

Es ist lehrreich, mit Mommsens Bewertungen jene in der zu Beginn der achtziger Jahre des 19. Jahrhunderts erstmals erschienenen «Weltgeschichte» von Leopold von Ranke zu vergleichen. (Im Folgenden zitiert nach Band II. München 1922[5]) Vorab sei erwähnt, daß Ranke in seinen weiteren Perspektiven Marius einen höheren Rang einräumte als Sulla:

«Marius ist eine der größten Gestalten der römischen, wir können sagen der allgemeinen Geschichte. Denn auf seiner Abwehr der Cimbern und Teutonen beruhte es, daß sich das Römertum, ungeirrt von feindseligen Einflüssen, noch lange Zeiträume hindurch entwickeln konnte. ... Der Sieg ist durch die Kraft der Legionen errungen worden, die seitdem den Orient und den Occident beherrschten. Der Ruhm ihrer Gründung gebührt aber dem Marius. Er steht gleichsam in der Mitte zweier Welten, von denen er die eine behauptet, die andere zurückweist.» (268)

Gleichwohl wird auch die Entwicklung Sullas sehr intensiv analysiert. Sullas erster Marsch auf Rom vom Jahre 88 v. Chr. war nach Ranke «der eigenste Entschluß der Truppen selbst» (261). «Das wichtigste Moment» des Erfolges sah er darin, «daß der Sieg eines übermächtigen Heerhaufens unter einem entschlossenen Führer über die bürgerliche Verfassung entschieden hatte» (263).

In Rankes Schilderung von Sullas Kämpfen gegen Mithridates VI. von Pontos und jenen in Italien finden sich nur wenige persönliche Akzente. So sah er zum Beispiel im

Vordringen der Samniten unter Pontius Telesinus gegen Rom «die bedeutendste Kriegsaktion im ganzen Feldzug» (273). Insgesamt entschied «in den Fluktuationen der inneren Kämpfe ... die militärische Gewalt, und zwar diesmal zu Gunsten der aristokratischen Ideen und Institutionen» (274).

Sehr viel eindringlicher wirken Rankes Ausführungen über Sullas Diktatur: «Lucius Cornelius Sulla kann in manchem Betracht als der erste Monarch in dem republikanischen Rom angesehen werden.» (276)

«Sulla konnte nicht als König, welches Wort den Begriff einer gesetzlichen Würde einschließt, noch als Tyrann, d. h. ungesetzlicher Herrscher, bezeichnet werden. Den Titel des Diktators legte er endlich nieder; sein Wille war auch ohne diesen Titel entscheidend. Er übte eine indirekte Herrschaft aus, vor der sich alle beugten, – ein genialer Mann, der immer seinem Gestirn zu folgen glaubte und durch das Glück, das ihn in allem, was er that, begleitete, sich selbst und anderen als ein Bevorzugter unter den Sterblichen erschien.» (278)

In den Vorlesungen über «Weltgeschichte», die Hans Delbrück in den Jahren zwischen 1896 und 1920 an der Universität Berlin gehalten hatte und dann seit 1924 unter dem gleichen Titel publizierte, wird deutlich, wie eng er sich dabei an Rankes Auffassungen der politischen Entwicklung anschloß, sie aber auch modifizierte. So heißt es bei ihm:

«Eine neue Art der Diktatur wurde geschaffen, die eine unbeschränkte Macht in Sullas Hand legte. Er hätte sich zum dauernden, erblichen Herrscher erklären können, wenn man auf seine augenblickliche Machtvollkommenheit blickt. Er tat dies nicht. Man hat darin die Blasiertheit des Genußmenschen gesehen, und so war er auch. Aber es gab auch eine innerliche Bindung, die ihn verhinderte, das zu werden, was ein Menschenalter später Cäsar geworden ist. Als Vorkämpfer der Aristokratie und des Senats war ja Sulla zu seiner Stellung gelangt. Er hätte sich selber innerlich aufgegeben, wenn er jetzt, wo er gesiegt hatte, die Institutionen, Mächte und Personen, die ihn emporgehoben, ... hätte ins Nichts stoßen wollen.» (I². Berlin 1924, 399 f.)

Der Sulla-Artikel von Fr. Fröhlich in der «Real-Encyclopädie der classischen Altertumswissenschaft» (IV,1522–1566

(1900), s.v. Cornelius, Nr. 392) bot, dem Genos entsprechend, eine nüchterne Rekonstruktion der Fakten. Hervorzuheben ist die Berücksichtigung der inzwischen publizierten Inschriften sowie eine wesentlich kritischere Grundhaltung, als sie bei Mommsen begegnete. Im Gegensatz zu Appian hielt Fröhlich fest, daß Sulla im ersten Jahre des Bundesgenossenkrieges noch keine wesentlichen militärischen Erfolge aufweisen konnte, in der Eroberung des Samnitenlagers bei Nola (89 v. Chr.) dann jedoch einen der Höhepunkte seiner militärischen Laufbahn erlebte.

Entschieden wurden Sullas Gewaltakte nach dessen Rückkehr nach Italien abgelehnt: «So gewiß es ist, daß in Sulla das allgemein gebildete Römertum über den dagegen gerichteten Sondergeist gesiegt hat, so sehr wird sich doch immer das menschliche Gefühl gegen Sullas Behandlung der Besiegten empören.» (1548) Zur faktischen Anarchie nach Sullas Sieg aber meinte der Autor: «Noch nie hatte ein Römer das Recht, um von anderem zu schweigen, so mißachtet, wie Sulla, seine Proskriptionen und sein Vorgehen gegen die italischen Gemeinden waren beispiellose Gewaltthaten.» (1555) Im Schlußurteil überwiegt die Ablehnung: «(...) nicht die leges Corneliae, sondern die sullanischen Proskriptionen sind in der Geschichte lebendig, ‹ihr Schrecken zittert noch heute nach› (Mommsen, St.-R. II, 735)».

Es ist eine eigenartige Fügung, daß nach einer längeren Unterbrechung in der Galerie der auffallenden Sulla-Bilder die Jahre 1931 und 1932 eine Kumulation sehr verschiedenartiger Wertungen heraufführten. Die kleine Monographie von Jérôme Carcopino, «Sylla ou la monarchie manquée» (Paris 1931. 1950[9]) erregte seinerzeit beträchtliches Aufsehen. Denn in seiner geistreichen, originellen und mit großer Verve geschriebenen Studie trug Carcopino die Hypothese vor, daß Sulla von Anfang an konsequent eine Militärmonarchie erstrebte, die seiner Ansicht nach unvermeidbar war.

Seine Niederlegung der Diktatur wäre in einer neuen innenpolitischen Krise, vor allem unter dem Druck der Konsuln Ap. Claudius Pulcher und P. Servilius Vatia, aber auch des Pompeius und einer Senatorengruppe erzwungen worden. Doch da die kühne intellektuelle Konstruktion quellenkritisch nicht hinreichend fundiert war, konnte sie sich nicht durchsetzen.

Helmut Berve, der Historiker des Alexanderreichs, den neben vielem anderen die frühgriechischen Aristokraten und später die Tyrannen fesselten, war für eine Gestalt wie Sulla in besonderer Weise prädisponiert. Er entwarf seine Analyse in bewußter Auseinandersetzung mit dem Bild Theodor Mommsens (Sulla (1931), in: H. Berve, Gestaltende Kräfte der Antike. München 1966², 375–395). Von diesem nahm er an, daß er gerade durch Sullas «Gegensätzlichkeit und durch ein Geheimnisvolles in seinem Wesen ... gereizt» (375) worden sei. Berve selbst suchte dagegen «den außerordentlichen Mann in seiner schwer erkennbaren Eigenart möglichst vorurteilslos zu ergründen» (376).

In der auch rhetorisch glänzend gestalteten Miniatur, die im deutschsprachigen Bereich eine außergewöhnliche Beachtung fand, wurde an Sulla zunächst die «Sinnlichkeit seiner vitalen Natur» hervorgehoben, danach jedoch dessen «Glücksbewußtsein» als für die «Enträtselung seines Wesens» (377) zentral erachtet. Dieses «Glücksbewußtsein» orientierte sich nach Berve nicht an Tyche oder Fortuna, sondern an Venus sowie an kleinasiatischen Vorstellungen. «Dieser über ihm stehenden Macht lebte er, ... So kann es nicht verwundern, daß die teils stärkende, teils lähmende Wirkung, die jedem Fatalismus innewohnt, an Sulla unverkennbar hervortritt.» (379 f.) Berve schreckte auch vor der Konsequenz seiner Auffassung nicht zurück: «Menschliche Regungen hatten in diesem unheimlichen Mann, der sich weniger Mensch als Werkzeug eines höheren, mitleidlosen Willens fühlte, keinen Raum.» (381)

In ähnlicher Unbedingtheit erfolgte Sullas soziale Einordnung:

«Lösen sich doch in jenen Jahrzehnten die strengen Lebensnormen der Väter in erschreckender Weise; schrankenlos bricht die bisher gezügelte Vitalität dieser von Natur harten und besitzhungrigen Adelskaste in unersättlicher Habsucht und Machtgier hervor, selten nur durch eine gewisse Selbstformung gemildert, meist mit raubtierartiger Wildheit und ohne Bändigung von außen oder von innen. In den Kreis dieser entfesselten, aber noch sehr wurzelfesten Römer gehört Sulla; er ist ihr größter Repräsentant.» (382)

Gerade weil Sulla «noch die von den Vätern ererbte Idee des römischen Staates lebendig umfing» (384), kann bei ihm «von einem staatsschöpferischen Genie ... nicht die Rede sein» (391). Vielmehr war bei ihm gerade ein «Mangel an produktiven Gedanken» (392) festzustellen. Die tiefsten Vorbehalte jedoch lagen in einem anderen Bereich: «Er blieb unmenschlich in jedem Sinn. Weder in Religion noch Moral, Lebenshaltung oder politischem Handeln erscheint er als ein Mensch von bewußter persönlicher Formung oder auch nur als einer, der danach Verlangen getragen hätte.» (384) Statt dessen wurde nochmals unterstrichen: «In der kalten Unpersönlichkeit und starren Monumentalität seines Wirkens, in seiner standesmäßigen und politischen Befangenheit erscheint er als der letzte Altrömer.» (394)

Am Ende aber hieß es dann:

«(...) alle Würdigung des von ihm Vollbrachten kommt an der Tatsache nicht vorbei, daß dieser Mann ein furchtbarer war, ethisch ein Nihilist, grausam, von maßloser Rachsucht und einer zynischen, Schauder erregenden Kälte des Herzens.» (395)

In seinem großen Beitrag zur ersten Auflage der «Cambridge Ancient History» (IX. Cambridge 1932, 261–312) wählte Hugh Last, dem Tenor des Handbuches entsprechend, einen ganz anderen Stil. In denkbar enger Anlehnung an die Darstellungen Plutarchs und Appians gab er eine wohlfundierte, zuverlässige Schilderung der Ereignisgeschichte, in die eine ausgewogene Charakteristik der Persönlichkeit Sullas (280 ff.) ebenso eingefügt war wie präzise Berichte über die Einzelheiten seiner Reformen. Last rühmte die gesellschaftliche Brillanz des Lebemannes, verschwieg jedoch auch dessen zynische Verachtung aller menschlichen Werte nicht. Im öffentlichen Leben setzte Sulla nach Last dagegen primär auf Effizienz.

Sulla wurde von ihm als Kind seiner Zeit gesehen, als eine Persönlichkeit, die in der Verfolgung ihrer Ziele mit rücksichtsloser Entschlossenheit vorging. Die Probleme, die Sulla zu bewältigen hatte, waren Folgen des Bundesgenossenkrieges und der marianischen Heeresreform. Sullas Privatleben wurde als sekundär betrachtet, sein Organisationstalent hervorgehoben, seine staatsmännische Leistung ausführlich besprochen. Auch Last unterstrich die Notwendigkeit einer monarchischen Leitung des Imperiums, betonte jedoch zugleich, daß die Zeit dafür noch nicht reif war. Sullas Person wurde so insgesamt durchaus kritisch und ausgewogen, im Grunde jedoch verhältnismäßig positiv beurteilt.

Ernst Kornemann war ein enthusiasmierter, unermüdlicher Vermittler der Römischen Geschichte. Er ist stolz darauf gewesen, daß er Theodor Mommsen noch persönlich erlebt hatte, auf dessen Wertungen er immer wieder zurückgriff. Kornemanns zweibändige, erstmals 1938/39 erschienene «Römische Geschichte» fand dank ihrer Betreuung durch Hermann Bengtson jahrzehntelang eine anhaltende Resonanz (Stuttgart 1977[7]), dies noch lange über den Tod des Verfassers (1946) hinaus.

Im ersten Band der Darstellung (Die Zeit der Republik. Hier zitiert nach der 4. Auflage, Stuttgart 1960) rühmte er zunächst die militärische Leistung Sullas in den Jahren 87–83 v. Chr.:

«Seinen Truppen, seiner militärischen Einsicht und seinem Glücke verdankt der bedeutende Mann das Gelingen eines für Durchschnittsmenschen unmöglichen Unternehmens.»

Schon Sullas Sieg bei Chaironeia führte «den Grundzug sullanischen Wesens, die Verbindung gewaltiger Willenskraft mit einem kühnen, aber stets alles wohl berechnenden Verstand glänzend vor Augen» (462).

Aus den vielen Einzelheiten der Schilderung ist hier insbesondere Kornemanns Beurteilung von Sullas Diktatur hervorzuheben. Für ihn «war die neue Würde doch nichts anderes als ein zeitweiliges Aufleben des alten Königtums unter neuem Namen und ohne genauere Befristung» (475) – hieß es in Anlehnung an Mommsen. Sullas Stellung wurde jedoch auch mit jener der griechischen Aisymneten und Tyrannen verglichen; jedenfalls war Sulla «Monarch», «allerdings ein Monarch, der zugleich ein Republikaner geblieben war, weil er die Größe besessen hatte, sich selbst zu überwinden und auf die Alleinherrschaft freiwillig zu verzichten» (482).

Ausgehend von Helmut Berve, «dem das beste Sullabild verdankt wird», suchte Kornemann «das Ureigenste» von Sullas Wesen zu erfassen. Dies lag nach ihm darin, daß

«(...) er im Schutze seiner Privatgötter mit der Sicherheit eines Mondsüchtigen über schwindelnde Höhen und durch tiefste Tiefen des Erdendaseins – vieles im Augenblick mehr intuitiv erfassend und ausführend – unheimlich seinen eignen Weg wandelte, auch darin ein letzter, echter, alter glaubensgebundener Römer, zugleich aber vom Orient her noch tiefer beeinflußt als seine flacheren Zeitgenossen.
Der Schlächter der etruskischen Nation hat stets einen etruskischen Eingeweideschauer (Haruspex) wie einen Hauskaplan mit sich geführt, um durch ihn bei allen wichtigen Maßnahmen die Übereinstimmung mit dem Willen der Götter feststellen zu lassen. Und den Träumen hat er eine ganz besondere Bedeutung beigemessen, weil er in ihnen die geheimnisvolle Verkündigung der Gottheit an die Menschen erblickte; auch dies ist eine Zeiterscheinung.» (484 f.)

Doch neben all dem war Sulla für Kornemann auch «der fanatische Hasser» (488). Und: «Mehr noch als seine Gegner hat dieser Rohling den Blick für den Wert des einzelnen Menschenlebens aus der Herrenschicht verloren. Hieran ist das Römertum als Rasse zugrunde gegangen.» (485)

Auch in seiner während des zweiten Weltkriegs geschriebenen, wiederum zweibändigen «Weltgeschichte des Mittelmeerraumes» (München 1948) ist Kornemann diesen Auffassungen treu geblieben. Gelegentliche, ergänzende Neuformulierungen sind unerheblich. Wichtiger ist, daß für unsere Thematik ganze Abschnitte aus der «Römischen Geschichte» unverändert übernommen wurden.

Die Erörterung Sullas war in der nationalsozialistischen Epoche prekär. Zwar hatte ihn der «Rassen-Günther» als «nordisch oder vorwiegend nordisch» qualifiziert und ihm gleichsam den «historischen Arier-Nachweis» geliefert (H.-F. K. Günther, Rassengeschichte des hellenischen und des römischen Volkes. München 1929, 95), doch die Beschäftigung mit dem aristokratischen Diktator erschien weithin problematisch.

Exemplarisch für das Pathos der Epoche ist die Darstellung des Berliner Althistorikers Wilhelm Weber in der «Neuen Propyläen-Weltgeschichte» (Berlin I. 1940, 273–372). In ihr wabern geradezu «Rasse», «Blut, «Lebensraum», werden «Reinhaltung des Adelsblutes» und «bestes Blut» zu dominierenden Kategorien. Der «hochadlige Kornelius Sulla» (316) wird in diesen Rahmen eingefügt.

Im Jahre 88 v. Chr. «marschierte Sulla ... nach Rom, zersprengte die Marianer, rettete, erweiterte den Senat, tilgte die ihm selbst feindlichen Gesetze, schränkte die Macht der Tribunen ein. Dies alles geschah in höchster Reichsnot.» (319) In ähnlich komprimierter, hochgestimmter, gelegent lich ungenauer Form wird das folgende Geschehen resümiert: «Durch seine Schlachten, seine Entschlossenheit, den billigen Frieden (sc. mit Mithridates VI.) Retter des Reiches, ... rüstete er jetzt anderthalb Jahre im Osten zum Bürgerkrieg gegen Rom ... er blieb Revolutionär.» (320)

Mit seinem Sieg des Jahres 82 v. Chr. war Sulla «der Herr Roms und des Reiches. ... Hatten die Gegner, für ihn Emporkömmlinge, am Leben und Gut der Freunde sich vergriffen, der Aristokrat von altrömischer Härte konnte und mußte, wenn sein Rom leben sollte, sie überbieten. Grausiges Morden begann.» Wiederholt wird Sulla auch jetzt als «Revolutionär» bezeichnet. «Nie war ein einzelner bisher so hoch gestiegen! Aber war sein Glück, auf das er stolz war, nicht Schicksal, wie der Orient lehrte, den er kannte? Nach dem Bild Koriolans wurde der Revolutionär volksfeindlicher Reaktionär. «Der ‹Glückliche›, der hart war, wie ein Altrömer, jedem Widersacher voll heimzahlte, was er getan, war machttrunken und der reichste Mann Roms, darum Sinnbild der neuen Zeit.» (320) Webers Fazit lautete: Sulla «hatte Adelsbewußtsein und sah im Adel die letzte Möglichkeit zur Erhaltung Altroms, dachte und fühlte darin wie ein alter Römer. Aber war dies alles noch möglich?» (321)

Auch die ausführliche Darstellung von Werner Schur, «Das Zeitalter des Marius und Sulla» (Leipzig 1942), ist, wenn auch in sehr abgemilderter Form, vom Pathos der Zeit geprägt. Schur versuchte vor allem Marius politisch zu rehabilitieren. Sein Geschichtsbild war sehr einfach strukturiert: Marius war nach ihm der Repräsentant der «demokratischen», Sulla der «aristokratischen» Seite. Der augusteische Principat sollte dann die Synthese der beiden «Führerideen» bringen – eine Auffassung, welche sogleich den schärfsten Widerspruch von Ronald Syme erfuhr (Journal of Roman Studies 34, 1944, 103–109).

Ulrich Kahrstedt, der damalige Göttinger Althistoriker, konnte nach dem Ende des zweiten Weltkrieges eine der ersten Gesamtdarstellungen der Alten Geschichte veröffentlichen. In seiner während des Krieges und in dem ihm eigenen Stil geschriebenen «Geschichte des griechisch-römischen Altertums» (München 1948) trug er die folgende Bewertung Sullas vor: «Sulla hatte ein Ziel gehabt: Ordnung schaffen. Ihm dienten konservative und radikale Ideen, der große Reaktionär war der größte Neuerer.» (302)

Dem Diktator wurde vorgeworfen, daß er zu früh zurücktrat und deshalb nur einen Torso hinterließ. Bezeichnend ist Kahrstedts damalige Einordnung von Sullas Handeln: «Er hat die Welle des asiatischen und proletarischen Anpralls gegen die bürgerliche Welt der Weißen zum Stehen gebracht, aber noch nicht gebrochen.» (302) – eine geradezu krampfhafte Bemühung, neue Gemeinsamkeiten zu konstruieren.

Auch Fritz Taeger ging in seiner breit angelegten Gesamtdarstellung «Das Altertum» (Stuttgart 1958[6]) näher auf die Bedeutung von Sullas Rücktritt ein, freilich mit ganz anderer Akzentuierung:

«Der letzte Schlüssel zum Verständnis seiner (= Sullas) Persönlichkeit liegt, meine ich, in seinem Rücktritt ... der Schritt eines trotz allem Großen, der aus seiner Staatsauffassung verzichten mußte, aber doch nur verzichten konnte, weil er nicht der schöpferische Genius war, dem der Dämon in der eigenen Brust den Verzicht nicht erlaubt hätte. Schuld und Leistung verbinden sich in ihm untrennbar; aber größer als alle Schuld, die niemand ableugnen kann, ist das, was er für die Gegenwart und Zukunft seines Volkes getan hat.» (II.,624)

Stärker wurde das Sulla-Bild jener Jahre im deutschen Sprachraum jedoch durch die kleine Monographie von Hans Volkmann, «Sullas Marsch auf Rom» (München 1958. NDr. Darmstadt 1969) beeindruckt. Der Kölner Althistoriker gab dort eine konzentrierte Darstellung von Sullas Wirken, deren Vorzüge in ihrer sicheren quellenkritischen Fundierung wie in ihrer sprachlichen Gestaltung lagen. Der kenntnisreiche Verfasser setzte zudem neue Akzente, indem er vor allem für den Krieg gegen Mithridates VI. ideologische Zusammenhänge hervorhob. Darauf wird am Ende dieses Buches noch einmal zurückzukommen sein.

Seit den sechziger Jahren des 20. Jahrhunderts erzielte dann Alfred Heuß im deutschen Bereich der römischen Geschichte die stärkste Resonanz. Er setzte ganz andere Prioritäten als sein Lehrer Helmut Berve. Statt an Sulla Wesen und Bedeutung der Kaste altrömischer Aristokraten aufzuzeigen, stellte er nüchterne verfassungsrechtliche Aspekte in den Mittelpunkt seiner Darstellungen. Die Grundstruktur seiner «Römischen Geschichte» (Braunschweig 1960) mit ihrer scharfen Trennung von innerer und äußerer Politik erwies sich freilich gerade am Beispiel Sullas als wenig befriedigend. Eine stärkere Geschlossenheit des Geschehens konnte er hingegen in seinem Beitrag zur «Propyläen-Weltgeschichte» (IV. Berlin 1963, 214–231) erzielen.

Sullas Epoche war für Heuß identisch mit der «Militarisierung der Revolution» (Römische Geschichte, 162), er selbst «ein ausgezeichneter Militär und sehr geschickter, um nicht zu sagen ‹gerissener› Politiker» (165). Vor allem jedoch war er «die stärkste staatsmännische und organisatorische Potenz, welche das republikanische Rom jemals besessen hat» (Propyläen-Weltgeschichte, 227).

Der zweite Marsch auf Rom (83/82 v. Chr.) stand nach Heuß unter der «Parole der physischen Vernichtung des Gegners»; die Proskriptionen wurden «in der abendländischen Geschichte geradezu zum Urbild grausamer Gewaltsamkeit» (170). Heuß räumte ein, daß es keine Erklärung für das Verhalten des *Sulla crudelis*, des grausamen Sulla, seit 82 v. Chr. gab:

> *«Sulla war einer der klarsten Köpfe in politicis, die Rom jemals gehabt hat, gewiß ein Zyniker und auch blasiert, aber er war kein Sklave von Gefühlen. Und trotzdem bleibt keine andere Wahl: Sulla scheint in diesem Punkt von einem ans Pathologische grenzenden Haß bestimmt gewesen zu sein.» (Propyläen-Weltgeschichte, 224)*

Eine Stoßrichtung seines Vorgehens galt angeblich den «Kapitalisten des Ritterstandes» (171); mit den «Massenschlachtungen» und Enteignungen in Italien erntete Sulla «den traurigen Ruhm, die soziale Destruktion Italiens am tatkräftigsten gefördert zu haben» (172). Nachdrücklich wurde die «konstruktive Fähigkeit des Verfassungsgebers» (177) unterstrichen und in diesem Zusammenhang betont:

> *«Sulla war konservativ bis in die Knochen und gewiß alles andere als ein politischer Bahnbrecher; aber er war trotz eingewurzelter Sympathien und Antipathien kein verstockter Reaktionär.» (175)*

Entscheidend bei den bis ins einzelne besprochenen Regelungen der sullanischen Neuordnung waren nach Heuß die Verbesserung der technischen Verfassungsmechanismen sowie die Beschränkung der gesetzgeberischen Initiative des Volkstribunats. Die Einführung der Promagistratur wurde nach ihm identisch mit der «Entmilitarisierung Italiens» und brachte die «Befriedung des römischen Innenraumes im Sinne einer Sicherung der Senatsherrschaft» (174). Bei größeren außenpolitischen Krisen mußte sie sich freilich als «Fehlkonstruktion» erweisen.

Zusammenfassend hielt Heuß fest: «Der menschliche Jammer, der mit seinem (sc. Sullas) Namen verbunden war, hat sich in die Erinnerung nachhaltiger eingegraben als seine Verdienste.» Und dennoch ist seine Restauration «der entscheidende Einschnitt im Ablauf der römischen Revolution». Ging die politische Auseinandersetzung in ihr bisher um «konkrete Anliegen und Ziele», so in den folgenden fünfzig Jahren «um Sein oder Nichtsein des römischen Staates als Republik» (177 f.).

Hermann Bengtson, der zuletzt in München lehrte, war in vielfacher Hinsicht geradezu ein Antipode von Alfred Heuß. In seinem «Grundriß der Römischen Geschichte mit Quellenkunde.» (I. München 1967 (1982³), 190–205) gab der Handbuchherausgeber und -autor einen konventionellen Gesamtüberblick, der auf jeden literarischen Glanz verzichtete. Im Vordergrund stand für ihn eine zuverlässige Vermittlung des Quellenbestandes wie der modernen Forschungslage.

Einige charakteristische Akzente Bengtsons seien hervorgehoben: Roms Kampf mit Mithridates VI., der mit Hannibal verglichen wird, war auch für ihn, wie bereits für Mommsen, eine «Auseinandersetzung zwischen dem Westen und dem Osten» (191). Von Sullas einzelnen Maßnahmen nach 82 v. Chr. hob er insbesondere die Veteranenansiedlung hervor. Am Beispiel der Zurückdrängung des Oskischen in Kampanien wurde die Stärkung des römischen und latinischen Elements in Italien aufgezeigt. «Dies ist vielleicht die wichtigste Folge der sullanischen Ansiedlungspolitik.» (200)

Sullas Diktatur wurde in zeitgenössischer Terminologie als «ein umfassendes Ermächtigungsgesetz» bezeichnet, gegenüber Mommsens Definition pointiert auf die Auffassungen von U. Wilcken (Zur Entwicklung der römischen Diktatur. Abh. Berliner AdW. 1940, 1) verwiesen. Nach einem Überblick über die Reformen im einzelnen faßte Bengtson sein Urteil so zusammen:

«Zweifellos war Sulla ein genialer Einspänner unter seinen Zeitgenossen. In seiner Brust verband sich kühne Berechnung mit ganz unergründlichen emotionellen Regungen; wie in der Liebe, so war er auch im Haß ein Übermensch. War er aber wirklich ein entwurzelter Nobilis vom Schlage eines Cinna oder eines Catilina (Piganiol)? Oder war er ein übersteigertes Abbild eines echten Aristokraten (Berve)? Seine hohe Intelligenz ist ganz unverkennbar, sie zeigt sich nicht nur in seiner Diplomatie, sondern auch in seiner Kriegführung. Zu einem großen Staatsmann aber fehlte ihm vieles; so sehr man die Größe seines Reformwerkes anerkennen muß, so entbehrten seine Bemühungen doch einer in die Zukunft weisenden Linie. Und was am schwersten ins Gewicht fällt: er kannte in der Politik keine Versöhnung. Dadurch hat Sulla den Tod vieler Tausende seiner Gegner verursacht, die allein das Unglück hatten, im Dienst für eine verlorene Sache gestanden zu haben.» (203 f.)

Im historisch-materialistischen Geschichtsbild der Deutschen Demokratischen Republik, das sich seinerseits an jenem der Sowjetunion orientierte, kam der Gestalt Sullas nur ein geringes Interesse zu. In den von N. A. Maschkin, S. L. Uttschenko und H. Dieter – R. Günther herausgegebenen, zentralen Hochschullehrbüchern standen Klassenkämpfe, Sklavenkriege und sozio-ökonomische Perspektiven im Vordergrund. Der Spartacusaufstand nahm jeweils weitaus mehr Raum ein als Sullas Bürgerkrieg und Restauration.

Die dort zunächst grundlegende Übersetzung der «Römischen Geschichte» von N. A. Maschkin (Berlin 1953) enthielt eine kleine Charakteristik Sullas, in welcher vor allem dessen innere Widersprüche betont wurden, die Tatsache, daß er zwar bei seinen Soldaten eine außergewöhnliche Autorität genoß, persönlich jedoch egoistisch und kalt, gelderig und verschwenderisch, ein Verächter römischer Sitten gewesen ist. «Er war Epikureer und Skeptiker und begegnete den Forderungen der traditionellen Religion mit Ironie.» (293)

Sullas Verfassung wurde so definiert: «Im Grunde genommen aber besaß er die unumschränkte monarchische Gewalt, und die von ihm geschaffene Verfassung sicherte die Herrschaft einer Oligarchie, nicht der gesamten Nobilität, sondern nur einer bestimmten Gruppe von Nobiles.» Hervorgehoben wird auch, daß Sullas Handeln «der erste Versuch einer bewaffneten Machtergreifung, ... ein Präzedenzfall» gewesen ist, in dem das «Söldnerheer» eine entscheidende Rolle spielte (294).

Im Rahmen der von der Sowjetischen Akademie der Wissenschaften edierten «Weltgeschichte», für deren zweiten Band S. L. Uttschenko als Herausgeber verantwortlich zeichnete (Berlin 1963²), wurde Sulla wiederum nur gestreift. Die Bilanz lautete: «Die Widersprüche, die die römische Gesellschaft zerrissen, hatten sich noch mehr verschärft. Offenbar trat Sulla auch deshalb – für die Zeitgenossen völlig unverständlich – von der Macht zurück.» (374)

Im genuin deutschen DDR-Geschichtslehrbuch von H. Dieter und R. Günther, «Römische Geschichte bis 476» (Berlin 1979, 142–149), wird ebenfalls nur eine gedrängte Darstellung der Ereignisgeschichte gegeben. Sie endet in einer sehr eng an Maschkin angelehnten Charakterisierung von Sullas Diktatur und Persönlichkeit. Seine Maßnahmen waren angeblich «antidemokratisch; sie zielten auf die Ausschaltung des politischen Einflusses der unteren Volksschichten». ... Sulla «erwies sich ganz als ein Repräsentant der unnachgiebigen römischen Hocharistokratie, als ein Restaurationspolitiker, der in der Wahl seiner Mittel skrupellos war» (148). Biographien oder größere Spezialuntersuchungen zu diesem Themenkreis wurden nicht vorgelegt.

Die besonders ausgewogene Monographie «Die Römische Republik» (Freiburg 1932. 1973⁶) des Tübinger Althistorikers Joseph Vogt war über vier Jahrzehnte hindurch das am weitesten verbreitete deutschsprachige Vermittlungswerk für jene Epoche. Für Vogt ist der «hochkultivierte Aristokrat» von Anfang an ein «Glücksspieler» (293) gewesen, «der über politischen und militärischen Erfolgen die Genüsse der Welt und die Freuden der schönen Künste nie vergaß» (311).

Zu der Aberkennung des Oberbefehls im Krieg gegen Mithridates VI. im Jahre 88 v. Chr. bezog Vogt eindeutig Stellung:

«Die Zuerkennung eines militärischen Kommandos durch Volksbeschluß, nachdem bereits die herkömmliche Verlosung der Provinzen stattgefunden hatte, war ungesetzlich. Es lag hier wieder ein Versuch vor, das Volksgesetz zur einzigen Instanz der Gesetzgebung und Reichsverwaltung zu erheben.» (312)

Bei der Einschätzung von Sullas Restauration wird festgehalten, daß das «eigentliche Ziel Sullas, in der chaotischen Welt eine Ordnungsmacht aufzurichten, verfehlt» worden ist (324), und schließlich zusammengefaßt: «In seiner starren Systematik widersprach das Verfassungswerk Sullas der großartigen Tradition der römischen Politik.» (325)

Einer neuen Gelehrtengeneration gehörte der Heuß-Schüler Jochen Bleicken an, der sich wiederholt mit den Problemen der sullanischen Restauration auseinandersetzte, am klarsten in seinem propädeutischen Werk «Geschichte der Römischen Republik» (München 1980. 1988³). Er ging dabei davon aus, daß Sulla nach seinem Sieg eine grundlegende Analyse der Verfassung der Republik durchführte und daraus die Konsequenzen zog. Deshalb schuf er «eine völlig neue Form der Diktatur, sozusagen das innerstaatliche Gegenstück zu der alten Diktatur für äußere Notlagen».

Im Mittelpunkt stand die «Monopolisierung der Gesetzgebung beim Senat» durch die Entmachtung des Volkstribunats. Die Grausamkeit der Proskriptionen räumte auch Bleicken ein, «aber es handelte sich dabei nicht oder nicht nur um blutige Rache, sondern das Morden hatte System: Es wurden die Gegner ausgemerzt» (73).

Der speziell an Fragen der Verfassung und Rechtsprechung interessierte Autor hatte schon an anderer Stelle auf die Bedeutung der Neuordnung der Geschworenengerichtshöfe hingewiesen, darauf, daß dadurch «in Ablösung des schwerfälligen Volksgerichts und des alten kapitalen Privatprozesses ein funktionierendes System staatlicher Strafrechtspflege» entstand (Die Verfassung der römischen Republik. Paderborn 1975, 289–1985[4]). Auch hier rühmte er «den, römischem Denken durchaus nicht adäquaten, Hang Sullas zu systematischer Ordnung der Dinge» (74).

Sullas «Dezentralisierung der militärischen Machtmittel» wurde als Instrument zur Verhinderung der «Militarisierung der Politik» verstanden, allerdings um die Preisgabe eines einheitlichen militärischen Oberkommandos. Insgesamt aber hielt Bleicken fest: «Er (sc. Sulla) blieb seinen Anhängern nicht minder unheimlich und rätselhaft als seinen Gegnern. Von niemandem geliebt zu werden, schien ihn nicht zu bekümmern.» (75)

Als «Revolutionär und restaurativen Reformer» verstand Sulla zuletzt der Kölner Althistoriker Karl-Joachim Hölkeskamp im Rahmen des von ihm gemeinsam mit E. Stein-Hölkeskamp herausgegebenen Sammelbandes über große Gestalten der römischen Republik «Von Romulus zu Augustus» (München 2000, 199–218). In seiner Miniatur hob der Verfasser vor allem die Ambivalenz von Sullas Wirken hervor. «Der notorisch lockere Lebenswandel eines eleganten Wüstlings» wurde ebenso beleuchtet wie die «egomane Eitelkeit» und die permanente «Selbststilisierung» des «Revolutionärs» (200 f.). Negative Züge überwogen. Sullas Präsenz in der Folgezeit dokumentierte einmal mehr die «fatale Zweischneidigkeit» (217) seines Wesens und Wirkens, eines Mannes, der primär als «Außenseiter» (210) gesehen wurde.

Im englischsprachigen Bereich trat seit den fünfziger Jahren des 20. Jahrhunderts E. Badian (Harvard) durch eine ganze Reihe von wichtigen Spezialuntersuchungen zur sullanischen Epoche hervor. (Übersicht in: The Cambridge Ancient History. Second Edition. IX. Cambridge 1994, 824 f.) In der Regel ging es dabei um prosopographische und chronologische Fragen. Sein Gesamturteil über «Lucius Sulla. The Deadly Reformer» hat Badian lediglich in der frühen Publikation seiner «Todd Memorial Lecture 1969» (Sydney 1970) zugänglich gemacht.

Badian ging dort von der Entwicklung der eigenartigen persönlichen Beziehung zwischen Marius und Sulla aus, wobei er zu bedenken gab, daß diese primär lediglich aus Sullas Stilisierung bekannt ist. Zudem wies er darauf hin, daß die römische Innenpolitik der neunziger Jahre ohnehin lediglich in Umrissen bekannt ist, eine Feststellung, die wohl dazu führte, daß sich Badian in der Folgezeit immer wieder gerade diesem Problemkreis zuwandte.

Einen ähnlichen Strauß von Spezialuntersuchungen legte auch A. Keaveney vor (Übersicht CAH. IX, 2. 1994, 827). Er veröffentlichte daneben indessen auch eine nützliche Biographie «Sulla, the last Republican» (London 1982), die beste propädeutische Einführung in die damalige communis opinio, die durchaus kritisch besprochen wurde.

Schließlich gab auch R. Seager im Sulla-Kapitel der neuen «Cambridge Ancient History» (siehe oben, 165–207) eine zuverlässige Schilderung der Ereignisgeschichte, in welcher freilich nur selten persönliche Wertungen wie etwa die folgende begegnen:

> *«Wie Caesar, so war auch Sulla ein Außenseiter in der Politik, völlig selbstbezogen in der Verfolgung seiner Ambitionen, stets bereit, die Regeln des politischen Spiels zu brechen, um sein Ziel zu erreichen. Doch anders als Caesar hatte er strenge Ansichten, die schon im Jahre 88 v. Chr. genau bestimmt waren, darüber, welche Heilmittel notwendig waren, um den römischen Staat zu verrechtlichen, und vielleicht den Glauben daran, daß er selbst durch die Gottheit für diese Aufgabe bestimmt war.» (169 f.)*

Doch anders als H. Last in der ersten Auflage des Werks vermochte Seager keine überzeugende persönliche Gesamtbeurteilung vorzutragen.

Im französischsprachigen Bereich sind die wichtigsten Arbeiten von François Hinard vorgelegt worden. Dessen, aus einer Thèse an der Sorbonne hervorgegangene große Monographie «Les proscriptions de la Rome républicaine» (Paris 1985) wurde bereits erwähnt. Für ihren Bereich stellt sie zweifellos einen entscheidenden Erkenntnisfortschritt dar. Es ist danach verständlich, daß Hinard nicht nur eine Sulla-Biographie (Paris 1985) vorlegte, sondern in dem von ihm herausgegebenen Sammelband «Dictatures» (Paris 1988) wenig später versuchte, die Eigenart von Sullas Diktatur durch Vergleiche auch mit modernen Diktaturen schärfer zu profilieren.

In Italien wurden die wichtigsten Beiträge zur sullanischen Epoche von Emilio Gabba, dem führenden kritischen Appian-Spezialisten der Gegenwart, vorgelegt. Seit nahezu fünf Jahrzehnten publizierte Gabba neben einer Monographie eine ganze Reihe bewährter kommentierter Ausgaben und Übersetzungen, zuletzt – gemeinsam mit D. Magnino – die grundlegende griechisch-italienische Edition «La Storia Romana. Libri XIII–XVII. Le guerre civili di Appiano» (Torino 2001).

Parallel hierzu veröffentlichte der Gelehrte zahlreiche Spezialuntersuchungen zur Historiographie, den Zusammenhängen zwischen Heeresverfassung, Sozialstruktur, Landvermessung, Wirtschaftsweisen, Bundesgenossenfragen und Municipalpolitik. Hervorzuheben sind hier insbesondere sein großer Forschungsbericht «Mario e Silla» (in: ANRW. I, 1. Berlin 1972, 764–805), die Aufsatzsammlung «Republican Rome, the army and the allies» (Oxford 1976) sowie die Beiträge in der «Storia di Roma». II,1. (Torino 1990, 671–714).

Gabba hat Sulla nie isoliert gesehen und ihn nie rein biographisch aufgefaßt. Er hat ihn im Gegenteil stets bewußt in die mit den Gracchen beginnende revolutionäre Gesamtentwicklung eingeordnet. Über alle persönlichen Impulse hinaus ging es ihm stets um die Kontinuität neuer Perspektiven, so vor allem jener zwischen Livius Drusus und Sulla. Seine schon besprochene, überzeugende Einschätzung der marianischen Heeresreform, die sich durchgesetzt hat, und seine Analyse der Feindschaft zwischen Marius und Sulla stellen eindeutige Erkenntnisfortschritte dar.

Einen besonders starken Akzent legte Gabba auch auf die Ereignisse des Jahres 88 v. Chr. Er war der Überzeugung, daß sich Sullas Persönlichkeit und Ziele schon damals in ihrer ganzen Komplexität enthüllten, daß es sich bei seinen Maßnahmen nicht um kurzfristige Improvisationen, sondern bereits um organische Reformen handelte, die spätere Lösungen erkennen ließen.

Nach 82 v. Chr. versuchte Sulla dann nach Gabba in einer «konstituierenden Diktatur» eine gemäßigte Oligarchie zu verwirklichen. Fern aller extremen und radikalen Konzeptionen sollte Sulla dabei nicht einseitig als «Aristokrat» par excellence verstanden, sondern angemessen berücksichtigt werden, daß er auch die Ritter favorisierte und sie in der Tradition des Livius Drusus in die Staatsverantwortung miteinbeziehen wollte. Ähnliches galt für die italische Municipalaristokratie.

Sullas gemäßigte Restauration war danach eine Konsequenz und Fortsetzung des Bundesgenossenkrieges, eine Neuordnung, die zugleich die Romanisierung und Urbanisierung Italiens förderte. Wenn sich Sulla als «neuer Romulus» feiern ließ, so wollte er damit die Vorstellung von Marius als drittem Gründer Roms, nach Romulus und Camillus, konterkarieren. Gabba verglich ihn mit De Gaulle, räumte aber auch ein, daß Sulla die Fähigkeiten und das Verantwortungsbewußtsein der römischen Führungsschicht bei weitem überschätzte.

Eine möglichst umfassende Rezeptionsgeschichte in kulturgeschichtlich-künstlerischer Perspektive der Gestalt Sullas würde dessen Stellung im europäischen Geschichtsbild aufzeigen und damit wichtige Rückschlüsse auf den Wandel politischer Wertungen zulassen. Doch dafür liegen nicht einmal Vorarbeiten vor, so daß auch hier lediglich einige Hinweise möglich sind. Am bekanntesten ist in diesem Zusammenhang wohl noch immer Mozarts 1772 in Mailand entstandenes Dramma per musica «Lucio Silla» mit seiner phantasievollen Handlung, welche den Großmut eines absoluten Herrschers in römischem Gewand vor Augen führt.

Auf die Texte von Grabbe und Haushofer hat bereits Hans Volkmann hingewiesen. Beide vibrieren von zeitgenössischen Spannungen. Der Napoleonverehrer Christian Dietrich Grabbe schilderte in seinem Jugendfragment «Marius und Sulla» (1823–1827) Sullas Zweifel am eigenen Werk, die Verachtung der Menschen wie der Welt und schließlich dessen Niederlegung der Macht und den Rückzug in die Einsamkeit.

Das Sulla-Drama des noch 1945 ermordeten Widerstandskämpfers Albrecht Haushofer (Sulla. Berlin 1938), ein betont fesselndes und doppelbödiges Werk, zeigt in gedankenreichen Parallelen das Leben in einer Diktatur. So werden Sullas Stabsoffizier Cotta die Worte in den Mund gelegt:

«Wer Macht verkörpert, unbeschränkte Macht,
Auch nur, wie wir, den kleinsten Teil davon,
Der muß darauf verzichten, von den Menschen
Zu hören, was sie denken und empfinden.» (132)

Haushofer schildert die Entwicklung des selbstsicheren Feldherrn und Diktators zum irritierten Herrscher durchaus glaubhaft. Sein Gegenspieler, der Philosoph Zosias, deutet dies so: «Und Sullas Wesen zehrt sich selber auf – In grenzenloser Herrschaft – ohne Maß». (181) Zu einem Zusammenwirken der beiden Persönlichkeiten, der Mitwirkung Zosias' an Sullas Werk, kann es nicht kommen:

«Weil Ihr zu gleicher Zeit
Der Herr der Welt und ihr Verneiner seid.
Ich spüre keine Grenze mehr in Euch!» (86)

Ein ähnlich tiefgreifendes Anti-Tyrannen-Stück dürfte in der nationalsozialistischen Ära wohl kaum zu finden sein.

Im Genos des Romans wurde Sulla dagegen von nicht wenigen effektvollen Gestaltungen ausgebeutet. Genannt seien – nach einem Verzeichnis von Florian Krüpe – lediglich: Hans Heyck, Der Glückliche. Roman einer Diktatur. Leipzig 1931; Peter Green, Der Purpur der Macht: das sind: die Memoiren des hochberühmten Lucius Cornelius Sulla, mit dem Beinamen der Glückliche. Stuttgart 1960; Colleen McCullough, Eine Krone aus Gras. München 1993; Bernard Simiot, Moi, Sylla, dictateur. Paris 1993; Jutta Deegener, Sulla. Roman über die Spätzeit der Römischen Republik. 1997. Der Kette dürften weitere Glieder anzufügen sein.

VII. SULLAS PERSÖNLICHKEIT

D*ie Schwierigkeiten*, ein zutreffendes Gesamtbild von Sullas Persönlichkeit zu erfassen, resultieren im wesentlichen einerseits aus einer unzulänglichen Überlieferungslage, andererseits aus den modernen Versuchen, diese widersprüchliche Gestalt in eine neuzeitliche Typologie einzubinden. Ausgewogene und ausführliche zeitgenössische Quellen liegen zu Sulla, wie wir sahen, nicht mehr vor. Weder die Spuren seiner Memoiren noch die wenigen Fragmente annähernd gleichzeitiger Geschichtswerke vermögen eine umfassende, wirklichkeitsnahe Darstellung zu geben.

Bei den zahlreichen späteren Erwähnungen Sullas handelt es sich dann zumeist um die Beschreibung von Teilaspekten, um literarisch oder politisch bedingte Akzentuierungen, nicht selten auch um sittlich-moralische Verurteilungen, welche insbesondere die Schlußphase jenes Lebens verallgemeinern.

Die Widersprüche der antiken Nachrichten sind Legion. Sie schildern den jungen Lebemann wie den fähigen Oberbefehlshaber und nicht zuletzt einen abergläubischen Menschen, der daran glaubte, unter göttlichem Schutz zu stehen, und der dennoch als kalter Realist handelte. Dabei war der indifferente, blasierte Aristokrat eine stets sympathische Erscheinung, die jedermann zu beeindrucken verstand, nicht zuletzt auch deswegen ein erfolgreicher Diplomat. Gleichzeitig galt er als undurchsichtiger, willensstarker, egomaner Tyrann. Anhand der Beispiele im Umgang mit Pompeius und Caesar lassen sich Sullas Nachgiebigkeit, anhand jener mit Ofella und dem Bürgermeister von Puteoli sein brutaler und kompromißloser Haß dokumentieren.

Die Reihe ließe sich fortsetzen, die Exempla aber dürften genügen. Nicht weniger irritierend sind die modernen Versuche, Sulla typologisch zu klassifizieren. Der «letzte Altrömer», «Monarch», «Revolutionär», «Reaktionär», «restaurative Reformer», «Restaurationsterrorist», «Außenseiter» – um nur einige der verbreitetsten Begriffe zu nennen – solle der Diktator gewesen sein. Dabei sei nicht bestritten, daß Sulla wenigstens einzelne Elemente solcher Qualifizierungen verkörperte, gleichzeitig jedoch sei betont, daß mit ihnen allein sein Wesen nicht zu erfassen ist. Die gegensätzliche Begrifflichkeit zeigt zugleich die generelle Problematik für Historiker, für diesen in vielfacher Hinsicht ungewöhnlichen Menschen eine prägnante Charakterisierung zu finden und sein Handeln auf einen Nenner zu bringen.

Der folgende Versuch, ein Gesamtbild von Sullas Persönlichkeit und zugleich auch eine Beurteilung seines Wirkens zu entwerfen, beansprucht nicht, die skizzierten Gegensätze aufzulösen und dem eine völlig neue Charakterschilderung entgegenzustellen. Neben einer Zusammenfassung der hier gezeigten Entwicklung seien beim Versuch der Annäherung an diesen Diktator drei Schwerpunkte gesetzt: Sie bemüht sich erstens, wie die gesamte Darstellung, Sulla stärker in die politischen und mentalen Konstellationen seiner Zeit einzuordnen und damit die häufig isolierenden Wertungen zu vermeiden. Zweitens sucht sie Sullas Entwicklung näher zu erfassen; drittens analysiert sie jene Beziehungen Sullas zum transzendentalen Bereich, welche die moderne Forschung neuerdings in den Perspektiven von Selbstdarstellung, Stilisierung und «Propaganda» klären möchte.

Wer eine Beurteilung der Persönlichkeit Sullas unternimmt, die nicht von einzelnen kolportierten Zügen und Fakten ausgeht, sondern den Menschen insgesamt zu erfassen sucht, wird die herkömmlichen Topoi des blasierten, arroganten Aristokraten, des undurchsichtigen Spielers, des «Fuchses» nicht überschätzen dürfen. Er wird berücksichtigen müssen, daß Sulla die Phantasie seiner Mitmenschen zeitlebens in besonderem Maße erregte.

Der aristokratische Lebenskünstler aus scheinbar degenerierter patrizischer Familie gab ebensolche Ansatzpunkte für Unterstellungen, Gerüchte und Kritik wie der junge Reiterführer, der es wagte, Marius herauszufordern, oder der Statthalter Kilikiens, der sich dort wohl wie so viele römische Prokonsuln und Proprätoren bereichert hatte. Dasselbe galt für den Legaten im Bundesgenossenkrieg, den Konsul und Auslöser des Bürgerkrieges, den er schließlich ebenso erfolgreich beendete wie zuvor den Feldzug gegen Mithridates VI. von Pontos.

Erst recht boten sich dafür der Vollstrecker der Rache und der Verantwortliche für Terror und Proskriptionen an, der Diktator, der sein Amt niederlegte, nachdem er eine umfassende, effizienter gestaltete Restauration durchgesetzt hatte, und schließlich der Privatmann, der in den letzten Monaten seines Lebens scheinbar noch einmal eine Regression in die Exzesse seiner Jugend erlebte.

Mit all ihren unbestrittenen inneren Widersprüchen ist Sullas Persönlichkeit offensichtlich nicht auf ein bestimmtes Element allein zurückzuführen. Neben den nur sehr vage bestimmbaren persönlichen Anlagen könnten wohl die Erlebnisse des Kindes und des jungen Mannes wichtige Hinweise auf die Entfaltung seiner Persönlichkeit geben. Doch gerade für die ersten drei Jahrzehnte seines Lebens bleiben die wesentlichen Einflüsse, die Namen der Gefährten und Lehrer wie die genauen Inhalte seiner Bildung im Dunkeln. Die Hinweise auf den «Künstlerkreis», in dem er sich schließlich bewegte, reichen dafür nicht aus. Daß sich Sulla für Atellanen, die damals modischen lateinischen Volkskomödien, begeisterte und auch selbst Stücke in jenem derben Genos verfaßt haben soll, besagt nicht allzuviel.

Die Hauptzüge von Sullas Wesen lassen sich nicht harmonisieren. Der Mensch, der so oft seine gewinnende Seite zeigte und Personen jeder Art und jeden Standes für sich einzunehmen wußte, besaß in seinem Innersten auch ein leidenschaftliches Naturell. Sein Ehrgeiz und sein Wille konnten sich bis zur Besessenheit steigern.

Doch derselbe Mann gab sich, vor allem nach großen Anspannungen, wie den Eroberungen von Athen und Rom, geradezu provozierender Gleichgültigkeit und Lässigkeit hin. Er ließ die Dinge treiben, trat dem Blutrausch und der Habgier seiner Soldaten und Anhänger nicht entgegen, sondern ließ sie sich wohl bewußt austoben und bereichern und setzte erst danach in seinem Sinne konsolidierte Verhältnisse durch.

Sulla war ein Mensch, der sich auf jeder Stufe und in jeder Hinsicht seines Lebens voll auslebte; seine Selbstsicherheit war fest gegründet, sie nahm scheinbar noch von Jahr zu Jahr zu. Dennoch verlief seine Entwicklung keineswegs reibungslos. Oft genug war er lebensbedrohenden Situationen, dem Zwang, um alles oder nichts zu spielen, ausgesetzt, und oft genug schien sein Schicksal besiegelt. Dies geschah auf dem numidischen Kriegsschauplatz wie beim ersten Marsch auf Rom, bei Orchomenos wie in der äußerst prekären Situation an der Porta Collina.

Mochte er noch so oft sein sprichwörtliches Glück, in welcher Kombination auch immer, beschwören, dieser Mann durchlebte und bestand schwerste existentielle Krisen, Todesgefahren und die Verzweiflung über scheinbar drohende Niederlagen und Katastrophen. Gerade daraus aber erwuchs am Ende seine rücksichtslose Entschlossenheit, die Gegner nicht nur zu besiegen, sondern sie zu vernichten.

Bei jeder Beurteilung von Sullas Handeln ist schließlich zu berücksichtigen, daß dieser entscheidende Entschlüsse nicht auf Grund eigenen Willens und eigener Initiativen traf, sondern daß er im Gegenteil immer wieder auf Entwicklungen und Konstellationen reagieren mußte, die seine Gegner herbeigeführt hatten. Der bedeutendste und folgenschwerste Vorgang lag dabei 88 v. Chr. in der Aberkennung des ihm legal übertragenen Oberbefehls im Krieg gegen Mithridates VI., auf die er notwendig mit dem ersten Marsch auf Rom antworten mußte, wenn er nicht seine *dignitas*, seine Würde, verlieren wollte. Caesar sollte später am Rubikon nicht anders reagieren. Damit war freilich eine Entscheidung getroffen, die nicht mehr rückgängig zu machen war und die alle weiteren fatalen, doch zunächst noch gar nicht zu kalkulierenden Folgen nach sich zog.

Im Unterschied zu seinen militärischen und politischen Aktivitäten ist über Sullas Privatleben nur wenig bekannt, wenn man von seiner freizügigen und aufsehenerregenden Künstlergesellschaft absieht. Vor allem fehlen auch nähere Informationen über die fünf Ehen, die er im Laufe seines Lebens einging. Seine erste Frau Ilia oder Iulia schenkte ihm eine Tochter Cornelia, die im Jahre 88 v. Chr. in typischer Aristokratenmanier mit dem Sohn seines Amtskollegen im Konsulat, Q. Pompeius Rufus, verheiratet wurde. Von der zweiten Gattin, Aelia, ist lediglich der Name bekannt. Etwas mehr dagegen von seiner dritten Frau, Cloelia, die Sulla offensichtlich schätzte, sich jedoch von ihr scheiden ließ, als die Ehe kinderlos blieb.

Schon kurz danach heiratete er dann in Caecilia Metella eine der angesehensten Damen der römischen Aristokratie. Sie war eine Nichte des Marius-Gegners Q. Caecilius Metellus Numidicus und in erster Ehe mit dem Princeps senatus M. Aemilius Scaurus verheiratet gewesen. Durch sie verband sich Sulla mit einem der angesehensten Geschlechter Roms. Im Jahre 86 v. Chr. sah sich Caecilia Metella mit ihren Kindern zur Flucht nach Griechenland gezwungen; sie erlebte noch Sullas Triumph, erkrankte dann jedoch schwer.

Obwohl Sulla sie wohl liebte und verehrte, befolgte er die religiösen Anweisungen von Priestern, die eine demonstrative Beachtung traditioneller kultischer Normen forderten. Sulla mied deshalb jeden Kontakt mit ihr, ließ die Sterbende in ein anderes Haus schaffen und sandte ihr den Scheidungsbrief. Durch eine pompöse Beisetzungsfeier mag er andererseits öffentlich seine Gefühle bekundet haben.

Zur fünften Ehefrau wählte Sulla Valeria, eine Tochter des M. Valerius Messala, die dabei selbst die Initiative ergriffen hatte, weil sie angeblich Anteil an Sullas Glück zu haben wünschte. Sie brachte nach Sullas Tod eine Tochter Postuma zur Welt.

Während über diese wie über Sullas ersten, von Caecilia Metella geborenen und schon früh verstorbenen Sohn Lucius (?) Cornelius Sulla keine näheren Nachrichten vorliegen, sollten die Zwillinge der vierten Ehe, Faustus und Fausta, in den folgenden Jahrzehnten immer wieder von sich reden machen. Faustus Cornelius Sulla, der ebenso wie seine Schwester unter der Vormundschaft des Lucullus aufwuchs, wurde später wiederholt von Gegnern seines Vaters wegen finanzieller Eingriffe des Diktators angeklagt, doch erfolgreich verteidigt.

Er diente im Heer des Pompeius, der auch sein Schwiegervater wurde, erstieg 63 v. Chr. als erster die Mauern des Tempels von Jerusalem. Verschuldet erreichte er lediglich die Quaestur, kämpfte im Bürgerkrieg mit den Pompejanern bei Pharsalos und Thapsus und wurde danach von Caesars Soldaten ermordet. – Seine Schwester Fausta war dagegen vor allem wegen ihrer «Ausschweifungen» berüchtigt, an der ihre Ehen mit C. Memmius und T. Annius Milo zerbrachen. Das «Glück» des Vaters hatte sich so lediglich auf die Namen der Zwillinge vererbt.

Im Mittelpunkt von Sullas Existenz stand, insbesondere in den für ihn entscheidenden Jahren zwischen 88 und 82 v. Chr., der militärische Bereich. Es ist dabei geradezu paradox, daß sich ausgerechnet der aristokratische «Lebemann» und blasierte, abergläubische Zyniker als eine von Roms glänzendsten militärischen Begabungen erwies. Auch in dieser Hinsicht ist Sullas Entwicklung faszinierend. Offensichtlich war er schon rein physisch zum Kavalleristen und Reiterführer geboren, einer Truppengattung, die seinem Stolz, Selbstbewußtsein und Überlegenheitsgefühl entgegenkam und die es ihm zugleich erlaubte, seinen Mut ebenso unter Beweis zu stellen wie seine Dynamik, Entschlossenheit und Übersicht.

Aus dem Kavalleriekommandeur des Jugurthinischen

Krieges, der sich auf einem begrenzten und atypischen Kriegsschauplatz bewährte, wurde der ebenfalls noch subalterne Legat im Germanen- und im Bundesgenossenkrieg, der sich bereits in Kleinasien als selbständiger Befehlshaber ausgezeichnet hatte und sich damit gegenüber verschiedenartigsten, zum Teil besonders starken und trotzigen Gegnern zu behaupten wußte.

In eine neue militärische Dimension wuchs Sulla dann im Jahre 88 v. Chr. als Oberbefehlshaber hinein, als er zum Teil improvisierte, zum Teil großräumige und voraussetzungsreiche Operationen zu leiten hatte. Dabei blieben ihm Rückschläge, wie vor Athen und dem Piräus, nicht erspart, als er die Kunst des Belagerungskrieges mit all ihren technischen Spezialkenntnissen gegenüber einem darin erfahrenen Feind erst noch zu erlernen hatte.

Doch Zug um Zug wuchs Sulla in die Rolle des großen Feldherrn hinein, meisterte den Bewegungskrieg in Griechenland wie in Kleinasien, schlug die zahlenmäßig weit überlegenen Heere Mithridates' VI. bei Chaironeia wie bei Orchomenos, paktierte schließlich mit seinem Gegner und eröffnete endlich den erbitterten Kampf um Italien und Rom.

Nun kam es für ihn darauf an, die Operationen seiner Verbände zu koordinieren und die zahlreichen Widerstandsherde und Gegenangriffe sowohl im gesamten westlichen Mittelmeerraum niederzuwerfen als sich auch endlich in der Entscheidungsschlacht vor den Toren Roms zu behaupten. Auf diesem langen Weg stand und fiel Sullas Schicksal mit seinen herausragenden militärischen Qualifikationen, die sich auch unter den ungünstigsten Bedingungen bewährten.

Sullas nie angefochtene militärische Autorität beruhte vor allem auf zwei Phänomenen, einmal auf seinem persönlichen Einsatz, zum andern auf seiner souveränen Behandlung und Führung eines Berufsheeres, das einen ganz anderen Führungsstil und ganz andere psychologische Impulse erforderte als die alte Bürgermiliz der klassischen Römischen Republik.

Sulla scheute sich nie, sich in den Gefechten persönlich zu exponieren. Mehr als einmal gelang es ihm, Krisen durch sein Vorbild zu meistern. In allen Schlachten war er zu Pferde zugegen, warf sich bei Orchomenos – wo er das Blatt wenden konnte – ebenso ins Getümmel wie vor der Porta Collina – wo auch er von den Fliehenden mitgerissen wurde und den Sieg später Crassus verdankte. In seiner Tapferkeit und demonstrativen Präsenz ließ er sich jedenfalls nie übertreffen.

Nicht geringere Beachtung verdient seine Meisterschaft in der Führung des Berufsheeres neuer Art. Durch seine verständnisvolle Leitung, welche die elementaren Interessen seiner Soldaten berücksichtigte und sich völlig auf die entscheidenden Faktoren des Krieges konzentrierte, wie durch die offene Darlegung seiner Ziele sowie durch seine argumentative Überzeugungskraft gelang es ihm, dauerhafte, wechselseitige Beziehungen aufzubauen, welche auch den stärksten Belastungen standhielten. Dafür ist typisch, daß ihm im Jahre 88 v. Chr. vor Nola die Offiziere nahezu geschlossen den Gehorsam verweigerten, die Soldaten ihn dagegen zum Angriff auf Rom drängten. Es spricht für die Qualität und Erfahrung der Unteroffiziere dieses Heeres, daß sie ohne weiteres die Funktionen der ausgeschiedenen Offiziere übernehmen konnten und diese auch im folgenden Feldzug hervorragend ausfüllten.

Sullas Heer identifizierte sich von Anfang an völlig mit der Sache des Befehlshabers. Es stand nicht nur in allen Krisen und Rückschlägen zu ihm, war nicht nur bereit, ihn finanziell zu unterstützen, sondern gewann auch Tausende von Überläufern der feindlichen Armeen für ihn. Andererseits hielt Sulla auch seine Versprechungen: Die Veteranenansiedlungen in Italien waren das Äußerste, womit er sie belohnen konnte.

Am Ende hing im militärischen Bereich freilich alles von Sullas sich steigernden Fähigkeiten ab. Wie oben konkret gezeigt wurde, war er ein ebenso umsichtiger und erfindungsreicher Taktiker wie weitblickender Stratege. Gleichzeitig meisterte er die außergewöhnlichen Schwierigkeiten auf dem Gebiet der Logistik.

In strategischer Hinsicht imponiert Sullas zutreffende Einschätzung der jeweiligen Gegner und der «Feindlage» nicht weniger als die umfassende Vorbereitung seiner Operationen, die stets sorgfältig geplant waren. In den Jahren 83 und 82 v. Chr. gelang es ihm zudem, seine Ziele auch in Mittel- und Norditalien zu erreichen. Mit all dem ist er zu einem der erfolgreichsten römischen Feldherrn geworden.

Über Sullas politische Anfänge herrscht Unklarheit. Es steht jedoch fest, daß er nicht im Rahmen einer stabilen und konsolidierten Gesellschaft aufwuchs, sondern in einer Epoche schärfster politischer Auseinandersetzungen, Erschütterungen und ungelöster Probleme. Sulla hat diese Zeit ganz bewußt erlebt, beim Untergang des Gaius Gracchus war er 17 Jahre alt. Seine politischen Erfahrungen umfaßten die Rolle und die Möglichkeiten der Volkstribunen, die Wirren um den *ager publicus*, die Gegensätze zwischen Senatoren und Rittern, die Verschärfung der Bundesgenossenfrage, um nur die wichtigsten Punkte zu nennen.

Später erlebte Sulla die politischen Aktivitäten des Livius Drusus, doch wie eng die persönlichen Beziehungen zu ihm waren, ist kontrovers, obwohl er dann einige von dessen Ansätzen übernahm. Jedenfalls fiel der junge Sulla zunächst nicht durch auffallende politische Aktivitäten in der Öffentlichkeit auf.

Erst unter Marius wurde er dann direkt in das politische Spiel miteinbezogen, seine Gegnerschaft zu ihm auch zum Politicum. Er selbst spielte jedoch anfangs lediglich eine völlig untergeordnete Rolle, sein Verhältnis zum Senat dürfte ziemlich differenziert gewesen sein. Eine stärkere politische Sensibilisierung brachte dann zweifellos der Bundesgenossenkrieg, wobei Sulla sich offensichtlich gegen weitergehende Reformen aussprach.

Das Konsulat des Jahres 88 v. Chr. bildete schließlich eine

Zäsur, und Sulpicius wurde sein gefährlichster Gegner. Andererseits stand der Senat jedoch keineswegs geschlossen hinter ihm, und dies sollte auch unter der Herrschaft Cinnas so bleiben, als sich nicht wenige Senatoren mit diesem zu arrangieren begannen. Primär kämpfte Sulla daher seit 88 v. Chr. nicht für politische Ideen und Programme, auch nicht für eine soziale Gruppe, sondern in erster Linie für seine eigene Sache, die eigenen Interessen wie diejenigen seines Heeres, die damit identisch geworden waren, und er tat dies kompromißlos, bis zum Sieg im Bürgerkrieg.

Gewiß erweiterte sich Sullas politische Basis, als Flüchtlinge, meist Senatoren, aus Rom bei ihm eintrafen. Erst recht galt dies nach seiner Landung im Jahre 83 v. Chr., doch der Kreis dieser neuen Anhänger, denen Sulla vertraute, hatte bisher die verschiedensten Ziele verfolgt und war keineswegs homogen. In Rom dagegen fanden nicht wenige seiner Sympathisanten noch in den letzten Wochen des Bürgerkriegs den Tod.

Der eingeschüchterte und irritierte Rumpfsenat, den Sulla nach seinem Siege vorfand, nahm dessen Herrschaft hin. Seine Angehörigen wollten zunächst lediglich Terror und Proskriptionen überleben. Erst allmählich nahmen sie, meist vorsichtig und zurückhaltend, im Banne des Diktators ihre traditionellen politischen Funktionen wieder auf. Gegen Sullas Gesetze und Anordnungen leisteten sie zunächst keinen Widerstand.

Sulla nahm seine Aufgaben als Diktator in vollem Umfang, aber auch innerhalb deren Grenzen wahr. Das Ziel der Errichtung einer Monarchie wäre unrealistisch gewesen, zudem bemühte sich Sulla aus Überzeugung um die Wiederherstellung der alten staatlichen und gesellschaftlichen Ordnung. Allerdings versuchte er dabei zugleich, aus den Erfahrungen der vergangenen Jahre die Konsequenzen zu ziehen, dies insbesondere im Hinblick auf die Möglichkeiten des Volkstribunats. Die Verbesserungen, die er in Administration und Rechtsprechung herbeiführte, sind evident. Vor allem ist anzuerkennen, was selten geschieht, in welch kurzer Zeit sie durchgesetzt und realisiert wurden. Dennoch: Ein überragender Staatsmann und großer Politiker ist Sulla nicht gewesen. A. Keaveney hat ihn als «letzten Republikaner» bezeichnet, der freilich «die römische Republik nicht mehr retten konnte» (Sulla. The Last Republican. London 1982, 227).

Die Vorstellungen, daß die Götter auf vielfältige Weise ihren Willen bekunden und daß die nahe wie die ferne Zukunft des menschlichen Schicksals mit Hilfe von Opferdeutung, Naturbeobachtung und Astrologie wie durch die Beachtung von Orakelsprüchen, Träumen und Erscheinungen jeder Art erkennbar sind, zählen zu den fundamentalen Überzeugungen der römischen Welt in republikanischer Zeit. Sie behaupteten sich selbst in der Epoche der Auflösung alter religiöser Formen und des Eindringens griechischer, hellenistischer und orientalischer Kulte und Konzeptionen in der späten Römischen Republik. Sie behaupteten sich selbst in einer scheinbar so rational disponierten Persönlichkeit wie Sulla.

Die Beachtung von solchen Voraussagen und Ankündigungen durchzieht sein ganzes Leben. Sie begegnet insbesondere an den entscheidenden Punkten seiner Laufbahn, dort häufig sogar massiert. Offensichtlich dienten ihm diese Phänomene wiederholt zur Bestätigung eigener Ziele und Absichten, doch gleichzeitig auch zur Sanktionierung seiner Pläne sowie als Mittel der Überzeugung seiner Umgebung und seiner Truppen. Es ist für Sulla charakteristisch, daß er offensichtlich von solchen Hinweisen abhängig war, sie nicht in seiner Brust verschloß, sondern im Gegenteil bekanntmachte und zur Gewinnung von Zuversicht für seine Sache einsetzte.

An einige Glieder der Kette sei deshalb auch hier erinnert. Während seines Treffens mit dem parthischen Gesandten am Euphrat hatte, wie bereits erwähnt wurde, ein Chaldäer Sulla verkündet, daß er der Größte werden müsse und daß es überraschend wäre, daß er es nicht jetzt schon sei. Vor dem ersten Marsch auf Rom war ihm dann das Gelingen seines Vorhabens von einem etruskischen Opferdeuter in pathetischster Weise angekündigt worden, ebenso durch eine Traumerscheinung der kappadokischen Göttin Mâh, die wohl denkbar starken Eindruck auf ihn gemacht hat.

Die Frage nach Sullas religiösen Prioritäten hat eine lang anhaltende, teilweise sehr subtile wissenschaftliche Diskussion ausgelöst. Angesichts der überlieferten Fakten und Zeugnisse empfiehlt es sich, dabei von einer mehrgliedrigen Struktur von Gottheiten, Mächten und Vorstellungen auszugehen, die untereinander in enger Verbindung standen und dabei griechische, orientalische und römische Konzeptionen miteinander verbanden. Daß hierbei, wie erwähnt, die Felix- und Epaphroditos-Elemente zu offizieller Bedeutung gelangten und deshalb auch eine besondere Bedeutung beanspruchen dürfen, ist offenkundig.

Darüber sollte indessen Sullas enge Beziehung zu Apollo nicht vergessen werden. Es war ein demonstrativer, ebenso politischer wie religiöser Akt, daß er im Jahr seiner Prätur in großzügigster Weise die *ludi Apollinares* feiern ließ, die einer seiner Vorfahren begründet hatte. Es war ebenso sinnfällig, daß er nach seiner Landung in Griechenland das Orakel des Apollo von Delphi über den Verlauf seines Feldzuges wie über sein persönliches Schicksal befragte.
Damals erhielt er die folgende Antwort:

> *«Traue mir, Römer. Große Macht hat Kypris in ihrer Fürsorge dem Geschlecht des Aeneas gegeben. Du aber gib allen Unsterblichen jährlich Gaben und vergiß das Folgende nicht. Nach Delphi bringe Geschenke. Es gibt eine Gottheit unter dem schneebedeckten Tauros, wo Karer eine große Stadt bewohnen, benannt nach Aphrodite. Schicke ein Beil dorthin, und Du wirst Macht in Fülle erhalten.» (Appian, E 1,453 – Übersetzung von Hans Volkmann)*

Sulla befolgte den Spruch und sandte dem Aphrodite-Heiligtum der karischen Stadt Aphrodisias einen goldenen Kranz und ein goldenes Beil mit der Widmung: «Dieses weihte ich, Sulla der Feldherr, Dir, Aphrodite, als ich im Traum Dich durch das Heer einhergehen und bewaffnet mit den Waffen des Ares Dich kämpfen sah.» (a. O., 455)

War so die Verbindung zwischen Apollo und Aphrodite hergestellt, so kam Sulla in der größten existentiellen Krise seines Lebens, angesichts der drohenden Katastrophe an der Porta Collina, doch auf Apollo zurück. Sein Anruf des Gottes, dessen Amulett er bei sich trug, lautete nach Plutarch (Sulla,29):

«Pythischer Apollo, hast Du den glücklichen Cornelius Sulla, den Du in so vielen Kämpfen zu einem glänzenden Ruhm erhoben hast, bis vor die Tore der Vaterstadt geführt, um ihn da noch niederzuwerfen und mit seinen Mitbürgern auf die schimpflichste Art umkommen zu lassen?»

In Griechenland nahm Sulla schon früh den Beinamen «Epaphroditos» (Schützling der Aphrodite) für sich in Anspruch. Bereits im Jahre 86 v. Chr. begegnet dieser Namensbestandteil in der Widmung der Siegeszeichen von Chaironeia; wenige Jahre später wurde er dann auch vom römischen Senat offiziell legitimiert. Damit ist wohl bewiesen, welch großen Wert Sulla auf diese Stilisierung legte. Eine andere Frage bleibt dagegen, ob es sich bei dieser Selbstbezeichnung um eine Art von «Gegen-Ideologie» handelte, wie einst Hans Volkmann meinte, um den Versuch, damit die Apostrophierung Mithridates' VI. als «Neuer Dionysos» zu konterkarieren.

Auf der römischen Seite entsprach dem die nicht minder bedeutsame Verbindung Sullas mit Venus und Felicitas. Schon die von Lucullus in Griechenland geprägten Gold- und Silbermünzen, die Aurei und Denare, zeigen auf ihren Vorderseiten den Kopf der Venus, davor Cupido mit einem Palmzweig, auf der Rückseite zwei Tropaia (Siegeszeichen). Venus erscheint somit als die Garantin von Sullas «Siegesfähigkeit» (Felicitas). In das frühe Umfeld der Felix-Vorstellung gehört daneben auch die Benennung seiner Kinder als Faustus und Fausta.

8 Roma – Sulla in Triumphalquadriga
Aureus des Proquaestors L. Manlius für Sulla, ca. 81 v. Chr.
Vs.: Roma reich geschmückt mit Helm
L(ucius) MANLI(us) – PRO Q(uaestor)
Rs.: Sulla in Triumphalquadriga, mit Zweig in der Rechten.
Oben fliegt Victoria heran und bekränzt den Triumphator.
L(ucius) SULLA IM(perator)
(aus: Kent, a. O., Taf. 14, Nr. 50)

Eine Sonderstellung nimmt schließlich Sullas Anerkennung der kriegerischen kleinasiatischen Mondgöttin Mâh ein, die in Rom schon lange vor ihm mit der Kriegsgöttin Bellona gleichgesetzt worden ist, eine Gottheit, die er gleichfalls als seine Beschützerin ansah und deren nächtlichem Rat er folgte.

So vielgestaltig dieser Bereich religiöser Verbindungen auch erscheinen mag, in Rom selbst setzte Sulla andere Akzente: Dort überwiegen traditionelle Bilder. Auf den Münzen, die in seinem Namen geprägt wurden, begegnet auf den Vorderseiten die behelmte Roma, auf den Rückseiten Sullas Reiterstatue oder Sulla im Triumphwagen, wobei er von einer heranschwebenden Victoria bekränzt wird. Zum Teil wurde dabei auch bereits der von ihm so eindringlich geforderte Beiname Felix aufgenommen.

Andreas Alföldi erblickte einst in Sullas Vorgehen eine «zynische Ausbeutung der mystisch-religiösen Ergriffenheit der Massen zur Festigung seiner überragenden Position im Römerstaat» (Chiron 6, 1976, 143). Doch diese moderne Wertung dürfte den antiken Gegebenheiten ebensowenig entsprechen wie Sullas Selbstverständnis und Intentionen. Sulla stand, seiner Herkunft wie seinem frühen Lebensstil entsprechend, vom Beginn seiner militärischen und politischen Laufbahn an unter einem außergewöhnlichen Legitimationsdruck. Um diesem zu entsprechen, mußte er alle Mittel aristokratischer Selbstdarstellung einsetzen, zunächst seine persönlichen Leistungen herausstellen, später aber auch die Überhöhung seiner Person betreiben.

Im Gegensatz zu all jenen Interpretationen von Sullas Münzbildern und -legenden, die geradezu in einer Münzmystik gipfelten und angeblich dessen Drängen auf eine Alleinherrschaft beweisen sollen, ist im Gegenteil mit Nachdruck festzuhalten, daß sich Sullas Gestaltungen primär in die republikanische Tradition einordnen. Im Unterschied zu T. Quinctius Flamininus, dem ersten Römer, dessen Porträt zu Lebzeiten im Münzbild erschien, ist dies bei Sulla gerade nicht der Fall. Gewiß nimmt er mit der Iteration der Imperator-Ehrung ein Phänomen des Principats vorweg, doch dies erklärt sich offensichtlich als Reaktion auf seine Ächtung und als demonstrativer Ausdruck seiner engen Verbundenheit mit seinem Heer. Im Hinblick auf den Empfängerkreis der Gepräge konzentrierte sich Sulla somit auf elementare Inhalte und Formen von Bild und Legende, die allgemein einsichtig und zutreffend waren.

Ein weiteres wichtiges Glied in Sullas Selbstdarstellung bildeten daneben die aufsehenerregenden Spiele, mit denen er wiederholt eine weitere Öffentlichkeit in die Feier seiner Siege miteinbezog. Schon die *ludi Apollinares* des Jahres 97 v. Chr., die er dank Bocchus' Unterstützung so dramatisch gestalten konnte, erinnerten eben auch an seinen Erfolg gegen Iugurtha. Die bei Theben abgehaltenen Spiele nach der Schlacht von Chaironeia (86 v. Chr.) ließen die Griechen an seinem Sieg über die Truppen Mithridates' VI. teilhaben.

Die *ludi victoriae Sullanae* schließlich, die er mit besonders großem Aufwand und zur alljährlichen Erinnerung an seine Behauptung in der Schicksalsschlacht gegen die Samniten feiern ließ, waren nicht nur ein Dank an die Götter für deren entscheidende Hilfe, sondern zugleich ein Tribut an die stadtrömische Bevölkerung, die hier für wenige Tage die militärischen Exzesse und den Terror der Sieger vergessen konnte.

Durch die Usurpation charismatischer Züge, die demonstrative Behauptung dauernder Schutzprivilegien großer Gottheiten wie durch den Anspruch einer ihm immanenten Vorzugsstellung als Felix und Epaphroditos entzog sich Sulla jeder profanen Kritik. Seine militärischen wie politischen Entscheidungen wurden dadurch nicht nur sanktioniert; sie standen unter göttlichem Schutz und bedurften deshalb keiner weiteren Rechtfertigung. All dies waren Impulse und Formen neuer Art, die durch jeden Erfolg Sullas noch glaubwürdiger wurden. Sie bereiteten zwar nicht der Monarchie den Boden, die Sulla nie anstrebte, aber in ihrer Tendenz doch der späteren Principatsideologie.

Das Sullabild der Gegenwart unterscheidet sich so von jenem vergangener Epochen insbesondere durch die starke Konzentration auf dessen Selbstdarstellung. Die entscheidende Frage dabei ist, ob die behaupteten Verbindungen zum transzendentalen Bereich seinen innersten Überzeugungen entsprachen – oder ob sie lediglich instrumentalisiert wurden. Eine für die Fragen der Massenbeeinflussung und der Ideologisierung sensibilisierte Zeit wird eher an letzteres denken. Doch es ist wohl kaum zu bezweifeln, daß der skizzierte Gesamtbereich Sullas Mentalität und Selbstverständnis entsprach, mochten ihm auch die Wirkungen seiner Akzentuierungen nicht unerwünscht sein.

Die Grundwidersprüche des Diktators liegen darin, daß er nur im eigensten Interesse und in jenem seines Heeres handelte. Er errang Macht und behauptete sie, um seinem persönlichen Ehrgeiz zu folgen. Er legte deshalb ein geradezu solipsistisches Verhalten an den Tag. Doch derselbe Mann wurde darüber zum effizienten Bewahrer und Erneuerer der traditionellen Gesellschafts- und Staatsstrukturen.

In seiner eigenen Person wie in seinem Verhalten und Handeln bewies Sulla ungewollt die historische Notwendigkeit einer monarchischen Leitung des republikanischen Imperiums, der Verbindung zwischen leitendem Staatsmann und Armee, der Effektivierung von Verwaltung und Rechtsprechung, der dauernden Einbindung von Senatoren und Rittern in die Führungsfunktionen des erneuerten Systems, die Notwendigkeit auch der religiösen Sanktionierung des obersten Machthabers.

Mit seiner letzten, umfassenden Systematisierung der Herrschaft der römischen Aristokratie steht Sulla am Scheitelpunkt der Geschichte der späten Römischen Republik. Sein Schatten liegt über der ganzen folgenden Epoche, mochten sich seine überragenden Nachfolger, Caesar und Augustus, auch noch so sehr von ihm distanzieren.

VIII. ANHANG

ZEITTAFEL

201 v. Chr.	Ende des 2. Punischen Krieges
200–197	2. Makedonischer Krieg
197	Provinzen Hispania citerior und ulterior
196	«Freiheitserklärung» für Griechenland durch T. Quinctius Flamininus
192–188	Kämpfe gegen Antiochos III. und die Ätoler
191	Provinz Gallia cisalpina
188	Friede von Apamea
186	«Bacchanalienfrevel»
181	Anlage der Kolonie Aquileia
180	lex Villia annalis
171–168	3. Makedonischer Krieg
167	Makkabäer-Aufstand
154–133	Kämpfe in Spanien
149–146	3. Punischer Krieg
148	Provinz Macedonia; Tod des numidischen Königs Massinissa
147–139	Kämpfe gegen Viriatus
146	Zerstörung Korinths; Zerstörung Karthagos; Provinz Africa
142	Gründung des Hasmonäerstaates
139	Ausweisung der Chaldäer aus Rom
138	Geburt des L. Cornelius Sulla
136–132	1. Sklavenkrieg in Sizilien
133	Volkstribunat des Tiberius Gracchus; Einnahme Numantias
132–129	Aristonikos-Aufstand
129	Provinz Asia
123–122	Tribunat des Gaius Gracchus
121	C. Gracchus erschlagen; Provinz Gallia Narbonensis
120–63	Herrschaft des Mithridates VI. von Pontos
113–101	Kämpfe gegen Kimbern und Teutonen
112	Iugurtha nimmt Cirta ein
111–105	Jugurthinischer Krieg
109/8	Q. Caecilius Metellus Befehlshaber in Numidien
107	Marius Konsul und Befehlshaber in Numidien; Sulla Quaestor in seinem Heer

105	Gefangennahme Jugurthas; Niederlage der Römer bei Arausio
104–100	2. Sizilischer Sklavenkrieg Marius Konsul
104–103	Sulla Legat und Kriegstribun unter Marius
102	Marius siegt bei Aquae Sextiae
102–101	Sulla Legat unter Lutatius Catulus
101	Schlacht bei Vercellae
100	Marius' 6. Konsulat; Unruhen unter Apuleius und Glaucia
97 (?)	Sulla Prätor
96 (?)	Sulla in Kilikien
91	Ermordung des M. Livius Drusus
91–88	Bundesgenossenkrieg
88	Sulla Konsul – 1. Marsch auf Rom – Mithridates VI. erobert Teile Kleinasiens; «Vesper von Ephesus»
87	Cinna Konsul – Rückkehr des Marius – Einnahme Roms – Terror – Sullas Landung in Griechenland
87–86	Belagerung Athens und des Piräus
86	Tod des Marius zu Beginn seines 7. Konsulats – 1. März Einnahme Athens – Sullas Siege bei Chaironeia und Orchomenos
85	Sullas Friedensschluß mit Mithridates VI. in Dardanos
85–84	Reorganisation von Asia und Griechenland
84	Verlegung von Sullas Heer nach Griechenland Cinna ermordet
83	Sullas Landung in Brundisium; Gefecht am Berg Tifata; 6.7. Brand des Iuppiter-Tempels auf dem Kapitol
82	Sullas Sieg bei Sacriportus; Belagerung von Praeneste; Schlacht bei Clusium; Vorstoß des Telesinus und Lamponius gegen Rom; 1. 11. Schlacht an der Porta Collina; Massaker; Fall von Praeneste; Terror in Rom; Beginn der Proskriptionen
82–79	Sulla dictator legibus scribundis et rei publicae constituendae
79	Triumph des Pompeius; Sullas Niederlegung der Diktatur
78	Tod Sullas – Staatsbegräbnis; Agitation des Lepidus
77	Scheitern von Lepidus' Vorstoß auf Rom
76–71	Pompeius kämpft in der Hispania citerior gegen Sertorius und Perperna
74–64	3. Mithridatischer Krieg
73–71	Spartacus-Aufstand

70	Konsulat des Crassus und Pompeius
67–66	Imperium des Pompeius gegen die Seeräuber
66	Imperium des Pompeius gegen Mithridates VI.
64–63	Neuordnung Kleinasiens und Syriens durch Pompeius
63	Catilinarische Verschwörung; Caesar Pontifex maximus
60	1. Triumvirat: Pompeius, Crassus, Caesar
49	Sulla-Psychose
45	Caesar Dictator perpetuus
44	Ermordung Caesars; Abschaffung der Diktatur
43	2. Triumvirat: Antonius, Lepidus, Octavian; neue Proskriptionen

BIBLIOGRAPHIE

Im Hinblick auf die erhofften Leser beschränkt sich die folgende Zusammenstellung auf Quellenhinweise sowie auf die wichtigsten klassischen und neueren deutschsprachigen Werke, schließlich auf Monographien und größere Untersuchungen der internationalen Spezialliteratur zu unserem Themenkreis. Vorangestellt sind die Titel einiger Forschungsberichte, welche vor allem auf die spezielleren Problemfelder und Studien verweisen, ferner Hinweise auf ausführlichere neuere Bibliographien.

Forschungsberichte, Bibliographien

E. Badian, From the Gracchi to Sulla (1940–1959), Historia 11, 1962, 197–245

E. Gabba, Mario e Silla, in: H. Temporini (Hrsg.), Aufstieg und Niedergang der römischen Welt. I,1. Berlin 1972, 764–805

J. Gómez-Pantoja, L. Cornelius Sulla. 25 años de investigación (1960–1985), Polis 2, 1990, 67–83; 3, 1991, 63–110

H. Bengtson, Grundriß der Römischen Geschichte mit Quellenkunde. I. München 1967 (1982³), 190–205

J. A. Crook u. a. (Hrsg.), The Cambridge Ancient History. Second Edition. Vol. IX. The Last Age of the Roman Republic, 146–43 B. C. Cambridge 1994, 807–877

K. Christ, Krise und Untergang der Römischen Republik. Darmstadt 2000⁴, 477–531

Quellen, Übersetzungen, Kommentare

Appian von Alexandria, Römische Geschichte. Übersetzt von O. Veh. I. Die römische Reichsbildung. Hrsg. von K. Brodersen. Stuttgart 1987; II. Die Bürgerkriege. Hrsg. von W. Will. Stuttgart 1989

K. Brodersen u. a. (Hrsg.), Historische griechische Inschriften in Übersetzung. 3. Der griechische Osten und Rom. Darmstadt 1999

L. Canfora – A. Keaveney (Bearb.), Plutarco, vite parallele. Lisandro e Silla. Milano 2001

M. H. Crawford, Roman Republican Coinage. 2 Bde. Cambridge 1974

E. Gabba, Appiani bellorum civilium liber primus. Firenze 1967²

Ders., Appiani bellorum civilium liber quintus. Firenze 1970

Ders. – D. Magnino, Appiano. La Storia Romana, libri XIII–XVII. Le guerre civili di Appiano. Torino 2001

A. H. J. Greenidge – A. M. Clay, Sources for Roman History, 133–70 B. C. Oxford 1986[2]

J. P. C. Kent, Die Römische Münze. München 1973

G. Lahusen, Die Bildnismünzen der römischen Republik. München 1989

Lucanus, Der Bürgerkrieg. Hrsg. und übersetzt von W. Ehlers. München 1973

Plutarch, Große Griechen und Römer. Übersetzt von K. Ziegler. 6 Bde. Zürich 1954–1965

Sallust, Werke. Lat.-deutsch. Hrsg. von W. Eisenhut – J. Lindauer. Zürich 1994[2]

R. K. Sherk, Roman Documents from the Greek East. Baltimore 1969

E. Valgiglio, Plutarco. Vita di Mario. Firenze 1956

Ders., Vita di Silla. Torino 1960

M.-L. Vollenweider, Die Porträtgemmen der römischen Republik. 2 Bde. Mainz 1972–1974.

Sekundärliteratur zu den Quellen

B. Andreae, Römische Kunst. Freiburg 1973. Neuausgabe 1999

Aportaciones a la figura de L. Cornelio Sila y su época. Estudio de las inscriptiones latinas de Lucio Cornelio Sila come fuente de documentacions. Madrid 1992

K. Brodersen, Appian und sein Werk, in: H. Temporini – W. Haase (Hrsg.), Aufstieg und Niedergang der römischen Welt. II. 34,1. Berlin 1993, 339–363

I. Calabi, I Commentari di Silla come fonte storica. Mem. Accad. Lincei 3, 1991, 247–302

M. H. Crawford, The Coinage of the Age of Sulla, The Numismatic Chronicle 4, 1964, 141–155

Ders., Coinage and Money under the Roman Republic. London 1985

F. De Callatay, L' histoire des guerres mithridatiques vus par les monnaies. Louvain-La Neuve 1997

H. Diehl, Sulla und seine Zeit im Urteil Ciceros. Hildesheim 1988

M. Barden Dowling, The Clemency of Sulla, Historia 49, 2000, 303–340

D. C. Earl, The Political Thought of Sallust. Cambridge 1961

W. Enßlin, Appian und die Liviustradition zum ersten Bürgerkrieg, Klio 20, 1926, 415–465

E. Gabba, Dionysius and the History of Archaic Rome. Berkeley 1991

J. Geiger, Cornelius Nepos and Ancient Political Biography. Stuttgart 1985

B. Goldmann, Einheitlichkeit und Eigenständigkeit der Historia Romana des Appian. Hildesheim 1988

I. Hahn, Appians Darstellung der sullanischen Diktatur, Acta Class. Debrec. 10–11, 1974–1975, 111–120

Fr. Hinard, La naissance du mythe de Sylla, Revue des Études Latines 62, 1984, 81–97

T. Hölscher, Römische Siegesdenkmäler der späten Republik, in: H. A. Cahn – E. Simon (Hrsg.), Tainia. Roland Hampe zum 70. Geburtstag. Mainz 1980, I., 351–371

H. Kähler, Das Fortunaheiligtum von Palestrina-Praeneste, Annales Univ. Saraviensis, Philos., 7, 1958, 189–240

S. Lanciotti, Silla e la tipologia del tiranno nelle letteratura latina repubblicana, Quaderni di Storia 1977, 129–153; 1978, 191–225

Fr. Leo, Die Römische Poesie in der sullanischen Zeit, Hermes 49, 1914, 161–195

D. Magnino, Le «Guerre Civili» di Appiano, in: H. Temporini – W. Haase (Hrsg.), Aufstieg und Niedergang der Römischen Welt. II. 34,1. Berlin 1993, 523–554

J. Malitz, Die Historien des Poseidonios. München 1983

J. M. Merz, Das Heiligtum der Fortuna in Praeneste und die Architektur der Neuzeit. München 2001

K. S. Sacks, Diodorus Siculus and the First Century. Princeton 1990

B. Scardigli, Die Römerbiographien Plutarchs. München 1979

Dies., Marius und Sulla im Opusculum des Exuperantius, Živa Antica 45, 1995, 303–312

R. Syme, Sallust. Darmstadt 1975

B. L. Twyman, The date of Sulla's abdication and the chronology of the first book of Appian's Civil Wars, Athenaeum 64, 1976, 77–97; 271–295

V. Werner, Quantum bello optimus, tantum pace pessimus. Studien zum Mariusbild in der antiken Geschichtsschreibung. Bonn 1995

L. Zusi, L' età mariano-sillano in Giovanni Antiocheno. Roma 1989

Monographien, Einzelstudien

A. Alföldi, Redeunt Saturnia regna – Zum Gottesgnadentum des Sulla, Chiron 6, 1976, 143–158

J. Arce, Funus Imperatorum. Madrid 1988

E. Badian, Lucius Sulla. The Deadly Reformer. Sydney 1970

L. Ballesteros Pastor, Mitridates Eupator, rey del Ponto. Granada 1996
J. P. V. D. Balsdon, «Sulla Felix», Journal of Roman Studies 41, 1951, 1–10
H. Behr, Die Selbstdarstellung Sullas. Frankfurt 1993
H. Bellen, Sullas Brief an den Interrex L. Valerius Flaccus. Zur Genese der sullanischen Diktatur, Historia 24, 1975, 555–569
Ders., Grundzüge der römischen Geschichte. I. Darmstadt 1995^{2}
H. Bennett, Cinna and his Times. Menasha 1923
R. Bernhardt, Polis und römische Herrschaft in der späten Republik (149–31 v. Chr.). München 1983
H. Berve, Sulla (1931), in: Ders., Gestaltende Kräfte der Antike. München 1966^{2}, 375–395
J. Bleicken, Geschichte der römischen Republik. München 1988^{3}
Ders., Die Verfassung der römischen Republik. Paderborn 1995^{7}
T. Corey Brennan, Sulla's Career in the Nineties: Some Reconsiderations, Chiron 22, 1992, 102–158
P. A. Brunt, Italian Manpower 225 B. C. – A. D. 14. Oxford 1987^{2}
Ders., The Fall of the Roman Republic and Related Essays. Oxford 1988
Ch. M. Bulst, «Cinnanum Tempus», Historia 13, 1964, 307–337
P. F. Cagniart, The Life and Career of Lucius Cornelius Sulla through his Consulship in 88 B. C. Ann Arbor 1990
J. Carcopino, Sylla au la monarchie manquée. Paris 1931 (1950^{9})
Th. F. Carney, Biography of C. Marius. Ann Arbor 1961
K. Christ, Caesar. Annäherungen an einen Diktator. München 1994
W. Dahlheim, Der Staatsstreich des Konsuls Sulla und die römische Italienpolitik der achtziger Jahre, in: J. Bleicken (Hrsg.), Colloquium aus Anlaß des 80. Geburtstages von Alfred Heuß. Kallmünz 1993, 97–116
J. M. David – W. Nippel (Hrsg.), Die späte römische Republik. La fin de la république romaine. Rom 1997
J. Deininger, Der politische Widerstand gegen Rom in Griechenland 217–86 v. Chr. Berlin 1971
H. Delbrück, Geschichte der Kriegskunst im Rahmen der politischen Geschichte. 1. Das Altertum. Berlin 1920^{3}. NDr. des NDrs. von 1964. Berlin 2000
G. De Sanctis, La Guerra sociale. Ed. L. Polverini. Firenze 1976
H. Dietz – R. Günther, Römische Geschichte bis 476. Berlin 1979
W. Drumann – P. Groebe, Geschichte Roms in seinem Übergang von der republikanischen zur monarchischen Verfassung oder Pompeius, Caesar, Cicero und ihre Zeitgenossen nach Geschlechtern und mit genealogischen Tabellen. 6 Bde. Berlin-Leipzig 1899–1929^{2}. NDr. Hildesheim 1964

R. J. Evans, Gaius Marius. Pretoria 1994

J. Fears, The Theology of Victory at Rome: Approaches and Problems, in: H. Temporini – W. Haase (Hrsg.), Aufstieg und Niedergang der römischen Welt. II. 17.2. Berlin 1981, 736–826

B. W. Frier, Sulla's Propaganda: The Collapse of the Cinnan Republic, American Journal of Philology 92, 1971, 585–604

Fr. Fröhlich, RE IV, 1522–1566 (1900) s. v. Cornelius, Nr. 392

M. Fuhrmann, Geschichte der römischen Literatur. Stuttgart 1999

E. Gabba, Republican Rome, the army and the allies. Oxford 1976

Ders., Dallo stato-città allo stato municipale, in: G. Clemente u. a. (Hrsg.), Storia di Roma. II, 1. La repubblica imperiale. Torino 1990, 697–714

R. Gardner, The Siege of Praeneste, Journal of Philology 35, 1919, 1–18

M. Gelzer, Pompeius. Neuausgabe, hrsg. von E. Herrmann-Otto. Stuttgart 1984

D. G. Glew, Mithridates Eupator and Rome: A Study of the Background of the First Mithridatic War, Athenaeum 55, 1977, 380–405

E. S. Gruen, Roman Politics and the Criminal Courts 149–78 B. C. Cambridge, Mass. 1968

Ders., The Last Generation of the Roman Republic. Berkeley 1974

Ders., The Hellenistic world and the coming of Rome. 2 Bde. Berkeley 1984

A. Guarino (Hrsg.), La Rivoluzione Romana. Inchiesta tra gli Antichisti. Napoli 1982

Chr. Habicht, Athen. Die Geschichte der Stadt in hellenistischer Zeit. München 1995

Th. Hantos, Res publica constituta. Die Verfassung des Diktators Sulla. Stuttgart 1988

A. Heuß, Das Zeitalter der Revolution, in: Propyläen-Weltgeschichte. IV. Berlin 1963, 214–231

Ders., Römische Geschichte. (1960) Neuedition von J. Bleicken u. a. Paderborn 2001[8]

Fr. Hinard, Sylla. Paris 1985

Ders., Les proscriptions de la Rome républicaine. Paris 1985

Ders. (Hrsg.), Dictatures. Paris 1988

K.-J. Hölkeskamp, Lucius Cornelius Sulla – Revolutionär und restaurativer Reformer, in: Ders. – E. Stein-Hölkeskamp (Hrsg.), Von Romulus zu Augustus. München 2000, 199–218

H. G. Horn – Chr. B. Rüger (Hrsg.), Die Numider. Ausstellungskatalog Bonn 1979

F. Hurlet, La dictature de Sylla. Monarchie ou magistrature républicaine. Belgisch Instituut te Rome. Studies 30, 1993.

P. Jal, La guerre civile à Rome. Paris 1963.

A. Keaveney, Sulla. The Last Republican. London 1982

Ders., Sulla and the Gods, in: C. Deroux (Hrsg.), Studies in Latin Literature and Roman History. Brüssel 1983, 44–79

Ders., Lucullus. A life. London 1992

E. Kornemann, Römische Geschichte. 2 Bde. Stuttgart 1938/39 (1977[7])

C. Lanzani, Lucio Cornelio Sulla dittatore, storia di Roma negli anni 82–79 a. C. Milano 1936

H. Last, Sulla, in: The Cambridge Ancient History. IX. Cambridge 1932, 261–312

J. Lengle, Untersuchungen über die sullanische Verfassung. Diss. Freiburg 1899

W. Letzner, Lucius Cornelius Sulla. Versuch einer Biographie. Münster 2000

M. A. Levi, Silla. Saggio sulla storia politica a Roma dell' 88 al 80 a. C. Milano 1924

R. G. Lewis, The siege of Praeneste 82 B. C., Papers of the British School at Rome 39, 1971, 32–39

Ders., Catulus and the Cimbri 102 BC, Hermes 102, 1974, 90–109

R. Lose, Kimbern am Brenner, Chiron 2, 1972, 231–252

M. Lovano, The Age of Cinna: Crucible of Late Republican Rome. Stuttgart 2001

T. J. Luce, Marius and the Mithridatic Command, Historia 19, 1970, 161–194

D. Magie, Roman Rule in Asia Minor to the End of the third Century after Christ. 2 Bde. Princeton 1950

E. A. Marino, Aspetti della politica interna di Silla. Palermo 1974

E. Marinoni, Silla, Delfi e l'Afrodite di Afrodisias, in: Studi di antichità in memoria di Clementina Gatti. Univ. di Milano, Quaderni di Aevum 9, 1987, 193–235

A. Mastrocinque, Studi sulle guerre Mitridatiche. Stuttgart 1999

B. C. McGing, The Foreign Policy of Mithridates VI Eupator King of Pontus. Leiden 1986

Chr. Meier, Res publica amissa. Eine Studie zur Verfassung und Geschichte der späten römischen Republik. Wiesbaden 1980[2]

E. Meyer, Römischer Staat und Staatsgedanke. Zürich 1975[4]

F. Millar, The Crowd in the Late Republic. Ann Arbor 1998

Th. Mommsen, Römische Geschichte. II. Berlin 1903[9] (= Taschenbuchausgabe München 2001[6]. Bd. 3)

J. J. van Ooteghem, Les Caecilii Metelli de la république. Mém. Acad. de Belgique, Cl. Lett. 59,1. Brüssel 1967

A. Passerini, Studi su Caio Mario. Milano 1971

E. S. Ramage, Sullas Propaganda, Klio 73, 1991, 93–121

L. von Ranke, Weltgeschichte. II. München 1922[5]

L. E. Reans, The first fifty years of Sulla. A Reassessment. Diss. Univ. of Southern Carolina 1985

Th. Reinach, Mithradates Eupator, König von Pontus. Hrsg. von A. Goetz. Leipzig 1895

H. W. Ritter, Rom und Numidien. Lüneburg 1987

M. Rostovtzeff, Die hellenistische Welt. Gesellschaft und Wirtschaft. 3 Bde. Stuttgart 1955–1956.

E. von Sadée, Sulla im Kimbernkrieg, Rheinisches Museum 88, 1939, 43–52

R. Schilling, La religion romaine de Vénus depuis les origines jusqu' au temps d' Auguste. Paris 1954

H. Schneider, Wirtschaft und Politik. Erlangen 1974

Ders., Die Entstehung der römischen Militärdiktatur. Köln 1977

Ders., Die Gaben des Prometheus. Technik im antiken Mittelmeerraum zwischen 750 v. Chr. und 500 n. Chr., in: Propyläen Technikgeschichte. I. Berlin 1991, 17–313

Ders. (Hrsg.), Zur Sozial- und Wirtschaftsgeschichte der späten römischen Republik. Darmstadt 1976

W. Schur, Das Zeitalter des Marius und Sulla. Leipzig 1942

R. Seager (Hrsg.), The Crisis of the Roman Republic. Cambridge 1969

Ders., Sulla, in: J. A. Crook u. a. (Hrsg.), The Cambridge Ancient History. Second Edition. IX. Cambridge 1994, 165–207

A. N. Sherwin-White, Roman Foreign Policy in the East, 168 B. C. to A. D. 1. London 1983

A. J. Toynbee, Hannibal's Legacy. The Hannibalic War's Effects on Roman Life. 2 Bde. Oxford 1965

E. Valgiglio, Silla e la crisi repubblicana. Firenze 1956

V. Vevaldi Iasbez, I figli dei proscritti sillani, Labeo 27, 1981, 163–213

J. Vogt, Die Römische Republik. Freiburg 1931 (1975[6])

H. Volkmann, Sullas Marsch auf Rom. München 1958. NDr. Darmstadt 1969

R. Wittmann, Res publica recuperata. Grundlagen und Zielsetzung der Alleinherrschaft des L. Cornelius Sulla, in: D. Nörr – H. Simon (Hrsg.), Gedächtnisschrift für W. Kunkel. Frankfurt 1984, 563–582

B. Wosnik, Untersuchungen zur Geschichte Sullas. Diss. Würzburg 1963

K. S. Zachariae, Lucius Cornelius Sulla, genannt der Glückliche, als Ordner des römischen Freistaates. Mannheim 1850

Nachtrag:

Zu Sullas ‹Memoiren›: W. Suerbaum, L. Cornelius Sulla, in: Ders. (Hrsg.), Die archaische Literatur. München 2002, 453–456

ABBILDUNGSNACHWEIS

Abb. 1, 3, 4, 8:	Hirmer-Verlag, München
Abb. 2, 7:	Stefan von der Lahr, München
Abb. 5, 6:	Aus G. Lahusen, Die Bildnismünzen der römischen Republik, München, Hirmer Verlag. 1989, Taf. 26, 1 und 2; Taf. 26,4

Karten:	
Vorsatz:	Das Römische Reich im 2. Jahrhundert v. Chr. (cartomedia, Karlsruhe)
Nachsatz:	Der italische Bürgerkrieg 83/82 v. Chr. (cartomedia, Karlsruhe)
S. 42:	Aus K. Christ, Krise und Untergang der römischen Republik, Darmstadt, WBG, 2000[4], S. 104
S. 98:	cartomedia, Karlsruhe

STAMMTAFEL SULLAS

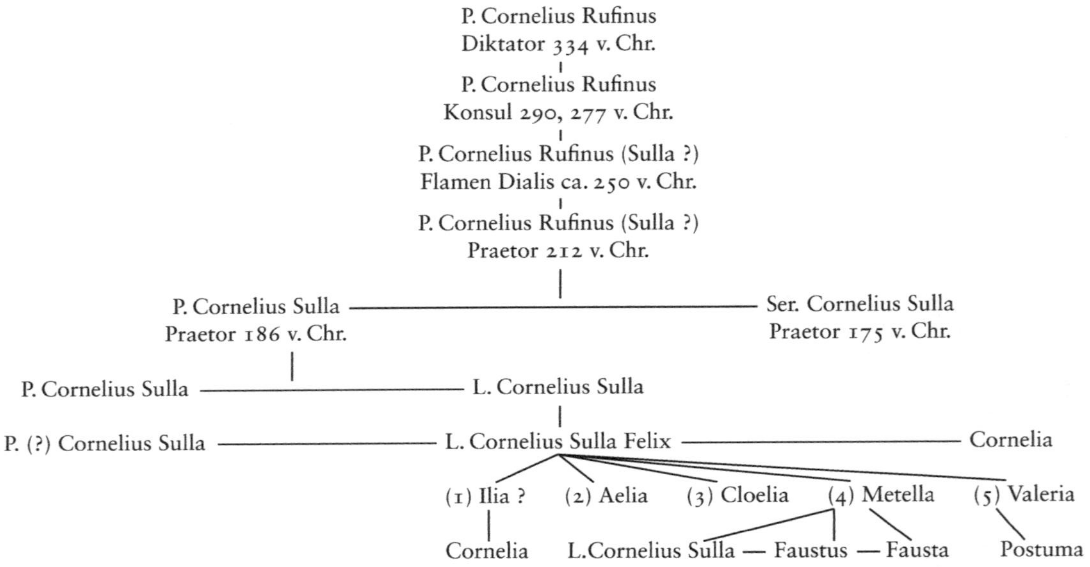

Vorlage: Lisandro – Silla. Milano 2001, 296

STAMMTAFEL DER METELLER

Q. Caecilius Metellus
Konsul 206

- Q. Metellus Macedonicus
Konsul 143. Censor 131
  - Q. Metellus Balearicus
Konsul 123. Zensor 120
    - Caecilia Metella
~ Ap. Claudius Pulcher
(Patrizier) Konsul 79
  - Caecilia Metella
~ C. Servilius Vatia
    - P. Servilius Vatia
Isauricus (Pleb.)
Konsul 79
- L. Metellus Calvus
Konsul 142
  - L. Metellus Dalmaticus
Konsul 119. Censor 115
Pont. max.
    - Caecilia Metella
~ L. Cornelius Sulla
(Patrizier)
Konsul 88. 80.
Diktator 82–79
  - Q. Metellus Numidicus
Konsul 109. Zensor 102
    - Q. Metellus
Pius (Pleb.)
Konsul 80. Pont. max. 82

Vorlage: H. Volkmann, a. O., 72

REGISTER

Actium 162
Aelia, zweite Frau Sullas 199
Aemilia, Stieftochter Sullas 111
Aemilius Paullus (L. Aemilius Paullus) 13, 19, 36 f.
Aesernia (auch: Isernia) 76, 111
ager publicus 22, 24 f., 41, 43, 44, 47, 203
Agrippa 16
Ahenobarbus (L. Domitius Ahenobarbus) 108
Ahenobarbus (Cn. Domitius Ahenobarbus) 112
Alexander II. 113
Alexander der Große 88, 147, 150, 177
Alexander Jannaeus 20
Alföldi, A. 156, 208
amicitia 21
Ancona 103
Andreae, B. 135
Andriskos 19
Annius Milo (T. Annius Milo) 200
Annuität 13, 40, 131
Antemnae 110
Antiochos III. 16 f., 21
Antiochos IV. 19
Antistius (P. Antistius) 108
Antonius, Redner (Marcus Antonius) 102
Antonius, Triumvir (Marc Anton) 153, 157
Apellikon 96
Aphrodisias 206
Aphrodite 120, 173, 206 f., 210
Apollo 72, 85, 206 f.
Apollonia 17
Appian 86, 89, 91, 101, 103, 114, 133, 138, 156, 160, 162 f., 176, 178, 191, 206
Appius Claudius Pulcher 43, 45, 126, 177
Appuleius Saturninus (Lucius Appuleius Saturninus) 40, 69 f.
Aquae Sextiae 16, 67, 70, 171
Aquileia 27, 42
Arausio 65
Ares 207
Aristoteles 96
Archelaos 84–86, 88 f., 91
Ariobarzanes 73
Aristion 84, 86 f., 96
Aristobul 150
Aristonikos 19, 29
Arsaces, parthischer König 73
Asia, Provinz 19, 25 f., 50 f., 83, 90, 93, 96, 127, 150
Asinius Pollio 163
Asklepios 85
Athen 83–88, 96, 98, 100, 108, 114, 159 f., 198, 201
Athenion 84, 96
Attalos III. von Pergamon 19, 29, 45
Atticus 157
Augurn 130
Augustinus 165
Augustus (Octavian) 16, 48, 51, 72, 123, 147, 153–155, 211
Aulus Albinus, Legat 76 f.
Aulus Manlius, Qaestor 62, 64
Aurelius (Q. Aurelius) 117
Aurelius Cotta 118

Badian, E. 72, 189 f.
Balbus, Vertrauter Caesars 152 (L. Cornelius Balbus)
Bellona 74, 208
Beneventum 42
Bengtson, H. 179, 185 f.
Berve, H. 177, 180, 183, 186
Bleicken, J. 188 f.
Bocchus, König von Mauretanien 57, 64 f., 72, 74, 120, 209
Bogud, König von Mauretanien 112
Bononia (heute: Bologna) 42, 153
Brundisium 42, 82, 103 f., 152
Brunt, P. 22
Bulla Regia 112
Bundesgenossenkrieg 65, 78, 83, 102, 127, 157–159, 170, 176, 179, 192, 197, 201, 203

Caesar (C. Julius Caesar) 16, 40, 48, 71 f., 76, 89, 117 f., 121, 123, 138, 141, 147 f., 151–153, 155–157, 165, 168, 172, 175, 190, 195, 198, 200, 211
Caesar, Konsul (L. Caesar) 102
Caesar (C. Caesar) 102
Cales 106
Calpurnius Piso 44
Camillus s. Furius Camillus
Cannae 65
capite censi 61
Capua 42, 82, 104, 106, 111, 145
Caracalla 155
Carbo (Cn. Papirius Carbo) 52, 102, 104, 107, 112, 115
Carbo (C. Papirius Carbo Arrina) 108
Carcopino, J. 176
Carrhae 152
Carteia 14
Cassius Longinus (L. Cassius Longinus) 53
Catilina (L. Sergius Catilina) 105, 117, 151, 157, 186
Cato Censorius (M. Porcius Cato Censorius) 12, 23 f., 28, 32, 35 f., 151
Cato, Konsul (L. Porcius Cato) 76
Catulus (Q. Lutatius Catulus) 68, 102–117, 126, 137, 141 f.
Censorinus 101
Cereatae 58
Cethegus (P. Cornelius Cethegus) 105
Chaironeia 88 f., 98, 160, 179, 201, 207, 209
Chaldäer 31, 74, 134, 205
Chalkis 98
Chios 93
Chrysogonos 115, 118
Cicero 24, 49, 58, 115, 117 f., 146, 151–154, 157, 165, 168
Cinna (L. Cornelius Cinna) 82, 89, 92, 99–105, 111 f., 118, 126, 140, 142, 151, 186, 204
Cirta (auch: Constantine) 56, 63
clementia Caesaris 153
Cloelia, dritte Frau Sullas 199
Clodius, Volkstribun 147
Clusium 42, 108
Col Perthus 144
Collinisches Tor s. Porta Collina
Copillus 67
Corduba 14
Corfinium, Milde von 152
Coriolan 80, 182
Cornelia, Frau Caesars 118
Cornelia, Mutter der Gracchen 43
Cornelia, Tocher Sullas 164, 199

Crassus, Triumvir (M. Licinius Crassus Dives) 71, 105, 108, 110, 141, 145 f., 148, 151 f., 202
Crassus Mucianus (P. Licinius Crassus Mucianus) 43, 46
Crassus, Konsul 97 v. Chr. (P. Crassus) 102
Cupido 207
Curio, Volkstribun 147
cursus honorum 39, 124, 127, 154

Dardanos, Troas 92
decemviri sacris faciundis 130
Decula (M. Tullius Decula) 126
Deegener, J. 194
Delbrück, H. 66, 175
Delos 27, 29
Delphi 37, 85, 98, 206
Diana 57
Dictator legibus scribundis et rei publicae constituendae 71, 122
Dieter, H. 186 f.
Diodorus Siculus 157 f.
Diokletian 155
Dionysios von Halikarnaß 159
Dionysos von Pontos 52
Dionysos 31, 83, 207
Dolabella (Cn. Cornelius Dolabella) 126
Dowling, M. B. 156
Drumann, W. 168–170
Drusus (M. Livius Drusus) 50, 74 f., 123, 191 f., 203
Duero 15
Dyrrhachium 97

Eisenhut, W. 142
Ennius (Q. Ennius) 34
Epidauros 85
Ephesos 96, 100
Eumenes II. von Pergamon 18

Fabius Pictor (Quintus Fabius Pictor) 35
Fabricius, Censor 54
Faesulae 42
Fausta, Tocher des L. Cornelius Sulla 200, 207
Faustus s. Faustus Cornelius Sulla
Felicitas 207
Fimbria (C. Flavius Fimbria) 90–93, 104
Flaccus (L. Valerius Flaccus) 89 f., 102–104, 122
flamen Dialis 130
Flamininus (T. Quinctius Flamininus) 13, 17, 209
Floerke, H. 74
Fortuna 135, 173, 177
Fossa Mariana 67
Friede von Apamea, 188 v. Chr. 17, 19
Fröhlich, Fr. 175 f.
Frontin 159
Fuhrmann, M. 118
Fulvius Flaccus 47
Fulvius Nobilior (M. Fulvius Nobilior) 34, 36
Furius Camillus (M. Furius Camillus) 120, 192

Gabba, E. 61, 123, 163, 167, 191 f.
Gabinius, Volkstribun (Aulus Gabinius) 147–149
Galba 155
Gallia citerior 131
Gallia transalpina 16
Gaulle, Ch. de 192
Gelzer, M. 153
Glaucia (C. Servilius Glaucia) 69 f.
Gnaeus Naevius 33
Gordius, Vertrauensmann des Mithridates VI. 73

Grabbe, Chr. D. 193
Gracchus, Gaius (C. Sempronius Gracchus) 13, 40, 45, 47–51, 69, 75, 124, 127, 129, 156, 162, 172, 203
Gracchus, Tiberius (Tib. Sempronius Gracchus) 13 f., 40, 43–48, 69, 124, 127, 156, 162
Green, P. 194
Groebe, P. 168
Günther, H.-F. K. 181
Günther, R. 186 f.

Habicht, Chr. 88
Hannibal 11, 16, 143, 185
Hantos, Th. 128
Haushofer, A. 193
Herennius (C. Herennius) 144
Herodes der Große 137
Heuß, A. 154, 183–185, 188
Heyck, H. 194
Hiarbas 112
Hiempsal 112
Hinard, Fr. 116, 190 f.
Hispania citerior 14, 111, 142 f.
Hispania ulterior 14, 59, 143, 145
Hölkeskamp, K.-J. 189
Homer 33
Hostilius Mancinus 43
homo novus, Pl.: homines novi 39, 53, 58
Hyrkanos I. 20, 150

Ilia s. Iulia
Ilion 93, 159
Illyrische Kriege, 229, 219 v. Chr. 16
imperium proconsulare 143
Imperium 149
Isernia s. Aesernia
Isthmische Spiele 17
Italica 14
Iugurtha 52, 56 f., 64 f.,
Iulia, Tante Caesars 117
Iulia, erste Frau Sullas (auch: Ilia) 199
Iunius Silanus (M. Iunius Silanus) 53
Iuppiter 107, 119, 130, 135 f.
ius auxilii ferendi 128

Jerusalem 200
Jugurthinischer Krieg 52, 55 f., 59, 62 f., 65, 158, 170, 200 f., 209

Kahrstedt, U. 182
Karneades 32
Karthago 11, 13, 20, 48, 112
Keaveney, A. 190, 205
Kent, J. P. C. 57, 164
Kollegialität 13, 121, 171
Kornemann, E. 179 f.
Kroton 54
Krüpe, Florian 10, 194
Kynoskephalai 17

Laelius (C. Laelius Sapiens) 41
Lahr, Stefan von der 10, 60, 166
Lahusen, G. 164–166
Last, H. 178 f., 190
leges Corneliae 123, 141, 176
leges Liciniae Sextae 41
Lentulus Crus, Konsul (L. Cornelius Lentulus Crus) 152
Lepidus (M. Aemilius Lepidus) 111, 126, 134, 137, 141 f., 153
lex Claudia de nave senatorum 26
lex frumentaria 48
lex iudiciaria 49
lex Maria de suffragiis 59

lex Villia annalis 39, 124
Livius, Geschichtsschreiber (T. Livius) 25, 158
Livius Andronicus 33
Livius Drusus s. Drusus
Losemann, Volker 10
Lucan 160, 165
Lucilius (C. Lucilius) 35
Lucullus (L. Lucullus) 80, 85, 89, 91, 94, 135, 137, 141, 144, 148, 150, 152, 161, 200, 207
ludi Apollinares 72, 206, 209
ludi victoriae Sullanae 120, 210
Lysander 160 f.

Mâh 74, 206, 208
Magister equitum 122
Magna Mater 30 f.
Magnesia, Lydien 17, 93
Magnino, D. 191
Makedonischer Krieg, zweiter, 200–197 v. Chr. 17, 20
Makedonischer Krieg, dritter, 171–168 v. Chr. 18
Makkabäeraufstand, um 167 v. Chr. 20
Malitz, J. 84
Mallius (Cn. Mallius) 53
Mamercus Aemilius 118
Manius Aquilius 84
Manilius, Volkstribun (C. Manilius) 147, 150
Manlius, Proquaestor (L. Manlius) 208
Manlius Curius Dentatus 54
Marcius Philippus 75, 137
Marcius Tremilus 120
Marcus Lamponius 109
Marius (C. Marius) 40, 53, 57–71, 74–76, 79–81, 99, 101 f., 109, 114, 117 f., 115, 125, 140, 142, 149, 151, 156, 158, 161 f., 165, 169 f., 173 f., 182, 190, 192 f., 197, 199, 203
Marius, Sohn des C. Marius (C. Marius) 107 f., 110, 119 f.
Marius Gratidianus (M. Marius Gratidianus) 117
Marsch auf Rom, erster 9, 78, 80, 163, 171, 183, 198, 206
Marsch auf Rom, zweiter 103, 184
Maschkin, N. A. 186 f.
Massilia 16
Massinissa 20, 52
Mozart, W. A. 193
McCullough, C. 194
Memmius (C. Memmius) 200
Messala (M. Valerius Messala) 199
Metella, vierte Frau Sullas (Caecilia Metella) 105, 199 f.
Metellus Numidicus (Quinctus Caecilius Metellus) 57 f., 70, 105, 108, 199
Metellus Pius (Quinctus Caecilius Metellus) 16, 105, 126, 141, 143 f., 148
Metrobios 136
Meyer, E. 45, 49, 132
Micipsa 52, 56
Minatius Magius 159
Mithridates V. Eupator 52
Mithridates VI. Eupator 9, 52, 73 f., 78 f, 81–84, 89–94, 113, 119, 134, 143, 147 f., 150 f., 162, 171, 174, 181, 183, 185, 188, 197 f., 201, 207, 209
Mithridatischer Krieg, erster, 87–85 v. Chr. 79, 82 f., 89, 93 f.
Mithridatischer Krieg, dritter, 67–64 v. Chr. 150

Mommsen, Th. 20, 45, 51, 65, 70, 115, 132, 170–174, 176 f., 179 f., 185
Mucius Scaevola (P. Mucius Scaevola) 43 f.
Mucius Scaevola (Q. Mucius Scaevola) 81, 108
Mummius (Lucius Mummius) 36
Murena (L. Licinius Murena) 113

Nepos (Cornelius Nepos) 157
Nikomedes II. Epiphanes 52
Nikomedes III. Euergetes 52
Nikomedes IV. Philopator 52
Nikopolis, Hetäre 55
Nola 76 f., 79, 99, 111, 176, 202
Norba 111
Norbanus, Konsul (C. Norbanus) 104, 106–108, 115
Norbanus Sorix, Schauspieler (C. Norbanus Sorix) 136
nota censoria 125
Numantia 13, 15, 43 f., 56, 59, 61

Octavius, Konsul (Cn. Octavius) 82, 99, 101
Octavius, Volkstribun (M. Octavius) 44, 46
Ofella (Q. Lucretius Ofella) 105, 108, 126 f., 195
Ohly, D. 60, 166
Olympia 85, 98
Opimius, Konsul (L. Opimius) 50
Oppius, Vertrauter Caesars (C. Oppius) 152
Oppius, Statthalter von Pamphylien (Q. Oppius) 84
Optimaten 40 f., 51, 53, 155
Orchomenos 88 f., 98, 198, 202
Oropos 96
Orosius 165

Palicanus (M. Lollius Palicanus) 145
Panaitios 36
Papius Mutilus (C. Papius Mutilus) 111
pater familias 30
Pauly, A. 168
Pergamon, Pergamenisches Reich 16, 19, 31, 51, 92 f.
Perperna (M. Perperna) 142, 144
Perseus 13, 18 f.
Pharnakes 151
Pharsalos, Schlacht von 165, 200
Philipp V. von Makedonien 13, 16, 18, 21
Philippi, Schlacht von 153
Philippus (L. Marcius Philippus) 105
Philon 88
Piganiol, A. 186
Pistoria 151
Plautus (Titus Plautus) 34 f.
Plinius, der Ältere 159
Plutarch 74, 86–88, 139, 157, 160–162, 178, 207
Polybios 19, 36
pomerium 131
Pompeji 42, 76, 159
Pompeius Strabo (Cn. Pompeius Strabo) 105
Pompeius, Triumvir (Cn. Pompeius Magnus) 16, 71, 105 f., 108, 111–113, 117, 126 f., 137, 141–152, 154, 168, 177, 195, 200
Pompeius Rufus, Mitkonsul Sullas (Q. Pompeius Rufus) 78, 80, 82, 164, 199

Pompeius Rufus, Enkel des Mitkonsuls Sullas (Q. Pompeius Rufus) 164
Pontifex maximus 43, 45 f., 108, 151
Pontius Telesinus 109, 175
Popularen 40 f., 53, 79–81, 140, 155
Porta Collina, Schlacht an der 63, 100, 109, 113, 126, 134, 156, 160, 198, 202, 207
Poseidonios 84
Posilipp 135
Postuma, Tocher Sullas 199
Praeneste 108–110, 119, 126, 135
Princeps senatus 43, 199
Provokationsrecht 47
Ptolemäer 16, 18, 20
publicanus, Pl.: publicani s. societates publicanorum
Punischer Krieg, erster, 264–241 v. Chr. 30, 33, 37
Punischer Krieg, zweiter, 218–201 v. Chr. 11, 17, 20, 22, 24, 30, 34, 36 f., 39, 41, 47, 61
Punischer Krieg, dritter, 149–146 v. Chr. 13, 20, 30, 43
Puteoli 27, 42, 135 f., 195
Pydna 19
Pyrrhus 54

quaestio ambitus/de falsis/maiestatis/repetundarum 129
quaestio perpetua, Pl.: quaestiones perpetuae 49, 75
Quintus Oppius s. Oppius

Rahn, H. 154
Ranke, L. von 174 f.
Rhodos 16, 27, 70, 93, 109
Rom 9, 12, 13, 16–21, 24 f., 28, 30 f., 33, 36–38, 42, 46 f., 51 f., 55 f., 58, 63–65, 68, 72, 74, 78–83, 92 f., 96 f., 99 f., 102–105, 107–111, 113 f., 116, 120, 122, 124, 131 f., 135, 142 f., 145, 147, 149–152, 155, 160, 162 f., 166, 168 f., 171, 174 f., 181–185, 192, 198–202, 204, 206, 208
Roma 62, 208
Romulus 141, 159, 192
Roscius (Q. Roscius) 136
Rostovtzeff, M. 91
Rubikon 198
Rufinus (P. Cornelius Rufinus) 54

Sacriportus 108, 160
Sallust 55 f., 63, 141, 143, 151, 156, 158
Saturninus s. Appuleius
Scardigli, Barbara 10
Scaurus (M. Aemilius Scaurus) 199
Schöne, W. 56, 142
Schur, W. 182
Scipio, Konsul 83 v. Chr. 114 f., 158
Scipio Aemilianus (P. Cornelius Scipio Aemilianus Africanus Numantinus minor) 13, 15 f., 35 f., 43 f., 47, 56, 59, 61
Scipio Africanus maior (P. Cornelius Scipio Africanus maior) 11, 13, 14, 32, 34, 43
Scipio Asiagenus (L. Cornelius Scipio Asiagenus) 104, 106
Scipio Nasica (P. Cornelius Scipio Nasica Corculum) 37
Scipio Nasica Serapio (P. Cornelius Scipio Nasica Serapio) 45 f.

Scolacium 42, 48
Seager, R. 190
senatus consultum ultimum 50, 70
Seneca 159
Septimius Severus, Kaiser 155
Sertorius, Quintus 16, 100, 106, 111, 134, 142–144, 148,
Servilius Caepio (Q. Servilius Caepio) 53
Servilius Vatia (P. Servilius Vatia) 177
Sextus Roscius 115, 118
Simiot, B. 194
societates publicanorum, publicanus 25 f., 50, 52
Spartacus 145, 145, 186
Stabiae 76
Stein-Hölkeskamp, E. 189
Strabo 159
Suessa 106
Suessa Aurunca, Kolonie 35
Sueton 155
Sulla (Lucius Cornelius Sulla) 9 f. 16, 32 f., 38, 40 f., 52 f., 54–58, 62–65, 67 f., 71–82, 84–101, 103–110, 112–141, 143–148, 151–167, 169–211, 215–217
Sulla, früh verstorbener Sohn des L. Cornelius Sulla (Lucius (?) Cornelius Sulla) 200
Sulla, Sohn des L. Cornelius Sulla (Faustus Cornelius Sulla) 57, 65, 137, 139, 200, 207
Sulpicius Rufus (P. Sulpicius Rufus) 78–82, 170 f., 204
Syme, R. 156, 182
Syrischer Krieg, sechster, 170–168 v. Chr. 20

Taeger, F. 182
Tanais 27
Tarentum 42, 48
Temporini, H. 167
Terenz (Publius Terentius Afer) 34 f.
Thala 57
Thapsus 200
Theben 98, 209
Theophrast 96
Theseus 86
Tifata 106
Tigranes von Armenien 150
Toynbee, A. J. 22
tributum 14
Triumvirat, erstes 71, 152
Triumvirat, zweites 153
triumviri agris dandis assignandis 44
Tyche 177

Utica 112
Uttschenko, S. L. 186 f.

Vaga 57
Valeria, fünfte Frau Sullas 199
Valerius Maximus 159
Vatia (P. Servilius Vatia) 126
Veh, O. 89
Veji 30
Velleius Paterculus 158 f.
Venus 177, 207
Vercellae 67 f., 70, 102
vernae 27
Verres (C. Verres) 105, 157
Vespasian 155
«Vesper von Ephesos» 91
Victoria 208
vilicus 23
Viriatus 15
Vitellius 155
Vogt, J. 187 f.
Volaterrae 111
Volkmann, H. 134, 183, 193, 206 f.
Vollenweider, M.-L. 167

Weber, W. 181 f.
Weeber, K.-H. 86
Wilcken, U. 185
Willing, Matthias 10
Wissowa, G. 168

Zama 57
Zeus 85, 96
Zeuxis 96
Zosias 193

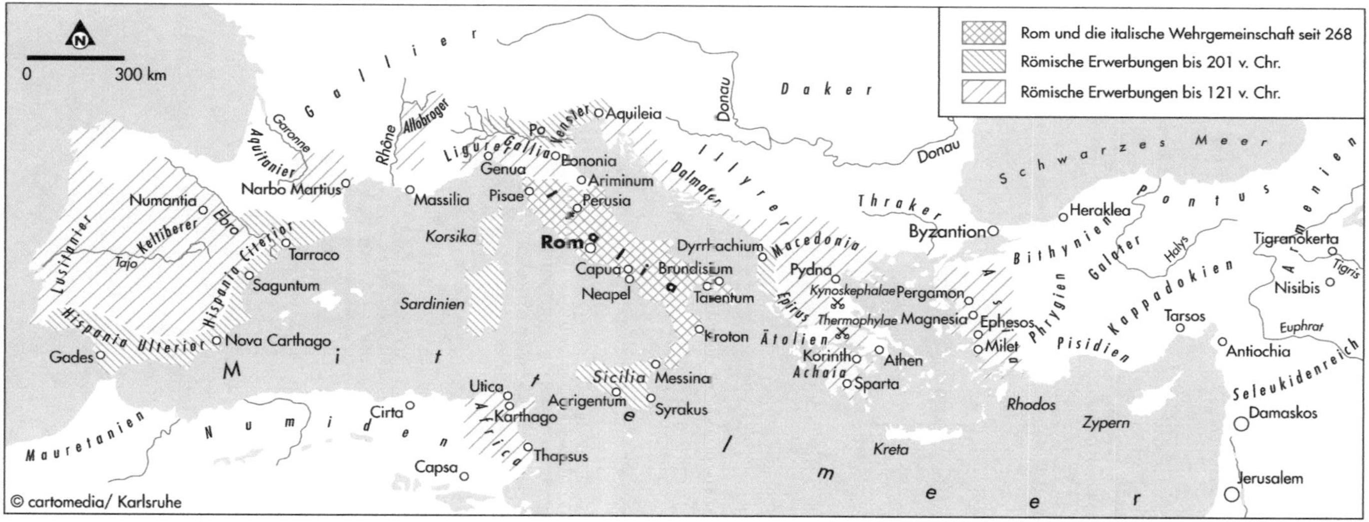
Rom und die italische Wehrgemeinschaft seit 268
Römische Erwerbungen bis 201 v. Chr.
Römische Erwerbungen bis 121 v. Chr.
0
300 km
Gallier
Daker
Donau
Aquileia
Veneter
Po
Gallia
Ligurer
Allobroger
Rhône
Garonne
Aquitanier
Narbo Martius
Massilia
Genua
Pisae
Bononia
Ariminum
Perusia
Rom
Italia
Capua
Neapel
Brundisium
Tarentum
Kroton
Dyrrhachium
Dalmater
Illyrer
Macedonia
Pydna
Epirus
Kynoskephalae
Thermophylae
Ätolien
Korinth
Athen
Achaia
Sparta
Thraker
Byzantion
Pergamon
Magnesia
Ephesos
Milet
Asia
Schwarzes Meer
Heraklea
Pontus
Bithynien
Galater
Halys
Phrygien
Pisidien
Kappadokien
Tarsos
Armenien
Tigranokerta
Tigris
Nisibis
Euphrat
Antiochia
Seleukidenreich
Damaskos
Jerusalem
Zypern
Rhodos
Kreta
Mittelmeer
Korsika
Sardinien
Sicilia
Messina
Syrakus
Agrigentum
Utica
Karthago
Africa
Thapsus
Capsa
Cirta
Numidien
Mauretanien
Lusitanier
Keltiberer
Numantia
Ebro
Tajo
Hispania Citerior
Tarraco
Saguntum
Hispania Ulterior
Nova Carthago
Gades
© cartomedia/ Karlsruhe

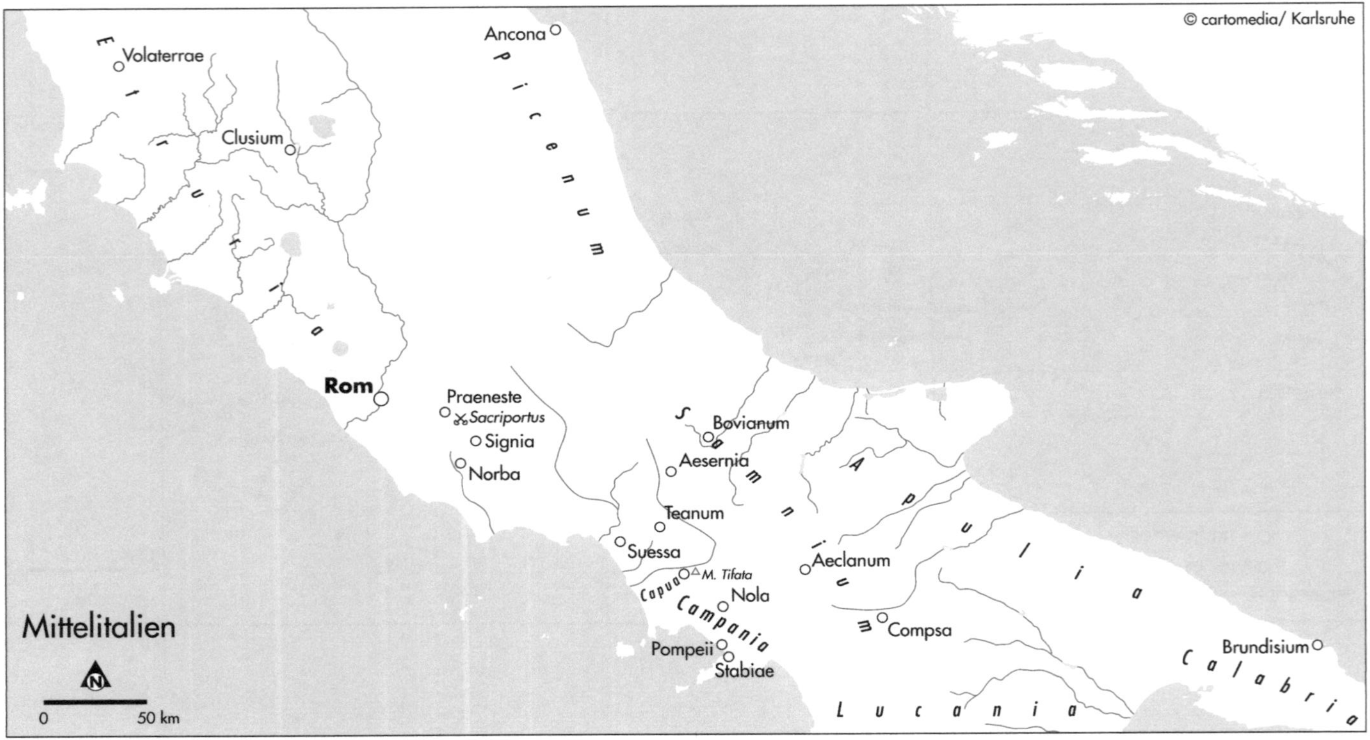
Mittelitalien
0
50 km
© cartomedia/ Karlsruhe
Etruria
Volaterrae
Clusium
Rom
Ancona
Picenum
Praeneste
Sacriportus
Signia
Norba
Samnium
Bovianum
Aesernia
Teanum
Suessa
Capua
M. Tifata
Campania
Nola
Pompeii
Stabiae
Aeclanum
Compsa
Apulia
Brundisium
Calabria
Lucania